广州市宣传文化人才培养专项经费资助

文化产业智库丛书

ZHONGGUO WENHUA QIYE

DONGTAI JINGZHENG ZHANLUE YANJIU

ZHIDU、WANGLUO YU CHUANGXIN

# 中国文化企业动态竞争战略研究

## 制度、网络与创新

皮圣雷　/著

中国财经出版传媒集团

经济科学出版社

Economic Science Press

图书在版编目（CIP）数据

中国文化企业动态竞争战略研究：制度、网络与创新/
皮圣雷著.—北京：经济科学出版社，2016.6
（文化产业智库丛书）
ISBN 978 - 7 - 5141 - 7054 - 2

Ⅰ.①中⋯　Ⅱ.①皮⋯　Ⅲ.①文化产业 - 企业管理 -
竞争战略 - 研究 - 广州市　Ⅳ.①G127.651

中国版本图书馆 CIP 数据核字（2016）第 149355 号

责任编辑：李　雪
责任校对：王苗苗
版式设计：齐　杰
责任印制：邱　天

中国文化企业动态竞争战略研究：制度、网络与创新
皮圣雷　著

经济科学出版社出版、发行　新华书店经销
社址：北京市海淀区阜成路甲 28 号　邮编：100142
总编部电话：010 - 88191217　发行部电话：010 - 88191522
网址：www. esp. com. cn
电子邮件：esp@ esp. com. cn
天猫网店：经济科学出版社旗舰店
网址：http://jjkxcbs. tmall. com
北京汉德鼎印刷有限公司印装
三河市华玉装订厂装订
710×1000　16 开　15.25 印张　280000 字
2016 年 6 月第 1 版　2016 年 6 月第 1 次印刷
ISBN 978 - 7 - 5141 - 7054 - 2　定价：56.00 元
（图书出现印装问题，本社负责调换。电话：010 - 88191510）
（版权所有　侵权必究　举报电话：010 - 88191586
电子邮箱：dbts@ esp. com. cn）

# 丛书编委会名单

**主　任**　赵冀韬　尹　涛

**副主任**　皮　健　杨代友

**编　委（按拼音排序）**

蔡进兵　何　江　江晶涛　李伟滨
李明充　柳立子　皮圣雷　伍　庆

# 总　序

　　文化产业一般是指依靠人的创造力、技能和才华，通过对知识产权的开发和生产，能够创造出经济效益和社会效益的产业形态。联合国教科文组织（UNESCO）把文化产业界定为按照工业标准，生产、再生产、储存以及分配文化产品和服务的一系列活动。在我国，文化产业是指为社会公众提供文化产品和文化相关产品的生产活动的集合。文化产业涵盖的行业范围十分广泛，如设计、美术、广告、印刷、出版、广播、音像、游戏、动漫、影视、时装、音乐、演出、艺术品、多媒体等，在经济社会发展中具有广泛的渗透力、影响力和辐射力。文化是一个城市的灵魂，现代城市以文化论输赢，文化产业发展在国际和区域竞争中的地位日显突出。

　　文化产业是社会生产力发展的必然产物，提供的文化产品能够满足人们不断提高的精神需求和品质生活。就我国而言，文化产业是市场经济条件下繁荣发展社会主义文化的重要载体，是满足人民群众多样化、多层次、多方面精神文化需求的重要途径，也是推动经济结构调整、转变经济发展方式的重要着力点。大力发展文化产业，有利于加快转变经济社会发展方式，利用文化产业的外部效益、创新效益，提升产品和服务的附加价值，不断推动传统经济转型升级。

　　国家发布《文化产业振兴规划》后，从中央到地方，各级政府纷纷制定文化产业扶持系列政策，设立文化产业专项资金，加大对文化产业的支持力度。我国"十三五"规划纲要提出要把文化产业发展成为国民经济支柱性产业。并对重要领域和行业进行了方向指引，提出要加快发展网络视听、移动多媒体、数字出版、动漫游戏等新兴产业；推动出版发行、影视制作、工艺美术等传统产业转型升级；推进文化业态创新，促进文化与科技、信息、旅游、体育、金融等产业融合发展；推动文化企业兼并重组，扶持中小微文化企业发展；加快全国有线电视网络整合和智能化建设；扩大和引导文化消费。可见，文化产业已处于前所未有的政策"窗口"期，将迎来快速发展的良好趋势。

广州作为拥有2200多年建城史的历史文化名城，是岭南文化中心地、古代海上丝绸之路发祥地、近现代民主革命策源地、改革开放前沿地，也是中外文化交融交汇之地，文化资源丰富，文化底蕴深厚。近年来，广州十分重视文化产业的发展。广州市委十届八次全会指出要发挥文化产业在我市城市转型和产业升级中的重要作用，将文化产业打造成为全市战略性支柱产业和人民满意的现代服务业。《广州市国民经济和社会发展第十三个五年规划纲要》也指出要深化文化体制改革，把文化产业发展成为国民经济的支柱性产业。数据显示，"十二五"期间，广州全市文化产业增加值年均增长速度为12.5%，远高于GDP的增长速度，2015年全市文化产业增加值达到950亿元，占GDP比重达到5.15%，文化产业整体实力和市场竞争力日益提高。

尽管广州文化产业发展迅速，但同时也遇到一些瓶颈，比如文化产业结构有待优化；文化产业管理体制需要进一步理顺；文化产业的政策体系不够完善；文化产业投资氛围不浓；文化产业集聚发展不够，资源使用效率不高；文化产业原创能力亟待提升；文化产业公共服务平台缺乏；文化消费有待进一步激活等。这些问题，不仅广州存在，在全国其他城市来说也具有一定普遍性。为了探讨解决上述制约文化产业发展问题的对策，作为广州市世界文化名城与文化产业重点研究基地，广州市社会科学院文化产业智库团队对广州市文化产业发展进行了一系列的研究，取得了一些初步成果，之后还会不断有研究成果出来。因此，我们希望通过丛书的形式公开这些成果，为加快广州文化产业发展建言献策。

　　当然，一套《文化产业智库丛书》并不能解决文化产业发展中的所有问题，我们的初心是管窥一豹，如果能通过这套丛书引起文化产业相关管理部门对这些问题的重视与行动，能吸纳更多的研究者关注文化产业、参与到文化产业研究中，能为广大的文化产业创业者提供一些信息和启示，或许就尽到了我们的绵薄之力。

文化产业智库丛书编委会

# 摘　　要

　　当前，全国各地相继进入扶持发展文化产业的热潮阶段。而在国家、政府、社会对文化产业促进新常态下经济转型升级给予厚望的同时，大多数文化企业尚处于寻找竞争优势、探索竞争战略路径与策略的"初级阶段"。文化企业当前普遍存在资源困境、创新困境和竞争优势建立方式的困境。本书聚焦于探讨中国文化企业如何制定竞争战略，建立可持续的竞争优势。我们在回顾战略管理理论的各个主要流派观点的基础上，逐一探讨了如下几个方面的问题：第一，文化企业所处的行业制度环境是什么样的，这种制度环境导致了什么样的产业结构和企业生态？第二，文化企业实现竞争优势的战略性资源是什么，如何整合这些资源？第三，文化企业建立竞争优势的一般性策略是什么？如何有效将企业的战略性资源转化为这些竞争策略与行动？第四，文化企业应在"合法性"获取与竞争战略实施之间求得怎么样的平衡？本书中，我们构建了一个整合多个理论视角的研究框架，并进行了一个从宏观到微观的实证研究。

　　我们的研究结果主要有：第一，我国文化产业的相关政策中，存在两种显著差异的制度配置产业各种资源，即文化事业模式和文化产业模式。同时中央和地方文化主管部门在制定政策的考虑上存在差异，中央各主管部委颁布的政策更多的是文化事业模式的政策，而地方政府部门制定的政策则更多是文化产业模式的政策。另外我国文化产业相关政策中市场主导的精神虽然随时间推移而逐渐增加，但目前促进文化产业发展主要的政策措施尚不足以有效推进文化产业"做强"，而只有利于"做大"。第二，基于上述复杂的制度环境，使得我国文化企业的战略选择更加多样，从而导致文化产业生态位结构复杂。但是无论是处于何种生态位，文化企业的基本战略方向是整合优势资源，迅速突破前期沉没成本与开发风险阶段，形成规模与范围优势。而文化企业外部整合的对象包括了创新机构与资源、产业关联企业，以及包括政府部门在内的社会资源。在外部资源整合过程中，文化企业需要针对整合的对象形成多种方式、多层次的资源整合体系，并呈现明确的网络化特征。第三，文化企业嵌入在一个超网络之中可能选择三种竞争策略：对峙、壁垒和共生。这三种竞争策略对文化企业绩效的作用程度不一，并且可以与文化企业整合的智力资本三个组成要素形成不同的匹配组合，这些匹配组合在企业满足双重制度环境下不同的合法性时，又可以进一步利用合法性形成不同的优化组合。第四，在整合上述实证研究结果的基础上构建了一个符合中国文化企业具体情况与需要的竞争战略决策模型。

# 目　　录

# *1*

# 绪 论

## 1.1 文化与产业

在我国，"文化"是一个非常古老的"领域"，同时也是一个非常年轻的"产业"。上下五千年的历史加上近几十年学习西方的现代化建设，毫不夸张地说，我国呈现出的文化形式、内容、主题和思想流派，也许包含了全世界目前所有的文化和艺术门类。既承袭了五千年悠久的东方文化，又引入了数百年西方的文化积淀，今天中国人可以说正享受着全世界最丰富多彩的文化艺术生活。我们正在承袭传统中国文化中的精华，并发扬光大，我们对西方几百年来沉淀的文化艺术形式与流派包容兼蓄，西方的古典艺术、流行文化在中国受到了普遍欢迎。我们投入巨大的资金建设高雅高端的文化艺术场馆设施，今天中国的艺术场馆的数量和水平都足以跻身世界前列，我们也允许或默许"平民文化"，廉价的文艺创作与相关服务在中国正在以多种方式传播，并逐渐渗透到各个社会阶层。这样的"盛世"，本来应该欢欣鼓舞，但国人谈及文化产业的时候心情却总是那么复杂。

一说起文化产业，不同的人总觉得这个概念指代不同范畴的事物，并且这些不同的范畴之间似乎还是割裂的。从 20 世纪 40 年代"文化工业"① 的

---

① 1947 年阿多诺和霍克海默在《启蒙的辩证法》一书中首次提出了"文化工业"（Culture In-dustry）的概念，但当时这两位学者对文化工业都是持否定态度的。尽管如此，文化工业理论还是对后来文化产业相关理论和实践的发展起到了奠基性的作用。

概念出现以来，无论是在学术上还是在实践中，"文化产业"的概念就从来没有被统一过。甚至直到现在，人们说起文化产业，都还是泛指商业领域而并非某一个具体行业。国内外对"文化产业"也有各种称谓，如"创意产业""内容产业""版权产业"等。英国被认为是"创意经济"理论的发源地，西方文化产业理论研究者们普遍接受英国人对文化产业的界定，但英国人自己关于"文化产业"的内涵也存在细微的差别。

贾斯廷·奥康纳（Justin O'Connor）对文化产业的界定是"以经营符号性商品为主的那些活动，这些商品的基本经济价值源自于它们的文化价值"，同时他也给出了 16 类典型的文化产业：广播、电视、出版、唱片、设计、建筑、新媒体、传统艺术、视觉艺术、手工艺、剧院、音乐厅、音乐会、演出、博物馆和画廊（贾斯廷·奥康纳，2004）[1]。

尼古拉斯·加汉姆（Nicholas Garnham）认为，文化产业"运用了特有的生产方式和行业法人组织来生产和传播符号，这些符号以文化商品和服务为形式，虽然不是一律作为商品"（尼古拉斯·加汉姆，2005）[2]。

大卫·赫斯蒙德夫认为"文化产业的本质在于创造、生产和流通文本，文化产业分为核心的文化产业和边缘的文化产业"（大卫·赫斯蒙德夫，2007）[3]。

而在中国，文化产业的边界有时候还受到统计口径的影响。中国文化产业总报告课题组（胡惠林、章建刚等）认为就所提供产品的性质而言，文化产业可以被理解为向消费者提供精神产品或服务的行业；就其经济过程的性质而言，文化产业可以被定义为"按照工业标准生产、再生产、储存以及分配文化产品和服务的一系列活动"（江蓝生、谢绳武，2002）[4]。该课题组从行业门类上，把文化娱乐、新闻出版、广播影视、音像、网络及计算机服务、旅游、教育等看作文化产业的核心行业；把传统的文学、戏剧、音乐、美术、摄影、舞蹈、图书馆及艺术博览馆等看作文化产业正在争夺的前沿，把广告业和咨询业等看作是它成功开拓的边疆。在 2003 年 7 月，由中宣部牵头，成立了国家统计局、文化部、广电总局、新闻出版总署、国家文物局等单位参加的"文化产业统计研究课题组"，对文化产业的概念进行科学的界定，并建立中国的文化产业指标体系。2004 年 3 月 29 日，国家统计局正式出台了《文化及相关产业分类》，首次从统计学意义上对文化产业的概念和范围进行了权威界定。在《文化及相关产业分类》中将文化产业界定为：为社会公众提供文化、娱乐产品和服务的活动，以及与这些活动有关联的活动的集合。

上述所有关于文化产业的概念界定中，涉及三个不同的概念范畴。第一个概念范畴是文化功能性，即为社会公众提供文化娱乐服务活动。按照这样的界定，能够提供文化娱乐服务的机构就都属于"文化产业"的范畴。但事实上并非如此，任何一个国家的文化娱乐都同时承担着舆论和文化传承的社会功能，这也就是习近平总书记说的"文艺不能只为市场服务"。第二个概念范畴是文化的产业载体，即需要将文化创意内容及其创意生产活动产业化、市场化。这一概念在早期一直被人们用规模化、标准化等工业形态所限定，好像无论是什么文化创意活动，能够规模化、标准化传播才有可能建立市场交易机制，并进而进行市场定价。当然，这种局限被工业自身的升级所突破，但是"企业化运营"仍然是人们将某一"文化"视为"产业"范畴的一个必要标准。第三个概念范畴是对文化内容原创的"扩散"，即到底文化创意内容被以什么样的形式或在什么样的渠道上传播算是文化产业的范畴，比如西游记的人物孙悟空（今年是猴年，孙悟空的形象甚至被大众"逼上春晚"）在原版的小说里当然是绝对的文化，被六小龄童演绎到电视连续剧里以及后来的百事可乐微电影里也算是文化"产业"的范畴，不过如果孙悟空的形象被印在 T 恤衫或者书包上，那么这个 T 恤衫或书包到底算文化产业还是服装服饰产业呢？普遍的认识是，无论最初的创意内容被如何演绎（当然三观全毁的"演绎"肯定会被市场淘汰，不过那是另一个话题），只要在下一个"生产"环节中人们投入的是个人或集体的"创意"，不管是用传统的技艺与知识，还是采用了现代的高科技，我们都把它划在"文化产业"的范畴。

所以，本书对"文化产业"的界定，也遵循了前人的办法——画范围。我们画三个"圈"以明确文化产业的具体内涵（如图 1-1 所示）：第一个圈是文化，即限定文化艺术设计等专业门类；第二个圈是产业，即文化各个专业门类中市场化、产业化的社会活动（非市场化、产业化的公益文化活动并不属于文化产业的范畴）；第三个圈是"创造性活动"，即限定投入了创意资源并直接参与创意活动的那些生产、销售等产业链环节（所以文化创意衍生产品的规模化加工制造并不属于我们这里讨论的文化产业）。这三个圈的交集，就是本书所讨论的文化产业。

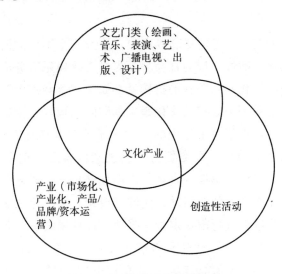

**图 1-1  文化产业的概念范畴**

可能正是因为文化产业的概念内核是个"范围"而非具体的实体，而外延又由三个不同维度概念的交集形成，所以人们在谈论文化产业的时候多少对这三个概念范畴有些混淆。要么把所有的文化艺术门类都当成产业，要么把跟文化扯得上边的所有商业活动都划到文化产业中来。在我们看来，文化产业是从事"内容"生产的产业，但并不是所有的文艺内容都属于产业的范畴；而在产业中，只有那些投入了创造性思维、知识、技能的商业环节，比如文化创意的原创活动、文化创意产品设计与开发环节、文化创意内容传播与发行环节，以及文化创意内容或形象衍生产品的产品设计与开发环节等才算是文化产业的范畴；在创造性活动中，所有服务于文化内容生产这个核心的创造性活动，包括文化创意的工具与设备生产（比如服务于拍摄和图片设计的各种计算机技术等）、文化艺术品鉴赏与培训、专业的文化艺术门类基础设施建设等环节，都属于本书所讨论的文化产业范畴。

## 1.2  我国文化产业：理论进展和实践困顿

改革开放后，市场经济的浪潮催动了文化的市场化、产业化发展，文化产业理论研究也应时而起。所以到了 20 世纪 90 年代，我国才真正开始对文化产业理论进行探索和研究。最初，文化产业的理论研究多是从"文化经济"这个话题入手的。1989 年，上海市政府出版的《文化经济与文化管理》、王福祥著《文化经济学》、方家良等编著《文化经济学》、焦勇夫《文化市场学》、严行方《文化经济学》、安应民主编《文化经济学》、王恒富等主编的《文化经济论稿》（人民出版社，1995）等，这些文化经济的相关研究明确了文化艺术活动的社会地位，包括在政治上和经济上的角色等，为日后社会主义市场经济体制下文化市场化和产业化发展奠定了理论基础。同时在这些研究和论著中，也就中国特色市场经济中文化艺术产品的产业环节，包括生产、销售等进行了初步的探讨。但因受到研究范式等的局限，当时学术界的观点主要停留在概念探讨阶段，围绕文化的经济、产业和市场行为及其规律并没有建立起系统性的理论框架（霍步刚，2009）[5]。

20 世纪八九十年代，学者们逐步开始对文化产业进行相关研究。探讨了文化产业的发展规律和特点，并试图回答在中国特色的市场经济体制下，如何发展文化产业。李建中（1988）以文化经济学为基础，探讨并揭示了文化产业运行中独特的价值补偿机制，提出文化产业多元化的补偿方式，包括价格补偿型、价格财政双重补偿型和财政补偿型三种类型（李建中，1988）[6]。黄辛猗（1989）提出了文化产业的三种分类标准，分析了政府对文化产业直接管理和间接管理的两种管理方式，并进一步探讨了政府进行文化产业管理的具体方式方法、策略步骤（黄辛猗，1989）[7]。许钢（1992）分析了 90 年代初期文化产业的现状，对加快发展文化产业需要解决的一些问题进行了明晰，并提出了一些文化产业政策建议（许钢，1992）[8]。杨宏海（1993）、李大华（1994）、陈鸣（1994）等则分别通过广州、深圳、上海文化产业为例探讨了我国区域文化产业和文化市场化发展的特征（杨宏海，1993；李大华，1994；陈鸣，1994）[9-11]。金元浦论述了文化市场与文化产业的发展情况，探讨了我国文化市场的建立、发育和文化产业的发生发展所具有的历史必然性和现实合理性，对 20 世纪 90 年代的文化市场、文化产业基本现状进行了总结和分析，揭示了文化产业发展中的一些基本矛盾和问题，并提出了相应的对策和建议（金元浦，1995）[12]。

如今我国文化产业的相关研究与论著已经较为丰富，而相比之下关于文化企业的相关研究却比较少。目前国内研究焦点主要包括：

第一，企业评价体系及投融资研究。近几年国内学者从不同视角探讨包括对企业竞争力（张立波、陈少峰，2013）[13]、股票价值（甄兆静、敖诗文，2013）[14]等的评价，还有学者探讨创意企业的投融资问题（魏亚平、宋佳，2013）[15]。

第二，知识管理与创新管理研究。创新和知识管理是创意企业重要的管理活动（孙斌、蔡华、陈君君，2010；张欣，2011）[16,17]，有不少学者重点探讨智力资本对创意企业创新绩效的直接作用。杨斌、张晓青（2013）认为智力资本对创意企业绩效存在显著促进作用（杨斌、张晓青，2013）[18]，但吴慧香（2012）则发现并不是智力资本的所有构成部分都对绩效存在稳定和显著的促进作用（吴慧香，2012）[19]。

第三，创意企业制度环境研究，学者们从经济学或制度理论视角探讨了文化体制改革（霍步刚、傅才武，2007）[20]、文化产业制度环境分析（臧志彭、解学芳，2013）[21]等话题，赵倩、杨秀云和雷原（2014）进一步发现了创意产业政府规制与企业创新行为存在协同演化的特征（赵倩、杨秀云、雷原，2014）[22]。

随着 2000 年以后中国经济的转型与升级，文化产业作为新兴产业之一，逐渐凸显其在国民经济中的重要性。部分中国文化企业的兴起和快速发展已充分证明，在新常态下文化创意产业发展可以充分吸纳就业，无污染等负面效应，能推动传统产业的升级发展，并带动相关产业呈链状及网状发展，为中国经济发展与社会进步提供强大动力，而且这些产业在外国发展成熟、具有较大市场发展空间。在过去十几年里，国家先后出台了《关于深化文化体制改革的决定》等重要文件，各地方的扶持政策也是你追我赶，我国文化产业可谓蓬勃发展，2014 年文化产业增加值超过 2.4 万亿元，同比增长12.5%①。产业总值增长必然带动文化企业数量和规模的增长。由于文化企业的"进入壁垒"较低，我们其实很难说哪一家第三产业的企业不是文化企业（例如餐饮企业可以摇身一变为"餐饮文化企业"）。而一些必须有专门资质的文化创意细分行业，如动漫等，企业数量也在剧增。以广州一座城市为例，到 2014 年已有超过 800 家企业从事与动漫相关的文化创意业务，其中还包括 6 家国家级重点动漫企业②。

---

① 国家统计局：文化及相关产业增加值是指《文化及相关产业分类（2012）》文件标准，根据该标准，2012 年文化产业增加值 1.81 万亿，较上年增长 16.5%；2013 年文化产业增加值为 2.13 亿元，较上年增长 11.1%，占 GDP 的 3.63%；过去 10 年中国文化产业平均增长率超过 15%。

② 广州市社科院：《广州文化创意产业发展报告（2014）》（蓝皮书）"动漫企业专题研究报告"。

一方面是经济总量的飞速增长，而另一方面，我国文化产业却久为人诟病"创新能力低""文化竞争力差""缺少文化品牌"等。而这一系列国际竞争力低的表现，其实都不是文化"产业"的问题，精确地说应该是文化"企业"的问题——一个行业的竞争力必须以其企业的竞争力为支撑，提升一个行业的竞争力也只能通过提升其企业竞争力为路径。以广州动漫企业为例，800 多家动漫企业里面，约 46% 的企业人数不超过 20 人，超过一半的企业是 2007 年以后才成立的。也就是说，文化企业目前普遍具有规模小、成立时间短、缺乏市场竞争经营、多处于企业生命周期的"萌芽"阶段等特点。有人甚至用"冰火两重天"来形容今天中国文化企业的处境：一方面社会政府大张旗鼓鼓励扶持，另一方面产品或业务单一且同质化程度高、平均利润率低，加上市场、产业链、融资环境、法律环境等都不成熟，导致多数文化企业经营艰难，其中一些甚至迅速"夭折"。

事实上，中国文化企业普遍面临诸多的现实困境：

一是资源困境。文化企业以文化内容创意为其核心价值创造，因此从本质上说，文化企业的战略性资源应该是智力资本，包括文化创意的人力资本、从事某一文化创意生产活动的结构资本，以及客户关系资本等。这些战略性资源对文化企业创新能力的提升具有重要意义。但是，根据笔者的观察，多数文化企业自创立以来，其战略性的资源就基本上停留在核心团队这个范围，少有能够持续整合外部创新资源（包括人才和知识技能）的。而文化企业也因为缺乏持续整合智力资本的能力，于是往往一家小微文化企业初创时有"新意"，而后一段时期就开始"创意枯竭"了。

二是创新困境。多数人的理解是，文化企业的市场收益来源于文化创意创新。但是事实并非如此。我国文化企业普遍面临创新的困境。一方面，有的企业过分追求文化艺术的创作，而忽略了文化创意与市场的结合。创意本是一件天马行空的事情，从创意迈向文化作品甚至产品则需要将天马行空的想象与市场需求结合，我国文化产业由于处于发展的初期，因此文化企业尚普遍缺乏很好的市场把控能力，因而许多好的文化创意难以被转化为适应市场的文化产品。另一方面，有的企业自身创新水平较低，只能处于"整合创新""二次创新"的阶段。事实上，这是企业对文化艺术创意如何市场化和产品化困境的另一种表现。多数有创新能力的企业或团队常常不知道该怎么去"创新"，担心"创新"出现各种"问题"，担心自身组织合法性受到创新的影响。这也就是为什么我国当前知名的综艺节目，例如《爸爸去哪儿》

《我是歌手》《中国好声音》等，其创意都来自国外的原因。似乎中国文化企业对文化的某些"创新"难以被市场和社会接受，而来自海外的"舶来品"则好像更容易获得社会的认可。

三是竞争优势建立的困境。企业持续的优势如何建立，这是战略管理理论与企业战略管理实践经验所要回答的核心课题之一。而我国传统产业企业战略发展的经验表明，企业竞争优势的获取首先来自规模优势。但是，文化企业在文化创意产品规模化运营与艺术性之间存在某种矛盾，文化产业范畴内的各个文化创意的细分行业中，也并不是所有行业的文化创意内容都可以被规模化复制。这就导致我国文化企业难以按照传统企业竞争优势建立的普遍路径，先建立规模优势，再利用规模优势转型升级建立创新优势的一般路径。文化企业普遍在竞争优势的建立与保持上面临困惑。目前我国文化上市公司中，要么是传媒企业，拥有自己的传播渠道；要么则是像奥飞动漫这样，拥有自己某一个独特的产品销售渠道的企业。这说明，当前我国文化企业建立竞争优势的直接因素是传播、销售、推广等有助于规模化经营的资源和能力。这些要素并不是可重复再生的，已经通过这些要素建立起竞争优势的企业很容易进一步依托这些要素建立寡头市场，从而抑制中国文化企业的创新与竞争。从长远看，这种竞争格局并不能有助于中国文化产业国际竞争力的提升。

## 1.3　本书的研究问题与基本逻辑

在本书中，我们聚焦于探讨中国文化企业如何制定竞争战略，建立可持续的竞争优势。回顾企业战略管理理论，围绕"企业如何建立可持续竞争优势"这个恒久的课题，到现今为止已经形成了若干战略管理的理论流派，每一个流派在回答这个问题的时候都有所侧重。以波特为代表的产业组织理论认为企业竞争优势的建立来源于企业战略定位是否适合产业结构；以核心竞争力理论为代表的资源基础观理论则强调企业建立竞争优势的基础是企业资源整合，沿着这个逻辑往下，知识管理理论认为企业最具战略性意义的资源就是知识，如何管理各种知识就成为建立竞争优势的核心；以陈明哲为代表的动态竞争理论认为企业竞争优势的建立依靠一系列理性的竞争行动；以斯考特（Scott）为代表的制度基础观则强调企业竞争优势的建立必须适应制度环境的约束，甚至要获得制度环境的合法性。我们将上述各个理论流派的观点进行整合，则不难发现一个企业竞争战略中必须要回答的核心内容：

一是企业所处的行业制度环境是什么样的，这种制度环境导致了什么样的产业结构和企业生态？在本书中，我们将深入探讨我国文化产业的制度环境，并从制度环境分析引出我国文化产业特殊的产业生态格局。

二是企业实现竞争优势的战略性资源是什么，如何整合这些资源？在本书中，我们用智力资本这个概念来指代所有文化企业的战略性资源，并探讨对该战略性资源具体构成部分的重要性，从而试图回答文化企业目前应整合什么资源这个战略性的问题。

三是企业建立竞争优势的一般性策略是什么？如何有效将企业的战略性资源转化为这些竞争策略与行动？其实这是一个前人的理论中少有探讨的问题，但我们认为它刚好制约了中国文化企业的发展：如何将文化创意创新与市场竞争相结合？我们试图在特定的制度环境下探讨这一问题，为中国文化企业竞争战略"内外匹配"奠定理论基础。

四是企业应在"合法性"获取与竞争战略实施之间求得怎么样的平衡？竞争往往是冷酷无情的，但是企业嵌入在特定的行业制度环境下，有的时候又必须考虑自身的行为（包括竞争行为）要获得环境的合法性。我们不想看到在文化产业中类似3Q大战那样对两个企业的合法性都有所损失的"野蛮竞争"，因为文化企业的品牌形象有的时候几乎等于企业自身价值的总和！因此在本书中，我们还会将上述第三点内容进一步推进，考虑合法性与竞争战略之间的平衡问题。

为了回答上述四个基本的研究问题，我们构建了一个整合多个理论视角的研究框架（如图1-2所示），而本书的逻辑则按照这一框架逐步展开。我们首先采用结构内容分析方法，对我国各级政府颁布的文化产业相关政策文件进行分析，试图从中找出一些共性的规律，并进而为读者重现我国文化产业的制度环境。通过文化产业具体的制度环境分析，我们基于组织生态学视角构建了在特定制度环境下，我国文化企业可能的经营战略选择及其生态位结构。通过这样的分析，我们进一步理清文化企业建立竞争优势的关键战略行为：外部创新资源整合以及市场竞争策略。之后，我们通过案例分析，明确了文化企业外部整合的网络结构。在此基础上，本书在网络结构视角之下通过问卷分析，逐步探讨文化企业智力资本整合与网络视角下竞争策略的匹配组合，以及这一组合在不同制度合法性水平下的演化情况。最终，我们希望为中国文化企业构建一个符合其具体情况与需要的竞争战略决策模型。

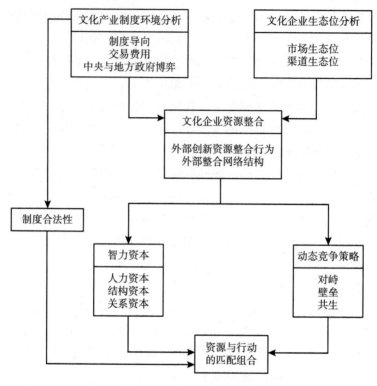

图 1-2　本书的研究框架

本书的研究具有如下学术价值：

第一，从微观视角研究文化创意产业制度环境，完善了创意产业制度环境研究及理论。国内外学者都认同文化产业制度分析的重要性，本课题从企业微观入手分析创意制度环境对企业竞争的影响，从而增进对中国创意产业制度环境的理论认识。

第二，丰富创意企业战略研究，推动创意企业创新管理理论体系的建立。本课题探讨创意企业在特定制度环境下智力资本、竞争策略和绩效之间的关联，试图发展现有理论并推动形成创意企业运用创新资源实现绩效的理论框架。

另外，本书的研究对文化产业发展与文化企业战略实践的意义主要在于：

第一，指导我国创意企业寻找适宜的战略发展路径。在经济新常态下，创新已成为新生产方式的核心环节。但目前，我国创意企业的发展方向与路径都尚在摸索之中。本课题讨论我国创意企业在当前制度环境下如何发挥自身创新资源与能力，选择适宜竞争战略构建竞争优势，为企业制定发展战略提供一定的理论指导。

第二，促进我国创意产业政策向以市场为配置资源核心的方向深化改革。新常态下，深化制度改革应进一步确立以市场为配置资源的核心，本课题从企业微观视角研究当前我国文化创意产业制度环境，对进一步深化创意产业制度的改革与创新提供了来自企业与市场视角的建议。

## 本章参考文献

［1］贾斯廷·奥康纳〔英〕. 欧洲的文化产业和文化政策，世界文化产业发展前沿报告（2003～2004）. 北京：社会科学文献出版社，2004.

［2］尼古拉斯·加汉姆〔英〕. 解放·传媒·现代性——关于传媒和社会理论的讨论［M］. 新华出版社，2005.

［3］大卫·赫斯蒙德夫〔英〕. 文化产业［M］. 北京：中国人民大学出版社，2007.

［4］江蓝生，谢绳武. 2001～2002年：中国文化产业发展报告［M］. 北京：社会科学文献出版社，2002.

［5］霍步刚. 国外文化产业发展比较研究［D］. 东北财经大学，2009.

［6］李建中. 论社会主义的文化产业［J］. 人文杂志，1988，(3)：38-44.

［7］黄辛猗. 论文化产业管理中的政府行为［J］. 社会科学，1989，(5)：39-42.

［8］许钢. 我国文化产业及其产业政策［J］. 管理世界，1992，(6)：27-30.

［9］杨宏海. 深圳文化产业的调查与思考［J］. 社会学研究，1993，(4)：8-11.

［10］李大华. 论国际大都市建设的文化产业问题［J］. 开放时代，1994，(5)：24-27.

［11］陈鸣. 关于上海文化产业发展的若干思路［J］. 上海大学学报：社会科学版，1994，(5)：48-51.

［12］金元浦. 文化市场与文化产业的当代发展［J］. 社会科学战线，1995，(6)：38-41.

［13］张立波，陈少峰. 文化企业核心竞争力的构成要素分析［J］. 新疆师范大学学报：哲学社会科学版，2013，(1)：14-19.

［14］甄兆静，敖诗文. 文化创意企业股票估值：以皖新传媒为例［J］. 财会月刊，2013，(4)：73-75.

［15］魏亚平，宋佳. 企业内源融资能力和外源融资约束对投资支出的影响——以文化创意上市公司为例［J］. 软科学，2013，27，(10)：74-77.

[16] 孙斌，蔡华，陈君君. 创意企业知识转化及影响因素 [J]. 情报理论与实践，2010，33（1）：63 – 66.

[17] 张欣. 创意企业知识管理能力与绩效关系研究 [J]. 管理世界，2011，（12）：174 – 175.

[18] 杨斌，张晓青. 文化创意企业智力资本对企业绩效影响的实证分析 [J]. 成都理工大学学报：社会科学版，2013，（6）：70 – 77.

[19] 吴慧香. 智力资本对文化创意企业绩效贡献研究 [J]. 中国经贸导刊，2012，（17）：75 – 77.

[20] 霍步刚，傅才武. 我国文化体制改革的理论分期与深化文化体制改革的策略问题 [J]. 中国软科学，2007，（8）：23 – 34.

[21] 臧志彭，解学芳. 中国网络文化产业制度创新演化研究——基于1994 ~ 2011年的实证分析 [J]. 科学学研究，2013，31（4）：630 – 640.

[22] 赵倩，杨秀云，雷原. 文化创意产业政府规制与企业创新行为的演化路径 [J]. 西安交通大学学报：社会科学版，2014，34（3）：50 – 56.

# 2

## 文化企业战略理论回顾

### 2.1 文化企业是一种什么样的企业

#### 2.1.1 文化企业的一般经济学分析

文化企业是一类非常特殊的企业。其特殊性在于企业的核心资源并不是传统意义上有形的设备、原材料，而是人，以及人的知识、智力和创造力等。所以从本质上说，文化企业与传统企业在一般经济学的均衡模型等规律上可能都存在一定差异。李向民等人（2005）就曾通过比对传统企业一般均衡的经济学规律，分析文化创意企业的一般均衡情况（李向民、王萌、王晨，2005）[1]。

**1）成本分析**

由于文化企业以文化创意内容产品为主要产品，其"生产"的过程并不需要大型的厂房、批量生产的设备以及大量的普通劳动力。除了必要的物质与资金以外，文化企业"生产"过程中最重要的"输入"是各种无形的资源，包括人力资本、信息与知识（包括传统文化传承的技艺，也包括软件、3D 等新技术），以及社会关系等。因此，文化企业的生产成本中，主要构成部分包括：

（1）人力成本。由于文化企业生产的产品主要是精神含量很高的精神产品，从产品的构思到完成自始至终都需要脑力劳动者来完成，因此人力成本比较高。以广州市属国有文化企业为例，多数文化企业人工成本占总成本一半左右，如表2-1所示。

表2-1　　　　　　　　广州市属国有文化企业成本占比

| 公司/单位 | 人工成本占比（%） |
| --- | --- |
| 电影演出公司（母公司） | 0.47 |
| 文化发展总公司 | 0.35 |
| 新华书店集团（合并） | 0.20 |
| 文物总店 | 0.49 |
| 广州日报社 | 0.45 |
| 广州歌舞剧院 | 0.35 |
| 广州粤剧院 | 0.54 |
| 话剧艺术中心 | 0.59 |
| 芭蕾文化艺术有限公司 | 0.53 |
| 杂技艺术剧院 | 0.51 |
| 木偶剧院 | 0.56 |
| 音乐曲艺团 | 0.65 |

（2）研发（开放）成本。文化企业的产品或服务以知识或技术含量作为其核心价值，因而文化企业的生产过程必须要有创意和创新，没有创新就没有市场。然而创新都是耗费高昂，且存在风险的事情。因此，一件创意的作品或产品通常需要投入大量的资金进行研发。

在文化企业的生产过程中，人力成本和研发成本一般要远高于后期的成本和费用。而且，与研发相关的成本往往是沉没成本。因为如果要开发一项文化创意产品，前期投入的所有成本（包括人力成本和研发成本）都可能因为该产品未能有如期的市场收益而全部打水漂。事实上，这样的事情每天都在各国的文化产业圈内发生。2015年国内电影产业一如既往地成绩骄人，《煎饼侠》《大圣归来》等一批国产优秀电影上映并取得好的票房成绩。但是同时我们看到，2015年票房不抵投资的"炮灰"电影也为数不少。有网站在 2015 年 9 月做了一个统计①，至统计日算起，国内票房在 500 万元以下的电影，累计达到 74 部。其中 10 部电影票房低于 10 万元（包含 10 万元）；10 部电影票房在 10 万~20 万元；4 部电影票房在 20 万~30 万元；3 部电影票房在 30 万~40 万元；2 部电影票房在 40 万~50 万元；累计票房低于 50 万元的电影，已达 29 部。14 部电影的票房在 50 万~100 万元；16 部电影的票房在 100 万~200 万元；15 部电影的票房在 200 万~500 万元。

（3）宣传投入。文化产品要实现其市场价值需要通过恰当的方式，在一定的范围内进行宣传，以获得消费者的关注和认可。由于文化创意内容生产的先期开发的沉没成本很高，但内容成品的复制成本却非常低，因此文化创意产品的宣传和营销推广就变得非常必要。事实上，作为文化创意产品的一种，广告本身已经被认为是可以直接积累的无形成本，广告投入因此也可以看作是文化创意企业的一种生产性投入。

### 2）文化企业的等产量曲线

在传统制造业生产中，一般认为不同的生产要素在一定范围可以相互替代并保持总体产量不变。例如著名的道格拉斯生产函数就表明，保持总体产量不变，资本与劳动力存在一个相互替换的关系，增加资本投入可以减少一部分劳动力。古典经济学中将这种规律用等产量曲线来表示。

在传统企业的生产中，各要素之间是相加的关系，即使其中的一个要素弱一些，如果其他因素比较强的话，还是可以维持产品竞争力的。而文化产品的生产则不同，文化产品的生产过程中，所投入的资源、知识和原材料等，都因专用性非常高而缺乏可替代性。如果要使文化产品实现商业价值，每个生产投入都必须到位（理查德·E·凯夫斯，2004）[2]。事实上，随着文化作品的载体日益多元化，文化作品就演变成为一种必须由集体劳动协力完成的过程，这样各要素边际替代率就可以看作是零。各生产要素之间是乘积关系，只要一个要素为零，那么其积就是零。这就如同一支优秀的乐队，纵然有一位灵魂人物，但灵魂人物只能有一个角色，要么是主唱，要么是主吉他手，要么是鼓手，但不能同时既是吉他手又是鼓手。如图 2-1（b）所示，其中 A、B 代表两种不同的生产要素。

---

① 数据来自搜狐网：http://mt.sohu.com/20150928/n422242805.shtml.

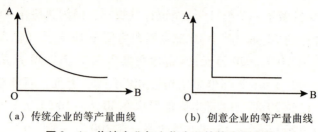

（a）传统企业的等产量曲线　　　（b）创意企业的等产量曲线

**图 2 - 1　传统企业与文化企业的等产量曲线**

### 3）创意型企业的生产规模

西方经济学的一般均衡理论表明，企业（或厂商）必须通过达到一定的生产规模来获取规模成本。因而传统企业的生产遵循随着生产规模的扩大边际成本递增的规律，为了获得利润的最大化，厂商根据边际成本等于边际效益，即，MC＝MR 来确定其生产规模，如图 2 - 2（a）所示。文化产品的生产成本很高，但是当它以文化内容与某种产品或信息渠道作为载体相结合形成有形的文化产品时，其复制成本却很低。也就是说文化产品初次的研发与生产成本很高，一旦投入大规模的复制生产，其生产成本则可能急剧降低。其成本遵循边际成本递减的规律，MC 趋向于零。例如在唱片公司发行音乐专辑（仅以 CD 为例）的生产过程中，前期专辑中每一首歌的创作和录制都会耗费大量时间和成本，但是一旦专辑的创作完成，在 CD 的批量生产环节，每张光盘的制造成本是 9 分钱，高档 CD 的包装成本不过 5 元钱。因此专辑发行商在收回唱片的创作成本后几乎每销售一张 CD 就是净赚。

如图 2 - 2（b）所示，文化产品第一次研制的成本很高，边际成本很低。而文化产品的边际利润在最初的阶段可能为负，在达到一定的销售量 $Q_1$ 之前，产品利润是负的；当超过 $Q_1$ 之后，文化产品的利润转为正值，并随着销售量的增加而增加。企业销售文化产品的收入中包含了文化产品本身销售的收入，以及文化产品通过某一类制造业的衍生产品授权与生产而获得的收入。所以，文化产业的生产通常在初次生产时需要较大的投入和较长的时间，并且面临较大的市场风险。但是一旦文化产品的市场占有率超过某个"门槛值"，那么就很容易出现收益递增和赢家通吃的局面。因而，获得市场领先地位的创意企业是市场价格的设立者，它所获得的就是超额利润。

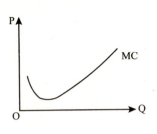

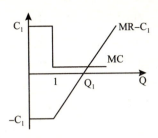

（a）传统企业边际成本曲线　　　（b）创意企业边际成本和边际收益曲线

**图 2 - 2　传统企业与文化企业的边际成本和边际收益曲线**

但是，这并不表明获得领先地位的文化企业可以无限扩大生产规模。一方面，由于管理成本随着规模扩大的增加而增加；另一方面，文化市场通常是个"潮流市场"，消费者的偏好会随着时间的推移而迅速转变，因而竞争性文化新产品的出现会蚕食市场份额。在现实中，文化产品市场如图书、传媒、网络游戏等多为寡头竞争市场。寡头市场竞争直接影响文化产品的生命周期。因此，寡头的产品利润空间受到其产品的生命周期的制约。所以寡头文化企业的基本生产经营决策就是在尽可能短的时间内越过市场的门槛，并尽可能地延长产品的生命周期，或者采取不断推出新产品的产品线策略。人们熟悉的"007"系列电影就是通过新产品与旧产品在某种意义上的内容叠加方式来延长产品的生命周期，并加深旧产品在消费者心中的印象，加快新产品越过市场门槛规模的速度。近年来，我国多档真人秀综艺节目也采取了类似的策略，在真人秀综艺节目的基础上，推出电影产品，比如《爸爸去哪儿电影版》《奔跑吧兄弟电影版》《极限挑战电影版》等。这些都可以看作是系列影视作品的一种新的表现形式。

**4）创意型企业的供给曲线**

传统企业的供给量与价格成正比关系，如图 2 - 3（a）所示。纵轴代表价格，横轴代表产量。价格越高，厂商越愿意提供更多的产品。但是，在创意企业，精神产品的生产分为三类：

第一类文化产品的生产数量是唯一的，也就是所谓的孤品或绝品，因而供给量不会随着价格的提高而增加，如名人字画等。达·芬奇的名画《蒙娜丽莎》，在一次次的拍卖中，价格一路飙升，但是无论价格高到何种程度，市场也不可能再提供另一幅《蒙娜丽莎》，因而其供给曲线是一条垂直于横轴的直线，如图2－3（b）中 $S_1$。

第二类文化产品的生产数量是有限的，当价格开始提高时，供给量按普通商品的供给一样变化，即价格增加供给量也增加，但是价格上升到一定限度后，购买的人反而越多，这时候供应商意识到这是值钱的商品而减少供给，甚至停止供给。比如数量有限的古董、古画或珍贵的邮票等，如图2－3（b）中 $S_2$。此类型的文化产品很像"吉芬品"：价格越高，买的人反而越多。一些奢侈品牌也会通过文化包装提高产品价值，形成"限量版"产品遭到抢购的情形。

第三类文化产品可以无限复制。这类文化产品的价值取决于市场规模。由于产品的边际成本几乎为零，随着产量的增加，产品的平均成本逐步下降。它的供给曲线在产品的数量为1时，厂商的索价等于所有的投入成本。随着供给量的增长，它的售价却越来越低。因而其供给曲线下滑而不是上扬，一些小家电、电子通信类的创意设计产品就是一个很好的例子，如图2－3（b）中 $S_3$。

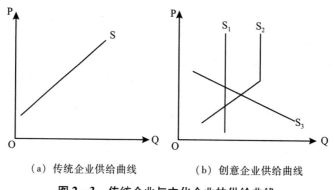

（a）传统企业供给曲线　　（b）创意企业供给曲线

图2－3　传统企业与文化企业的供给曲线

### 2.1.2　文化企业的特点

理查德·E·凯夫斯曾在其《创意产业经济学》中归纳了创意产品的特点，他指出，创意产品"具有需求的不确定性"，"注重原创性和文化价值"，"注重独特性和差异性"，"其产生需要多种要素和技能"，"其传播销售具有明显的时效性"，"一旦获得成功可以长期持有（知识产权等）并持续盈利"（理查德·E·凯夫斯，2004）[2]。根据对文化企业的一般经济学分析，我们可以得到文化企业在经济和管理理论视角的一些特点：

### 1）文化、精神属性

文化企业属于第三产业，文化企业是以消费时代人们的精神文化娱乐需求为基础，为人们提供知识、思想、情感、休闲、娱乐等的文化产品与服务。在我国，温饱问题已经在大多数地区得以解决，人民的生活水平有了极大的提高。社会经济发展到现阶段，老百姓不仅仅满足当前的物质产品，更有一定的娱乐、文化乃至精神需求。而文化创意产品恰恰能够满足这种需求，文化企业可以通过文化和创意重新赋予商品价值。作为一种新兴的产业，文化产业及其产品与传统工业品或服务有着很多区别。文化产品与服务的开放、生产和传播运送过程都能够体现个人与团队的创意，从而带给消费者们精神文化上的感受与体验。

### 2）产品经营的风险性

文化企业产品经营的风险性表现在两个方面：

（1）文化市场需求的不确定性。文化产品满足的是人们精神文化层面的需求，因此与传统行业相比，文化产品的市场表现更难以预测，因为没人能够准确预测人们的社会认知、社会文化关注以及精神需求的变化趋势。一本新书、一张新专辑、一部新电影，能否获得好的市场反响往往具有很大的偶然性。而文化企业的成本特点恰恰是前期的大量投入，这就决定了文化产品在市场收益上的高度不确定性。另外，在成本控制方面，由于文化企业的主要投入都是无形资产，因此也造成企业的成本控制无法像传统制造企业那样锱铢必较。

（2）文化产品的创制过程存在不确定性。创意内容创新是文化企业的核心价值，而创意创新本身却是一项高风险活动。文化创作过程中，各种创意思维活动是发散的、交叉的和随机的，文化创意创作的过程往往有多个不同的环节，并形成不同的阶段性的中间品。首先是创意或灵感的产生，一般以若干概念图或创意元素为阶段性的产品；然后在一定创意或文化元素基础上，再形成某一创意模块的作品，例如设计图样、二维或三维的原始形象等；接着通过与社会和市场需求的进一步对接，形成一件文化创意作品，比如一部电影、一首单曲、一个创意设计的作品等；进一步通过市场化、产品化、品牌化的市场包装和推广创意活动的叠加，形成一个文化产品；再进一步通过在不同传媒渠道与制造品载体的传播，形成不同的延伸品。一般而言，文化产品及其延伸品才能够直接在文化终端市场被消费者接受和购买。而在此之前的漫长过程中充满了变数，一旦失败，那么所有投入的大量人、财、物资源都可能付之东流。文化产品所传递的文化或精神体验往往因人、因地、因时而异。消费者依据其当时的观念、情绪等偏好来选择产品，这种偏好往往会因文化潮流变化而变化。

除了上述两个本质性的风险以外，当前我国文化企业经营的风险性还表现在：第一，我国知识产权保护环境尚有待完善，认真做创意的文化企业不得不面临产品或作品被剽窃、复制等风险；第二，目前我国文化产业尚处于"半产业化"的发展阶段，文化领域受到市场和计划两种制度的"双头配置"，从而导致文化企业创意产品生产和销售过程存在极高的风险，本书第3章将围绕这一问题详细说明；第三，当前，我国各地争相发展文化创意产业，因而导致在一些市场化水平相对较高的文化创意细分行业或领域，产品竞争日益激烈，从而给文化企业带来更高的经营风险，本书第4章将围绕这一问题详细阐述。

### 3）高经济附加值

文化企业的高附加值也表现在两个方面：

（1）文化产品本身的高附加值。文化产品的生产过程凝聚了创作团队全部的知识与技术，因此其产品较传统加工制造品而言具有很高的附加值。在产业划分上，也有人将文化产业与科技创新、研发类业态归为一类，属于产业链高端环节。例如，从2013年至2015年，《小时代》影片就陆续播出4部，总成本约9000万元，累计票房超过17亿元。2015年上映的《煎饼侠》影片，其制作成本5000万元，最终达到10亿元的票房。与其他行业相比，文化创意产业中科技和文化上的附加值比例明显高于普通的产品和服务。

（2）文化企业对传统制造业还存在辐射性，是文化产品附加值的一种延伸。文化产品往往以创意内容为核心，这也是很多同质化的价值制造业寻找自身产品差异性的一个非常便捷的资源。因此，一旦某一形象成为公众的话题、获得社会市场的欢迎，那么就会有加工类制造业（比如箱包、文具、服装等）希望授权该形象，并用于本制造业的产品生产。这样，文化企业某一个成功的文化产品还可以通过授权衍生品生产获得授权费、甚至是与生产企业共享延伸品收益。《喜羊羊与灰太狼》的制作公司——广东原创动力文化传播有限公司，通过电影喜羊羊系列的电影和人偶剧获得了巨额票房。但早期

《喜羊羊与灰太狼》系列动画连续剧在电视台播出时期，原创动力则主要依靠将"喜羊羊"的形象授权给一些衍生品生产商以收取授权费。据不完全统计，喜羊羊的衍生产品分为十几个大类，200多个品种，其中仅图书的销售量就超过了1200万册，销售额1亿元左右；毛绒玩具的销售额超过1000万元，食品类的销售额也有1000多万元。

**4）知识和人力资本居核心地位**[①]

一般来说，文化企业属于知识密集型企业。创意产品主要来源于个人的知识积累、技能、灵感、才华和创造力，因此企业发展在很大程度上依赖创意人力资本的集聚及其所拥有知识和创意能力的积累，同时也需要辅以与之相适应的软件使用权、版权、改编权、专利使用权等无形资产投入。由于文化企业的核心资源是创造力，因而文化企业通常也非常重视对人才的吸纳与培养。

**5）经济效应与社会效应相结合**

文化产品主要满足倾向于人的精神需求，所以好的文化产品更容易为社会所接纳，并在一定程度上有很强的社会引导与示范效用。尤其是在现代信息技术及多元传媒体系的环境下，文化产品更具有较强的社会文化与社会认知渗透性和辐射力。比如电视剧《蜗居》之后，全社会围绕"包养"等社会道德问题就产生过激烈的讨论。同时，文化企业本身立足于某种文化资源，例如传统技艺、知识、文化观念等，因而文化企业的组织本身就有一定的文化传承功能。文化创意产品传播的是精神领域的活动，必然会影响社会大众的公共情感。因此文化产品从某种程度上讲必须兼顾社会效益和经济效益，也只有两者统一在一起，才能促进企业的发展。

### 2.1.3 文化企业的经营与管理

**1）文化企业经营与发展的关键因素**

全世界将文化作为一个产业，并在某些文化创意领域进行产业化实践已

---

① 李和荟，曲琳琳，孙哲．文化创意企业概况与特点分析［J］．东方企业文化，2013，（11）：54－56.

经前后经历了大约三十年。这段时间随着实践的不断进步，知识界对文化企业经营与发展的关键影响因素也有了一个逐步明晰的过程。一般而言，任何一个企业在经营与发展中都会存在诸多影响因素，总体上看可以分为外部因素和内部因素。文化企业也同样受到一些外部因素和内部因素的影响。

（1）外部因素

国外学者经过研究发现，各国虽然历史文化不相同，但文化产业的发展总是略滞后于其他产业。因此文化企业发展的关键因素中，外部因素成为学者们研究和观点集中的方面。其中产业结构和产业政策被认为是影响文化企业发展的重要外部因素。

产业结构包括文化产业内部的产业组织的结构，也包括文化产业与其他关联产业之间的结构。从文化产业内部来看，文化企业根据创意生产过程而形成的集群被众多学者们认为是影响甚至主导文化企业发展的重要因素（Davis，Creutzberg & Arthurs，2009）[3]，这是因为产业集群与文化企业的创意创新之间有着必然的逻辑关系。文化企业在区域上的集聚可以降低文化企业在技术、知识等方面的进入壁垒，促进产业内部的竞争，从而推动企业的创新及创意生产本身（陈祝平、黄艳麟，2006）[4]。所以，文化产业集群的形成，关键在于集聚化创新系统构建（Gwee，2009）[5]。当前，各国文化产业的组织结构大体一致，都是少数寡头企业和多数中小微企业。文化产业集群更能够通过集群内知识共享帮助中小文化创意企业创新能力的提高（Rahab，2011）[6]。

产业政策指的是各国根据自身经济发展情况所制定的鼓励和促进文化产业良性发展的各种产业政策、制度和法律规范等。产业政策鼓励、引导并且保护文化企业的各种创新行为，以及创新结果（Davis，Creutzberg & Arthurs，2009）[3]。国内外不少研究都认为，政策制定者应为文化产业的发展提供有利条件，给予文化企业和从业者在艺术与文化资金、版权与知识产权法及广播媒体技术等方面的支持，加强投资财税政策的优惠措施，引导社会资金投入文化产业，形成投资多元化等（Hospers，2003；Michael et al.，2006）[7,8]。尤其是像中国这样的发展中国家，发展文化产业的时间较晚于发达国家，因此更应该借鉴国外发达国家的成功经验。在鼓励和促进文化产业发展的过程中，政府不仅要建立整体发展规划，完善优化文化企业营商环境，构建完整的文化创意产业链条，形成新的产业发展群落，而且应从创意人才培养、知识产权保护、财政税收优惠、企业融资渠道等方面构建相应的产业政策体系

（Eltham，2009；Zhang，Wang & Liu，2011；王琳，2006；苏卉，2010；苏玉娥，2011）[9-13]。

（2）内部因素

由于目前文化产业的相关研究主要集中在产业层面，因此围绕文化企业的研究相对较少，围绕文化企业经营与发展过程中的关键内部因素，多数研究主要聚焦在以下几个因素上：

①企业家。企业家被认为是主导文化企业经营方向、创意创新能力的关键因素之一（Davis，Creutzberg & Arthurs，2009）[3]。博耶特（Boyett）将企业家定义为拥有特定个性特性的人，马歇尔认为企业家是具备创造力、洞察力、统率力的人，能够通过其拥有的这些素质和能力创造交易机会。企业家的价值选择、对文化或创意内容的判断都会主导文化企业经营与发展的方向和路径。一个对艺术和文化有着不凡认识的企业家可能更容易发挥这些艺术或文化的真正价值，并获得商业运营上的成功。企业家追求创新和敢于承担风险的精神也决定了文化企业创新能力与文化产品的成功。

②企业知识获取。由文化企业特殊的生产过程及其成本与规模的经济学规律可知，文化企业的持续发展取决于企业对文化、创意和创新知识的不断学习和整合。而企业研发人员的创意贡献与知识搜索也会促进企业提升创新能力（Rahab，2011）[6]。文化创意的发展是内部知识创新体系和外部知识共享网络有机整合的结果，知识搜寻与流入对文化企业创新绩效具有直接的作用（孙斌、蔡华、陈君君，2009；程聪，2012）[14,15]。

③创意生产规模与效率。除了上述两个方面以外，文化企业在创意产品的生产规模与创新产出的效率也是决定其发展的重要内部因素。杨晶和郭兵（2014）通过对上海63家文化企业进行研究发现，文化企业的所有制形式、生产规模和政府创新资助情况对企业专利的生产效率存在影响（杨晶、郭兵，2014）[16]。研究发现中、小型企业高于大型企业，虽然创新效率高于大型企业，但是从整体上看我国文化企业在创新效率都较为低下，而这其中获得政府资助的文化企业创新效率又略高于未接受政府资助的文化企业。

**2）文化企业的核心资源与能力**

从上述回顾可以看出，文化企业经营的核心资源是创意创新资源，核心的能力是创新能力。因此，不少学者探讨文化企业的核心资源和能力，试图回答文化企业创新资源或创新能力如何发挥优势和实现市场价值这一问题。

　　熊彼特（1912）把"创新"（Innovation）定义为经由一种生产要素和生产条件的"新的组合"。从这个意义上说，文化创意属于创新的范畴。朗德里（Landry）对创意（Creativity）的定义指出"创意是一种极尽可能挖掘潜力并创造价值的工具"，是"以对一件事情的正确判断在给定的情况下寻找合适的解决方法"（Landry，1972；Landry，1973）[17-18]。伦纳德和斯瓦普（Leonard & Swap，1999）从过程视角认为创意是"研发及表达可能有用的新奇点子的过程"（Leonard & Swap，1999）[19]。霍斯珀斯（Hospers）则认为创意的本质是一种能力，是人类通过思维能力发现或者产生某种新的组合，并通过这样的原创方法解决问题与挑战（Hospers，2003）[7]。霍金斯（Howkins）指出创意分为两类：第一类是出于人类探索新事物的天性，并非刻意引发的创意；第二类是以第一类创意为基础，以制造创意产品为导向而产生的创意（Howkins，2001）[20]。

　　作为文化企业创新活动的一种结果，创意对于文化企业有着核心的作用，是文化企业所有市场价值的内核与基础。国内著名创意经济学者金元浦指出，"创意在文化创意产业中处于核心地位……创意产业的这种精神性、流动性、易逝性决定了其以不断开发创意为企业发展的根本"（金元浦，2014）[21]。也正是由于创意的核心和基础性地位，所以才使得文化企业具有产业辐射的功能。比尔·盖茨就曾直言不讳地认为，"创意具有裂变效应，一盎司的创意能够带来无以数计的商业利益和商业奇迹"（关祥勇，2011）[22]。鉴于创新能力及作为其结果的创意很像是文化企业的资源，经济学家们就将这种特殊的资源套用了市场价值，而后就有了"创意资本"这一概念与理论。

　　创意资本理论最早是由理查德·弗罗里达（Richard Florida）（2002）提出，虽然到目前为止创意资本的概念上有一些争议，但创意资本的意义被罗伯特·古什（Robert Gushing）证明是推动社会经济增长的一项重要的力量（Robert Gushing，2001）[23]。"中国创意产业之父"的厉无畏（2006）认为，创意资本其实是由创意经济所需的各项资源形态转换而来的，由人力资本、产业资本、文化资本和社会资本等构成（厉无畏，2006）[24]。金元浦（2005）、李具恒（2007）、易华（2010）、李双金（2008）等都对创意资本有过探讨（金元浦，2005；李具恒，2007；易华，2010；李双金，2008）[25-28]。

## 2.2 企业战略管理理论

### 2.2.1 企业战略的概念

"战略"这个词汇来自于军事，人类历史关于战略决策与管理的实践其实由来已久。但是将企业的战略作为一项科学进行专门的研究，还是从 20 世纪开始的。自泰勒创立科学管理理论，开启现代管理学科之后，巴纳斯的社会系统理论，将组织目标、权力结构和决策机制视为组织三要素，从而开启了企业"战略"理论的大门。至今唯一一位获得诺贝尔经济学奖的管理学家，西蒙提出了决策理论，并将企业的决策分为结构化决策与非结构化决策。将企业战略决策（属于非结构化决策）正式地与其他管理职能区分开来。之后，越来越多的学者开始研究企业战略问题，时至今日以西方为代表的战略管理理论先后形成了多个学派的成熟思想和观点。其中，计划学派、设计学派、定位学派等一般被看作理性主义学派，而由企业家学派、认知学派、学习学派、权力学派、文化学派、环境学派则被看作非理性主义学派。不同学派出现的时代背景不同，学者们从不同的视角对企业战略进行了不同的诠释，但对于企业战略的定义并未达成共识。明茨伯格（Henry Mint-zberg）在总结 20 世纪企业战略管理思想演变的基础上，整合了不同阶段各种战略学派的观点，提出了战略的整合概念。他采用了 5 个英文中以 P 开头的词语来综合界定战略，即计划（Plan）、模式（Pattern）、定位（Position）、愿景/期望（Perspective）、计谋（Ploy）。这一归类更有助于我们深刻认识战略的内涵（Mintzberg，1987）[29]。

进入 21 世纪，全球一体化的进程在市场无限扩展的同时也几乎将所有行业都推向完全竞争的状态。随着竞争环境不断动态变化，企业的战略也面临各种挑战。曾有人认为在高度动态变化的环境下企业的战略决策、战略规划跟不上环境的变化，质疑"战略已死"。这种情况在中国企业中更是如此。2008 年华南理工大学的蓝海林教授及他的研究团队为 MBA 教学最新编著了教材《企业战略管理》①。在书中他进一步从三个方面创新和突破了企

---

① 蓝海林等编著，《战略管理》[M]. 中国人民大学出版社，2015，10.

业战略的传统概念。

### 1）"点"决策与"过程"决策的统一

所谓"点决策"是指企业高层管理者应该在一个特定的时间段里（一般是在 3~6 个月之间）针对企业所面临的重大的、根本性和长期性的环境变化所做出的更加理性的决策。由于企业经营环境动态化程度越来越高，企业竞争优、劣势转化速度越来越快，"点决策"的观点受到了严峻的挑战。越来越多的企业高层管理者即使是在战略实施的过程中，也需要针对新出现的机遇或者威胁进行非常规性的决策。这是因为：（1）人们越来越难以预测环境的变化，包括机遇与威胁的出现，因此几乎没有可能在此之前的某一时间点去准确预测事件的进展和进行重大战略决策；（2）战略决策的效果越来越取决于创新和速度，因此"点决策"已经很难满足高速或者动态条件下企业竞争的需要。当前越来越多的战略学者倾向于把战略也看成一个"过程决策"。事实上，上述两种观点都具有其正确的方面。杰出的战略管理者已经把"点"放在过程中，同时又把"过程"视为若干"点"的集合。它们重视过程中"点决策"，以体现速度的重要性；又重视若干"点决策"之间的连续性，因为战略的成败取决于承诺的大小。

### 2）理性决策与非理性决策的统一

在传统的关于战略是一个"点决策"假设的影响下，强调决策或者说计划制定的过程，整个计划过程被认为是一个理性思维的过程。这种观点反映了战略管理中的理性主义，主要是设计学派、计划学派和定位学派为代表的理性主义的观点在企业竞争环境中相对比较静态的时期或者说企业战略管理学科形成的最初阶段。理性主义的观点在 20 世纪 80 年代遇到了麻烦，几乎导致整个战略管理理论或者学科的衰落。目前越来越多的战略学者发现在相对动态的经营环境下进行战略决策的行为表现出几个非常重要的特点：（1）战略是在环境难以预测、信息不充分、管理者能力有限和组织内部存在利润冲突的情况下制定的，因此战略可能是完全理论和完美的产物；（2）战略制定不仅是一种"点决策"，同样也是一种"过程决策"，"计划"与"实施"并不是有清晰界限的两个动作，而是相互交错的两个阶段性过程；（3）成功的企业家制定战略时往往不完全遵循理论与逻辑，而更加关注战略的独特性、速度以及战略的效果；（4）战略管理虽然由 CEO 负责，但是具体工作却要求参谋部门和直线部门的共同参与，因此战略的实施往往是所有中高层管理者相互博弈的结果。

**3）计划与策略的统一**

根据设计学派和计划学派的观点，战略作为一种计划的目的是使企业能够利用其内外部环境中出现的长期、根本和重大的变化，建立长期竞争优势。所以在企业经营环境相对稳定和可以预测的条件下，企业可以通过自己合乎理性的计划行为，有效地配置资源。而在相对动态的环境下，竞争优势的建立更多是建立在对环境变化和竞争互动及时反应等"策略"的基础上。虽然"策略"这个概念在战略管理的教科书中并不多见，但所谓策略大体上应该具备以下特点：（1）对抗性或者指向性；（2）包含了一些手腕或者诡计；（3）只要对手改变了行为，承诺可以不兑现。虽然目前战略管理理论中关于策略的内容并不多见，但其实定位学派早已注意到了环境动态化的趋势，并且提出了一些动态竞争的思想。而后来陈明哲、达维尼等学者对动态竞争理论的贡献进一步构建了"动态竞争模型"和"超级竞争"等理论，策略理论和策略手法才真正受到重视，并且进入了战略管理的理论体系和教科书中：（1）由于竞争互动，不仅使企业经营环境成为战略关注的重点，同时也使战略的指向性受到了重视，出现了关于分析、选择和预测竞争对手行为的理论；（2）为了获得和发挥先动优势，一些过去被认为登不了大雅之堂的策略手法，尤其是与误导、延缓和抑制对手反应的策略手法得到了重视。

## 2.2.2 企业战略选择的基本理论视角

**1）产业组织（IO）理论视角**

1939 年梅森发表的《大企业的生产与价格政策》，探讨了市场结构、竞争行为和经营业绩三者之间的关系。谢勒在 20 世纪 70 年代将这一分析范式最终完善成为结构—行为—绩效（SCP）框架。随后 1959 年贝恩出版的《产业组织》一书，提出结构—绩效分析范式。SCP 框架的基本理念是企业行为决定企业绩效，而企业的行为则受到产业和市场结构的影响。SCP 理论框架构建了产业组织理论的基本理论框架。SCP 作为企业战略决策的基本理论工具一直沿用到今天（周三多、邹统钎，2003）[30]。后来到 80 年代，以波特为代表的学者将产业组织理论进一步发展，成为当时战略管理理论的主流流派。

### 2）资源基础观（RBV）视角

资源基础的概念是由 20 世纪初开始提出，真正兴起于 20 世纪五六十年代，经过 80 年代末和 90 年代初的长足发展，目前在企业战略管理理论中居于主流地位。资源基础观认为企业内部的各种资源和能力的积累是解释企业获取超额利润、保持竞争优势的关键（Wernerfelt，1984）[31]，也是构建竞争优势的决定性因素（Peteraf，1993）[32]。在资源基础观下，企业被视为资源和能力的集合体（Penrose，1959；Teece et al.，1997）[33,34]。在资源基础观的视角下，企业竞争优势的建立和保持取决于"异质性"资源的整合（Barney，1991；Mahoney & Pandian，1992）[35,36]。也是基于这样的逻辑，普拉哈拉德（Prahalad）和哈梅尔（Hamel）（1990）提出了著名的核心竞争力理论，在中国曾经刮起一阵风潮（Prahalad & Hamel，1990）[37]。

### 3）认知基础观（CBV）视角

20 世纪 80 年代，认知理论的学说由班杜拉等人以社会学习理论为基础逐步建立。将社会学习理论引入企业管理领域中，就形成了企业认知等一系列概念。企业认知指企业在市场环境下对外部及内部信息进行有选择性的提取和解读，是一种企业高层管理者在长期经营活动中所形成的认知模式（Cognitive Pattens 或 Cognitive Model）或者"认知惯性"等（Lamberg & Tikkanen，2006）[38]。沃尔什（Walsh）认为企业认知作为管理者的认知模式，不仅包含管理者的知识结构，还包含管理者运用相关知识思考问题的方式以及据此做出取舍的考量（Walsh，1995）[39]。企业高管作为战略的决策团队，需要对环境面临的机会与威胁、组织的资源、能力和配置以及组织目标等主动思考、及时有效响应，并适度地调整企业战略行为（周晓东，2006）[40]。

### 4）制度基础观（IBV）视角

制度理论（Institutional theory）的研究范围宽广，研究领域跨越经济学、政治学以及社会学等不同学科。制度由文化认知、规范以及强制要素构成，并与活动和资源相联系，为社会生活提供稳定性和规则（Scott，2001）[41]。强制性要素、规范性要素以及文化和认知要素是制度的重要组成部分，构成了制度的三大支柱（Scott，2001）[41]。迈克·彭（Peng，2003）指出经济制度、政府的经济发展政策，特别是财政、金融、税收政策，对企业战略选择构成直接的影响，这些制度因素设置了一系列的限制条件或激励方式对企业行为产生间接影响，促使企业偏向选择某种战略（Peng，2003）[42]。奥利弗（Oliver，1991）认为面对制度环境时，企业应采取不同的应对战略（如默许、妥协、避免、抗拒、操纵）影响或适应外部环境从而获取竞争优势（Oliver，1991）[43]。根据制度基础观，企业竞争战略与竞争策略的制定都受到制度环境的影响。企业的竞争战略与策略不仅要立足于自身战略考虑和经济目标，还要适应特定制度环境的约束和要求，懂得利用制度环境有效选择竞争战略。

### 2.2.3  竞争战略理论及其评述

竞争战略是企业经营战略的一种进一步深化，其主要回答的问题是企业建立什么样的竞争优势，并如何建立可持续的竞争优势。波特是竞争战略理论的代表人物，其基本逻辑概括起来包括如下几个方面：（1）产业结构是决定企业盈利能力的关键因素；（2）企业可以通过选择和执行一种基本战略影响产业中的五种作用力量（基于五力模型，如图2-4所示），以改善和加强企业的相对竞争地位，建立市场竞争优势（低成本或差异化）；（3）价值链活动是竞争优势的来源，企业可以通过价值链活动和价值链关系（包括一条价值链内的活动之间及两条或多条价值链之间的关系）的调整来实施其基本竞争战略（汪涛、万健坚，2002）[44]。

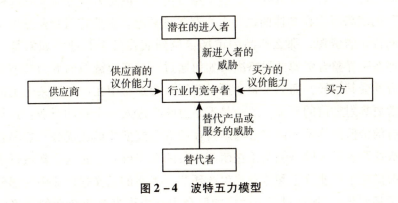

图2-4  波特五力模型

波特的竞争战略虽然可以说"称霸"全球企业竞争决策数十年，但是自其诞生之时就一直受到各国学者的挑战。学术界对波特竞争理论及其五力模型最"经典"的批判是指出五力模型的"静态性"，也就是说五力模型无法适用于动态环境下的企业竞争决策。实施过程中，后期围绕动态竞争的研究虽然弥补了动态环境下竞争决策的相关理论，但在对企业经营战略决策的指导性上却少有能达到波特理论这种全局性的。对波特的另一类批评则侧重于竞争优势的选择问题。早在 20 世纪 90 年代，美国几位学者就针对波特关于企业竞争优势选择"不能脚踏两只船"的观点进行批评，并通过一些企业的成功案例指出企业有可能同时实现高差异和低成本优势。但是由于当时时代的限制，这种批判性的观点并没有得到更多企业界的认可。

进入 21 世纪，随着经济全球化、生产信息和自动化等的浪潮，产业间界限逐渐打破，越来越多的企业通过科技创新、新技术/新材料技术或产品升级、文化创意植入等不同方式寻求对自身业务的价值增值，或是试图进入一个新兴的行业或市场。在这样的情况下，企业的经营与竞争实践开始逐步凸显波特竞争理论的一些不足。但我们批评波特的理论并不是表明波特理论是"错误"或者说是"落后"的。恰恰相反，批评波特理论的目的在于使今人关于战略的思考能够"站在巨人的肩膀上"，通过对波特经典的竞争战略理论进行修正和调整，希望最终实现对前人理论有所完善和进步。

### 1）五力模型对跨界整合与新兴产业分析与指导乏力

在当前跨界整合、新兴产业迅速涌现和崛起的时代浪潮下，企业一方面希望通过跨界、跨行业资源建立整个竞争优势，但是另一方面又对这种"捞过界"的战略行为在具体的执行上心存各种疑惑。企业将自身业务设定为整合不同行业的资源，那么产品的市场定位到底在哪个行业？如果是原有行业，那么跨界整合资源的战略决策如何通过原有产业链条的五力模型分析得以体现并受其指导？而如果企业通过跨界整合是希望在产业链条上走向上游或下游更具附加值的环节，那么是不是意味着进入一个新的行业？这样，企业现有的价值链体系如何契合与新行业的五力模型并形成优势？如果企业转型升级或跨界进入的是一个正在萌芽阶段的新兴行业，而这个新兴行业中的上下游尚处于产业分工和链条式生产环节（不幸的是文化产业中的部分细分行业正是如此），那么对于企业应如何套用五力模型分析企业的战略定位及选择建立何种竞争优势？显然，五力模型对上述一系列今时今日中国企业典型的战略问题缺乏解释力度。这就导致了今天我们很多企业照搬五力模型来分析行业竞争问题时出现无从下手等困扰。

### 2）高差异和低成本已经逐渐不能作为企业竞争优势的有效分类

企业应该在竞争中建立什么样的优势？这是竞争战略的基本问题。波特的理论将企业在产业结构中可以建立的优势高度归纳为高差异优势和低成本优势，并以此界定企业竞争战略的方向或类型：差异化战略和低成本战略。曾几何时，这一经典理论指导了一大批中国企业利用人口红利等国家优势建立低成本的规模优势，并进而从低成本规模优势转变为以品牌、研发、售后服务等为特点的差异化优势。但是随着信息技术、互联网甚至物联网技术的发展，目前越来越多的企业可以通过计算机信息系统、移动互联网等电子信息技术有效实现对差异化优势和低成本优势的有机整合。也就是说，当今时代，"低成本"和"高差异"可能不能作为企业区分不同企业竞争优势的有效分类方法。同时，企业仅仅依靠低成本或者差异化战略的某一个就能建立行业竞争优势的情况越来越少。当前企业持续的竞争优势多是复合型的，是企业在若干个不同环节，以不同的资源或能力进行的组合，单纯考虑差异性或成本领先并不能指导今天中国企业的竞争实践。

### 3）波特的竞争战略理论对制度环境的作用认识不够

波特的竞争战略理论根源于产业组织理论。这就决定了波特的竞争理论对新兴市场国家政府对市场的干预作用缺乏足够的认识。事实上，波特竞争战略理论的两个著名的战略模型——五力模型和钻石模型中，只有探讨国家竞争优势的钻石模型中才涉及政府。纵然是钻石模型中，波特对政府与市场、政府与相关产业等其他市场经济范畴的主体或要素之间的逻辑关系并没有触及其本质。但在当下中国等发展中国家，政府在产业经济的发展与转型升级中扮演了重要的角色。政府对市场交易的干预、制度环境对产业结构乃至企业竞争优势的影响成为学术界和企业界共同关注的焦点。然而围绕着一些问题，波特竞争战略理论似乎并没有太多指导意义。

我们批评波特的理论并不是否定波特的贡献，而是希望在经典的基础上进一步发展和完善理论。事实上对波特的批评自波特竞争理论诞生之初就从未停止过，有时候批评才是正确传播而不盲从偏信真理的最有效方式。自

20世纪90年代开始，学术界动态竞争研究分支就已经在若干问题上探索突破波特的竞争理论和五力模型。但是至今人们仍然承认波特在竞争战略中的伟大贡献，那是因为其将战略定位工具化和操作化。至今，无论是动态竞争的"AMC"范式还是蓝海战略，我们对企业竞争状况分析与竞争决策的基本逻辑路径仍然是承袭波特的从产业链条上下游环节入手的结构化分析方法，并跟随波特的思想，将企业的竞争优势选择看作是在一个产业结构中确定和选择某一企业最擅长的环节，也即是"定位"。上述两点，即便是在今天跨界整合、产业与资本融合的时代，也是企业选择竞争优势的基本逻辑思路。

## 2.3　企业动态竞争

"竞争"一词来源于生物学，生物学将"竞争"定义为两个或多个生物之间为了争夺生存空间与资源而发生的一系列行为与关联（Darwin，1859）[45]。达尔文提出了"物竞天择，适者生存"的生物竞争理念，强调了在自然界（包括人类社会），生物个体适应环境并争夺生存资源的现象与行为构成了生态系统的准则，也决定了任一个生态系统（包括人类社会）发展与演化的方向。这一理念后来被延伸到了社会、经济和管理领域中，被借以解释社会主体（国家、组织、个人）或者经济主体适应社会经济环境要求，并最大限度争取生存和生产资料的行为。按照这一观念，当企业之间面临争夺稀缺资源时，竞争关系就产生了。而解释经济生活中的竞争问题，并试图指导企业合理有效地参与竞争的竞争理论也就应运而生。

但是，竞争作为人类社会生活的一种基本活动，其具体的内涵与表现形式将随着生产技术、社会文化等的不断进步而不断创新。因此围绕竞争问题的研究也就相应地在不断的演化发展。回顾竞争理论的发展，学者们围绕解释企业竞争的内涵与规律这一根本任务做出了大量贡献。不难发现，不同时期的学者们对竞争的揭示呈现出研究视角从静态到动态、对竞争行为与策略的描述从单一到多样、讨论影响企业竞争的因素从外部到内部的发展过程。

## 2.3.1 动态竞争理论回顾

**1）动态竞争的作用**

动态竞争研究的一个重要目标就是回答什么样的竞争策略在竞争行为中能够帮助企业获取优势或者好的绩效。关于这一问题，动态竞争不同理论的学者从不同的视角逐渐丰富着对这一课题的回答。

伯恩海姆（Bernheim）和卫恩斯通（Whinston）（1990）基于博弈论构建了几个数学模型，用来分析多市场接触和勾结行为之间的关系，发现多市场接触确实会对企业的行为产生影响，正如以前很多实证研究所证明的那样，这些企业行为的产生或改变会给企业带来显著的收益（Bernheim & Whinston，1990）[46]。费尔南德斯（Fernandez）和马林（Marin，1998）的研究发现，当企业和竞争对手在多个市场相遇时，它们在经过无限次的较量后，企业可能会重新分配自己在这些市场的力量，进而获得更多的利润（Fernandez & Marin，1998）[47]。休斯（Hughes）和奥顿（Oughton，1993）通过对1979年英国418家制造企业的生产统计的研究，结果表明当企业进行相关多样化经营时，其与其他企业在多个市场发生接触的可能性将大大增加，这时在多市场接触的作用下，企业的市场力量将增加，企业间的默契性联合行为或勾结（Tacit Collusion）也将增加，进而带来较高的产业盈利能力（Hughes & Oughton，1993）[48]。但斯考特（Scott，1982）通过对美国最大的1000家制造企业中的437家进行实证研究发现，在其他条件不变的情况下，存在卖方集中和多市场接触程度比较高的业务所获得的利润要比那些卖方集中程度一般、多市场接触程度较高的企业获得的利润高出3%。所以单纯地多市场接触并不一定会带来高利润，相反有时伴随它的是较低的利润（Scott，1982）[49]。

多市场接触程度似乎还远远不足以支撑企业进行战略决策。除了多市场关联之外，学者们也尝试从进攻与防御的维度分析企业竞争行为与绩效的关系。发起回应可能性则取决于防守一方相对信息与资源优势的情况（Chen，1996；Smith et al.，1991）[50,51]。另外，早期的研究对进攻的界定多以获取或保持市场份额（Chen & MacMillan，1992；Ferrier et al.，1999）[52,53]为基点，并秉持竞争对手低可能性的回应则意味着进攻者更高的优势（Grimm &

Smith，1997)[54]的基本逻辑。

陈明哲和米勒（Chen & Miller，1994）从期望理论进一步对进攻、回应和企业绩效之间的关系进行了研究。他们根据佛农（Vroom，1964）的期望理论模型提出竞争互动研究中相应的一般模型，并且试图通过引入此模型来判断出攻击行为如何能够减少遭到报复的几率（Vroom，1964)[55]。通过对美国航空运输业的实证研究，他们得到如下几个重要结论：（1）在竞争中，一方企业进攻行为的可视性（Visability）越高，则引起对方的反击也越多；（2）如果对一个进攻策略做出反击的难度越大，那么企业发动这一进攻受到报复的可能性就越小；（3）企业遭遇对手进攻的市场中心性（表明其重要性程度）越强，企业反击得越多；（4）如果进攻的可视性越强、并且对这一进攻策略反击的难度越小，则该进攻行为将会受到的报复就越多；（5）进攻的可视性越强且进攻市场的中心性越强，则该进攻行为受到的报复也就越多；（6）一次进攻引起的报复越多，那么这次进攻所带来的效益或绩效越差。通过这一研究可知，竞争互动理论强调企业进攻与反击对绩效的作用，企业选择竞争策略时应该考虑采取难以反击的策略，并着眼于非中心性的区域市场，这样此进攻遭遇的反击越少，该进攻对绩效的贡献也就越高。

无论是从多市场接触还是从进攻反击的互动博弈出发，学者们都发现单纯的多市场布局或者单一的攻防行为与绩效间的关系并不稳定（Scott，1982；March，1991)[49,56]。企业若要获得竞争优势与超额收益，必须依靠一系列的竞争策略的组合行动（Chi et al.，2007a)[57]。埃里克·陈（Eric L. Chen，2010）通过历史数据的演化研究进一步分析了不同市场特征下，企业竞争行为（市场行为以及 R&D 行为）及其对业绩的关系，发现竞争行为还由市场的特点（新市场还是已建立的市场）决定，不仅由企业的原有业绩决定（Eric et al.，2010)[58]。有学者则关注竞争策略组合给对手造成什么样的业绩影响等问题。在许多传统行业中的研究都发现企业竞争策略组合的规模指标对提升企业业绩起关键性作用（Ferrier et al.，1999；Young et al.，1996)[53,59]。贾瓦理等（Gnyawali et al.，2010）通过构建企业行为的价值共创（Value Cocreation）以及企业竞争行为的竞争策略性组合（Repertoire）来回答以上问题，最终研究发现：共同成长的行为（Codevelopment Actions）、能力关联行为（Relational Capability Actions）以及行为组合的复杂性（Complexity of Action Repertoire）等都与企业绩效有正相关关系（Gnyawali，D. R.，W. Fan & J. Penner，2010)[60]。

*34*

上述研究从不同的角度证明，企业绩效与企业竞争策略组合的复杂程度以及行为之间的连贯程度有关；同时有别于行业普遍做法的新策略与新行为往往能够获得好的优势。总体而言，企业需要在一个行业内连贯、灵活地采取一系列竞争策略，并保持行为具有较高的创造差异化价值的能力才能够获得好的绩效。

另外，超级竞争理论的代表人物达维尼认为任何持久的竞争优势在所谓"超级竞争"环境下，都将因高竞争互动与战略性环境要素的快速转移而消失，与其消极防御固有的竞争优势，不如积极开发一系列短暂优势更有效（D'Aveni，1998）[61]。新"7S"，即高股东满意度（Shareholder satisfaction）、远见与战略预测能力（Strategic soothsaying）、速度定位（Speed）、出其不意的定位（Surprise）、改变竞争规则（Shifting the rules against the competition）、告知战略意图（Signaling strategic ingent）以及一连串的战略出击（Simultaneous and sequential strategic thrusts）等，是企业在超级竞争环境下维持企业绩效的能力。超级竞争强调企业自动破除自身的优势，并持续不断地建立新的优势，从而保护竞争优势，这是在一对多的竞争关系中的典型战略选择。后来，蓝海战略理论发扬了超级竞争的基本精髓（Chan & Mauborgne，2005）[62]，指出企业应甩开众多的竞争对手，依靠创新与改变规则开辟"蓝海"市场。

### 2）企业动态竞争决策的外部因素

从波特（Porter，1980）的五力模型开始，外部环境就是影响企业竞争策略的一个重要方面（Porter，1980）[63]。在探究外部环境对企业竞争的影响因素过程中，许多学者从各个角度试图找到企业因何种环境而采取特定竞争策略的逻辑关联（Porter，1980）[63]。动态竞争领域里，多点竞争理论的学者们首先指出企业竞争策略来源于企业与竞争对手实力对比（Fernandez & Marin，1998）[47]。而这种实力对比来源于企业与竞争对手在多个市场上的遭遇与交锋情况，也即多市场接触的程度。学者们通过实证研究发现，企业间多市场接触的程度越高，相互间竞争的激烈程度以及发动竞争行动的可能性都将变得越低（Young et al.，2000）[64]。但是这一结论也并不是在任何情况下都成立的。人们进一步发现企业在保持高程度的多市场接触的同时，如果企业相互间规模相当、产品多元化的程度类似且组织结构较为相近，也很容易导致激烈的竞争。在这种情况下，企业竞争行为的强度和速度都会逐渐提高。

多市场接触的情况并不是一个对等的环境因素：当一个小企业遭遇一个大企业时，对于小企业而言往往多市场接触的程度高，而对于大企业而言与小企业的多市场接触程度却很低。陈明哲（Chen）和麦克米伦（MacMillan，1992）根据这一现实情况，在多市场接触的基础上进一步引入市场依赖程度来分析多市场接触的双方企业各自的竞争行为倾向性（Chen & MacMillan，1992）[52]。这里市场依赖指企业间竞争的区域市场对企业自身业绩的重要性程度。对于市场重合程度（或者说多市场接触程度）高的企业，一旦遭遇进攻，则对业绩有很大影响；而对于市场重合程度小的企业，遭遇进攻对业绩的影响较小。因此一方企业对被攻击市场依赖的程度越大，那么它实施反击的可能性就越大，并且反击的针对性会很强，或者直接采取与进攻者进行类似报复；而如果反击性行为所需的资源越多，那么企业放弃反击的可能性也越大；因此降价的竞争行为是最容易引起报复的进攻行动，且报复行动也最快最直接。而从竞争行为的速度来看，一方被攻击市场依赖的程度越大，反击的速度越慢；进攻行为的变更难度越大，反击回应实施得越慢（Chen & MacMillan，1992）[52]。

市场是一个"复杂而多因素干扰的建构体"（Porac & Thomas，1994）[65]。因此学者们发现仅仅一个市场的重合程度或多市场接触程度并不能全面体现所有的竞争环境和对抗态势。竞争互动理论的学者通过提出企业资源、技术、组织规模等因素，从而弥补市场重合度作为竞争决策主要外部环境因素的不足。企业资源，首先认为是发动竞争行为的根本性要素，企业任何竞争行为或策略的实施，都是建立在一定资源与能力基础上的（Grimm & Smith，1997；Grimm et al.，2006）[54,66]。陈明哲（Chen，1996）在前人研究的基础上结合多点竞争理论和资源基础观理论的基本观点，提出市场共通性（Market Commonality）和资源相似性（Resource Similarity）两个重要的维度，构成竞争对手分析和企业竞争行为对抗分析的框架（Chen，1996）[50]。在这个框架中，企业与企业之间以市场的重合性程度和资源能力的相似性水平两个方面进行比较分析。每一个企业都有一个特定的市场领地以及资源组合，因此通过这两个方面的比较，可以帮助理清任何一对一的竞争关系并预测出他们之间的进攻（或是反击）行为：（1）企业 B 与企业 A 的市场共通性越大，则 A 针对 B 发动进攻的可能性就越小；（2）B 与 A 的市场共通性越大，一旦 A 进攻 B，B 越有可能做出反击；（3）B 与 A 的资源相似性越大，A 针对 B 发动进攻的可能性就越小；（4）B 与 A 的资源相似性越大，那么 B 对于 A 所做的反击可能性越大；（5）与资源相似性相比，市场共通性更能帮助人们预测企业的进攻和反击行为；（6）在任何一对一的竞争关系中存在竞争非对称性的可能，任何两个企业之间不会存在着绝对对等的市场共通性和资源相似性；（7）由于在资源相似和市场共通性上存在着竞争的非对称性，A 对 B 发动进攻的可能性（或者概率）不等同于 B 对 A 发动进攻的可能性（或者概率），这个规律同样适用于反击方面（Chen，1996）[50]。

这七个命题的提出为今后的竞争对手分析和企业间的对抗指明了新的实证方向。因此，陈明哲的这一研究也曾被认为是战略管理领域继核心竞争力理论之后的最大贡献。在此基础上，陈明哲（Chen，1996）总结了前人的研究，并提出了竞争互动分析框架（如图 2-5 所示）（Chen，1996）[50]。这一分析框架表明，在一对一竞争中，竞争行为的发动与实施直接来源于企业决策者（们）对竞争对抗态势的认识、对参与竞争的被激励程度以及企业竞争的实质能力；而在这其中，最重要的是决策者对当前敌我态势的理性认识。市场共通性和资源相似性从多市场接触的对抗布局以及敌我实力对比两个维度为决策者建立敌我态势的清醒认知提供了理论分析工具。在理性的竞争决策下，企业将受到好的竞争绩效。这一研究框架具有里程碑式的意义，是近十多年来全世界学者们所集中讨论的分析框架（刁昳，2007）[67]，同时这一框架也树立了市场共通性和资源相似性在竞争对抗分析中的理论地位。陈明哲的这个模型经过希特等（Hitt et al.，2001）的改进，最终形成了进攻与反击的可能性模型（Hitt，et al.，2001）[68]。

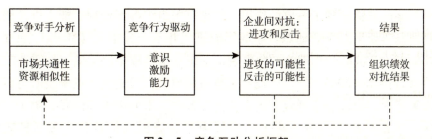

图 2-5 竞争互动分析框架

除了上述两个维度的要素之外，学者们还基于社会网络的视角试图从找到企业在市场、供应链以及合作联盟网络中的位置分析企业采取特定竞争行为或策略的机理。黛妃（Devi）和贾瓦理（Gnyawali，2001）探讨了企业的整合层次（企业的中心性与结构的自主性）、企业对企业单对单层次（结构同质化 Structural Equivalence）以及整体网络层次（网络密度 Density）等对企业采取进攻与回应的可能性之间的关联，最终认为企业在合作网络中的中心性和自主性越强，越易于发起进攻并让对手无从回应；而当企业与对手的合作网络结构趋同时，企业越不能发起进攻；并且整体合作网络的密度会削弱企业采取竞争行为的倾向（Devi R. Gnyawali & R. M.，2001）[69]。也有学者通过研究企业联盟的竞争优势与竞争行为，回答企业组成联盟后形成的"多"如何发挥竞争优势。西尔弗曼（Silverman）和鲍姆（Baum，2002）通过研究加拿大生物技术企业 1991 年至 1996 年的退出率来探讨企业联盟是否会对企业竞争对手造成竞争压力的变化，并表现该行业的动态竞争问题。他们发现企业横向、上游及下游的联盟对对手竞争压力的影响取决于该联盟在两个方面的程度：（1）截断竞争对手结盟机会的程度；（2）增加行业运营能力的程度（Silverman & Baum，2002）[70]。

### 3）企业动态竞争决策的内部因素

认知（Awareness）—动机（Motivation）—能力（Capability）被认为是企业实施竞争性行动或策略的内在逻辑（Chen，1996）[50]。而这一个逻辑范式是建立在决策者关注的基础之上的。企业战略的决策者或团队可能会因不同时期而关注外部环境的不同要素，但是他们都会持续关注企业内在的情况与特征（Ocasio，1997）[71]。

从陈明哲（Chen）的资源相似性理论可以看出，企业内部因素对竞争行为和策略的发挥起到了重要的作用。但是有关组织内部资源、能力以及组织管理机制等要素对企业动态竞争的影响研究并不十分丰富（Marcel，et al.，2010）[72]。从战略管理理论的角度看，动态竞争是战略决策的一个重要组成部分（谢洪明，2003）[73]。因此动态竞争的研究人员更关注竞争策略与行为的决策过程，及该决策过程受到企业内部各种因素的影响等问题。关于这个问题，学者们几乎一致地将关注点集中于高管团队的特征，包括异质性（Ferrier & Lyon，2004）[74]、认知（Livengood & Reger，2010；Giaglis & Fouskas，2011）[75-76]等组织机制因素。格罗斯曼（Grossman，2007）讨论了企业高管在业内换公司这种活动对于企业竞争行为与回应的速度与特点，以及该变化对企业对对手的敏感程度的影响，并进一步讨论了这种影响对企业绩效的关联（Grossman，2007）[77]。

马赛尔（Marcel）、巴尔（Barr）和杜海梅（Duhaime，2010）在回顾有关动态竞争回应的影响因素的基础上，将高级主管的认知框架引入到竞争回应的因素研究中。他们通过航空业的历史数据分析表明主管的认知模式对于企业回应行为的重要性，建立主管认知模型与企业回应行为的决策及其速度的关联（Marcel，et al.，2010）[72]。认知是关于竞争环境信息的前摄注意力，以快速地感受外部的挑战与机遇（Chen，1996；Zaheer & Zaheer，1997；Sambamurthy et al.，2003）[50,78,79]；动机指采取行动对抗竞争对手的意图和目的（Chen，1996）[50]；而能力则指能支撑企业快速采取行动的物理的能力，通过整合可重构的资源延展基于企业竞争基础（包括有效性、柔性、创新、质量、速度等）以提供客户导向的产品或服务（Chen，1996；Zaheer & Zaheer，1997；Sambamurthy et al.，2003）[50,78,79]。莱文古德（Livengood）和雷格（Reger，2010）则研究组织身份对竞争行为的关联（Livengood & Reger，2010）[75]。他们通过提出一个新的概念：认知领域（Indentity Domain）来加强动态竞争与组织学之间的联系，Indentity Domain（ID）指TMT高级管理团队对组织的交感理解。认知领域体现高管对组织所处的竞争地位进行认知上的判定。高管不会按照实际的情况，而是按照自己对企业所处竞争地位的认知判定决策进攻与反击。

除了高管团队的个体特征因素以外，组织机制作为一个企业实施各种行为的基础，其对战略行为和竞争演化的重要性作用在很早之前就受到了学者们的重视（Hannan & Freeman，1977）[80]。企业竞争行为的诸多特征可以说都是有一定特性的组织机制加以保障的。例如，竞争行为与组织惯性就被证明是取决于企业正式权力机制（Ruef，1997）[81]、决策机制与流程（Pfeffer，1982）[82]，以及组织层级（McKinley，1992）[83]等。另外不少研究发现企业组织结构和机制的变动，比如所有权（Capron et al.，1998；Goodstein & Boeker，1991）[84-85]、高管团队（Golden & Zajac，2001；Sakano & Lewin，1999）[86-87]，以及CEO（或总经理）更替（Goodstein & Boeker，1991）[85]等，都会引起企业行为因资源或能力的变化而在强度和持续性的变化。陈哲明（Chen）和汉布里克（Hambrick）（1995）分析了组织规模对竞争性行动发动时机的影响，发现小企业主动发动竞争行动时动作更快，但是对竞争对手进行反击时却很慢（Clen & Hambrick，1995）[88]。但现有关于整体的组织机制影响竞争行为的实证研究并不多见（Hutzschenreuter & Israel，2009）[89]。

除了围绕决策者与决策团队讨论企业竞争行为的内部影响因素以外，部分学者也曾关注组织资源等要素对企业行为的影响。陈哲明（Chen）和汉布里克（Hambrick，1995）提出，企业组织结构的扁平化程度以及组织规模的大小也对企业发动竞争行为的速度构成影响（Clen & Hambrick，1995）[88]。另外，蓝伯格等（Lamberg et al.，2009）曾建立了一个理论框架，表明企业在动态竞争中，其组织模式与架构等组织资源（Organizational Resources）对各个市场的进攻与反击行为将构成影响（Lamberg et al.，2009）[90]。但是，蓝伯格（Lamberg）并没有深入讨论组织结构等组织资源是如何影响企业竞争行为以及竞争策略组合的。

综上所述，动态竞争学者们的研究结论逐步地丰富了 AMC 理论框架的内涵。其中，多市场接触、竞争行为和策略等更多地可看作是丰富"C"的内涵。而市场共通性、资源相似性等则可看作是从市场环境的角度丰富"A"的内涵。之后，围绕高管特征和管理认知对企业动态竞争影响的研究则可看作是从企业组织内部的视角打开了"M"的黑箱。在陈明哲（Chen，1996）的竞争行为分析框架（如图 2 - 5 所示）基础上（Chen，1996）[50]，仅仅根据学者们围绕 AMC 框架阐释对企业竞争行为影响因素的内涵以及相关的研究结论，可以得到如图 2 - 6 的更广义的模型图。这一模型针对企业竞争行为的因素分析，前人的研究基本上就是围绕市场共通性（或称多市场接触）、资源相似性、决策者与决策团队（对内部机制"M"的主要尝试）、以及组织/指挥机制这四个方面的因素来展开。

动态竞争研究的主要任务就是找到竞争行为动态变化的特征以及规律。随着竞争动态性的增加，企业竞争策略已经从清晰的"分析、决策、实施、评估"的静态决策循环步入到决策、执行、反馈过程动态化的动态战略模式（蓝海林，2007；谢洪明 et al.，2003）[91-92]。在这种动态的竞争环境中，企业竞争行为决策分析已经不仅需要考虑竞争倾向问题，而需要进一步考虑"哪些竞争行为能够有效地、快速地、有力地执行"，这可能是竞争行为分析的又一个重要问题。围绕这一科学问题，动态竞争理论研究者们经过长时间的探索，最终将焦点集中于四个方面：代表企业与竞争对手市场状态的市场共通性、代表企业与竞争对手实力对比的资源相似性、代表企业认知与决策能力的高管团队特征等（Chen，1996；Ferrier & Lyon，2004；Hambrick & Chen，1996）[50,74,93]，以及企业组织机制与指挥系统等。

企业围绕竞争行为与策略的决策与管理可以分为外部分析维度和内部分

析维度两个方面。外部分析维度主要解决"是否展开针对性竞争"的问题，主要的分析要素包括市场共通性和资源相似性两个方面（Chen，1996）[50]。而内部分析维度进一步回答"哪些和什么样的竞争策略能有效实施"的问题，主要的分析要素包括决策者与决策团队，以及组织与指挥机制两个方面。决策者与决策团队的专业背景、认知习惯以及行业经验等会导致决策者在分析外部竞争问题时对所搜集的信息有所选择与侧重，从而选择性地开展进攻与反击。因此内部因素中的决策者与决策团队方面，对竞争行为构成影响的具体要素包括：高管人员的个体特征、高管团队的结构性特征，以及高管的认知模式等。组织与指挥机制要素则反映了企业资源与能力的组织、运作能力，一定的组织机制与管理模式需要与适当的竞争行为或竞争策略组合相匹配，如此才能有效地发挥竞争策略的效果，甚至起到事半功倍的作用。因此组织与指挥机制方面主要包含如下具体要素：组织模式与组织架构、组织资源协调性程度、决策权结构与层级等。

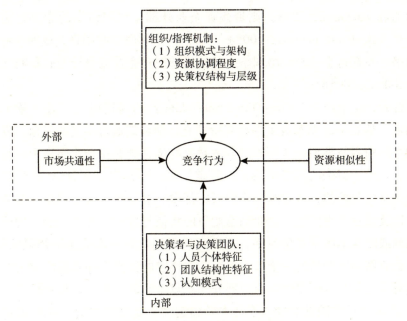

图 2 - 6  竞争行为整合分析框架

图注：皮圣雷，蓝海林. 转型期中国横向整合企业动态竞争与管理模式研究［M］. 经济科学出版社，2014.

**4）内外部因素的整合——竞争网络**

从古诺模型出发，到多点竞争和竞争互动，动态竞争理论尚且是在明确的竞争对手前提下讨论企业的竞争策略与行为。而竞合关系视角下的部分研究，以及弗里尔（Ferrier）为代表的竞争策略组合理论，则开始弱化企业的竞争对手。也许是看到这一不足，竞争网络的概念在中西方学者中被先后提出。西方学者贾瓦理等人（Gnyawali et al.，2001）从网络嵌入理论的视角出发，提出竞争网络的概念，并定性地讨论了企业竞争网络与企业动态竞争的关系，他们仿照陈明哲（Chen）的市场共通性与资源相似性理论（Chen，1996）[50]，提出了在竞争网络结构下企业竞争互动（进攻与反击）的若干命题。之后的学者从不同的视角定义企业所嵌入的网络，并选择在特定的企业网络环境下，讨论企业网络结构及其与竞争行为的关系（Devi R. Gnyawali & R. M.，2001）[69]。池（Chi）等在跨组织系统的环境下讨论社会网络结构与动态竞争行为之间的关联关系（Chi et al.，2007a）[57]。巴斯廷（Busbin）和约翰逊（Johnson，2008）则聚焦在企业外部生产网络中的竞争行为特征与规律（Busbin & Johnson，2008）[94]。中国学者谢洪明则将企业网络称为战略网络，并探讨企业在战略网络中的结构特征对企业竞争行为的影响（谢洪明，2005a，2005b)[95-96]。

首先，竞争网络（Competitive Networking）的前期研究，对"竞争对手不确定"假定下的动态竞争理论有所补充，学者们通过不同的视角，界定企业网络的内容与类型，从而界定竞争对手的位置或者在企业网络中的结构性特征，是处于讨论的网络中的某一特定位置，还是处于所讨论的网络之外。但无论是以怎样的方式刻画企业网络，都没有能反映出企业网络的多重性特征，以及揭示多重网络下企业动态竞争的特征与规律。其次，前人的研究总是明确或隐含地固定竞争对手，而没有考虑到竞争的本质是围绕稀缺资源，因此企业网络中的任何一个节点组织，在特定的情况下都有可能成为企业的竞争对手，并在该网络中与企业展开动态竞争互动。陈明哲和米勒（Chen & Miller，2015）试图针对这一不足重新界定动态竞争的概念，并从关系视角（Relational Approach）重构企业动态竞争的 AMC 范式。但 Chen 的观点还停留在一般性的关系维度，没有对企业与其周围的各种关系的类型与结构进行深入讨论和实证论证。最后，前人的研究只侧重回答企业对具体竞争行动的决策，如何开发新产品或调整价格等行动等，而忽略回答企业应建立什么样的竞争优势。事实上，动态竞争理论的许多观点都超越了波特（Porter，1980）对企业只有差异化和低成本优势的断言，但关于动态竞争行为及策略组合的研究却少有探讨在动态的环境与网络的竞争结构下，企业应采取什么样的竞争策略，以建立什么样的竞争优势这一战略问题（Porter，1980）[63]。

### 2.3.2 竞争动态性研究视角的演化

从 19 世纪开始，经济学家就关注到企业竞争的问题。最初关于企业的竞争研究主要是静态的，其中以古诺模型（Cournot，1838）[97]为代表。古诺模型假定只有两家寡头企业 A 和 B 互为竞争对手，并将两个竞争对手所处的市场空间限制为一个共同的市场，两个竞争对手主要可以决策与控制的竞争手段就是价格与产量，且存在所谓的最优价格和最佳供给量，也即竞争对手间的无论交锋多少次，其最终应该停留在价格或者产量的最优或均衡点上。在这样的前提假设下，古诺模型成为经济学解决企业竞争问题的一个代表性模型，之后的研究几乎都是建立在逐步放开静态竞争模型假设条件的基础之上的。不同时期的学者，围绕动态竞争问题的思考与理论探索有各自时代性的研究视角。总体来看，动态竞争理论的研究视角大体可分为一对一竞争关系视角、一对多竞争关系视角、多对多竞争关系视角，以及基于制度理论的视角等。

#### 1）一对一竞争关系视角

从静态竞争模型走向动态竞争模型的一个重要分支是多点竞争，或称多市场接触理论。爱德华兹（Edwards，1955）最先提出了多市场接触（Multimarket Contact）的概念（Edwards，1955）[98]，所谓"多市场接触"（Multimarket Contact）指的是企业同时在多个产品或者（以及）多个地区市场上与竞争对手竞争的情况（Gimeno et al.，1999；Karnani & Wernerfelt，1985；Korn & Baum，1999）[99,100,101]。爱德华兹（Edwards，1955）发现厂商在多个市场上接触最终会降低竞争强度，甚至会出现"相互克制"（Mutual Forbearance）的现象（Edwards，1955）[98]。与静态竞争理论类似，多点竞争理论的主要研究对象仍然是一对一的竞争关系。而对于市场制度环境，爱德华兹（Edwards）等人主要探讨在市场机制完备的情况下企业的竞争行为，所谓的多点市场多指的是由于地理条件而造成的不同区域市场。另外，多点竞争理论对竞争行为的描述不再局限于价格等单一手段，而是拓展到市场范围布局和区域市场进入与退出、进入者后面对新进入者的进攻与对抗等更具体的策略上。

除了多点竞争理论之外，另一动态竞争理论的重要分支是竞争互动理论。竞争互动研究主要讨论竞争对手在同一个市场上，实施的多次竞争交锋，且具体的竞争行为已经被拓宽到了企业各种战略行为（Karagozoglu & Fuller, 2011）[102]，学者们采用博弈论的数学工具研究企业间的竞争互动与交锋的"均衡"。陈明哲（Chen）和麦克米伦（MacMillan）从博弈论的角度对竞争互动进行了分析，提出了基于防御者的进攻—反应的博弈模型（Chen & MacMillan, 1992）[52]。他们首次考虑了在一对一的博弈关系中，一方对另一方没有回应、或者进攻一方不等回应就进一步采取行动的情况。另外，威尔卡森等（Vilcassim et al., 1999）构建了一个在既定市场中竞争者关于价格和广告行为的博弈模型（Vilcassim, 1999）[103]。

### 2）一对多竞争关系视角

针对竞争动态性程度越来越高的现实，有学者对短期的竞争优势进行批评，并进而试图寻找到指导企业建立持续性竞争优势的理论。而如果竞争对手不固定，这个持续竞争优势则意味着一个企业需要针对多个（不可数）企业构建优势，这种竞争关系就是一对多的竞争关系。艾森哈特（Eisenhardt, 1989）认为在不稳定性与对手强劲的高速变化环境中企业竞争优势难以持续。不稳定性产生了快速变化的机会，因而导致竞争优势变得短暂（Santos & Eisenhardt, 2009）[104]。与探索短期战略互动的动态竞争互动研究相对应，超级竞争理论（D'Aveni, 1994, 1998）[61,105]探讨了长期多回合的对抗。

另外，学者们通过企业竞争行为的观察和研究发现，企业竞争往往并不是某一个竞争行为或策略的单独开展，而是多个竞争行为同时计划、交替实施的"组合拳"。因此竞争行为的研究很快从单一的竞争行为特征研究进入竞争策略组合整体特征的研究（Ferrier et al., 1999）[53]。而从企业竞争策略组合的角度看，其竞争行为所针对的对手自然不可能是某一个或若干固定的目标；当策略组合中的任一行为实施时，实际所影响或打击的企业也是不可确定的。也有学者从企业所处的社会网络的视角出发分析企业"一对多"的竞争动态性。国内学者谢洪明提出企业与其竞争对手、盟友、供应商等相关方共同组成了一个战略网络，嵌入在该战略网络中，企业的网络性结构特征（如中心性、均衡性等）将影响企业的竞争行为（谢洪明，2005a，b）[95,96]。

### 3）多对多竞争关系视角

在战略群的视角下，企业按照战略导向或战略选择划为了不同的群体（Porter，1980）[63]。在同一战略群之内，企业由于采用了同类的战略而整合同类型的资源，因此会为了发挥资源的优势而很容易结成战略联盟。另外，在不同的战略群之间，由于资源相似性很低因而很容易发生相互进攻和反击的行为（Chen，1996）[50]。在这样的背景下，学者们开始研究战略组群内部的竞争行为，以及战略群组间的竞争关联等问题。由于讨论的对象是一个群体，而非具体某一个企业，因此学者们讨论的竞争关系实质就是竞争对手"多对多"情况下的竞争动态性问题。相比"一对一"或者"一对多"而言，"多对多"的竞争关系中更强调企业在竞争行为层面某一类型的特征，而非竞争策略的特征。埃里克·陈（Eric·Chen）等通过分析高科技行业企业的样本发现，当技术发展降低行业优势的时候，低绩效（Low Performer）企业能更有效地通过研发行为打破已建立的市场、干扰高绩效企业（High Performer）（Eric et al.，2010）[58]。黛妃（Devi）和贾瓦理（Gnyawali）从结构嵌入的角度研究企业嵌入在合作联盟网络中的竞争行为与反应问题（Devi R. Gnyawali & R. M.，2001）[69]。

### 4）基于制度理论的研究视角

制度理论成为战略管理学者们关注的焦点（Scott，2001；2008）[41]。而当动态竞争研究拓展到全球各个国家与地区时，制度差异和市场机制的成熟程度差异成为学者们关注的一个重要问题（Stahl & Caligi，2005；Hoskisson et al.，2005；Brouthers & Brouther，2000；Shinkle & Kriauciunas，2012）[106,107,108,109]。现有的文献主要在两种市场制度环境下开展竞争动态性的研究：

一是在制度发生变化后的竞争状态。学者们关注到西方欧美国家虽然制度成熟，但并不是没有变化。学者探讨了当行业规则发生变化后，行业竞争的新形式与企业可能的新选择。伊万诺夫（Evanoff）和沃尔斯（Ors）讨论美国银行业制度的放宽对银行动态竞争的影响。他们研究了过去十多年（数据采取从1984～1999年）来美国地区银行限制的放宽对地区内银行（Incumbent Bank）的竞争行为所带来的变化（Evanoff & Ors，2008）[110]。

二是在制度不完善情况下的竞争行为。除了关注制度和行业规范的变迁导致企业竞争行为及策略的变化，学者们还更关注在类似新兴市场（Emer-ing Market）制度不完善的环境下，企业的竞争行为特征与规律。富勒和托马斯（Furrer & Thomas，2000）指出前人的研究结论仅仅适用于稳定的环境，而在复杂多变的外部政治和社会环境中并不适用。麦克米伦（MacMillan，1978）提出企业可以在其所处的竞争环境中通过非市场手段"重构"或者创造短暂变化。巴龙（1997）认为在有的情况下，非市场行为能更多地通过有限信息、倾向性的政策和关系等提高不确定性的层次来构造市场竞争的规则，这将毫无疑问地阻碍竞争对手调整竞争环境或者立即反击的企图。波特和克雷默（2006）发现非市场行为（例如企业社会责任）在整合了其他业务战略时，能够作为一种获得机遇、创新和竞争优势的资源。事实上，随着竞争的发展，越来越多的企业实施非市场行为来达到提高市场壁垒、防御潜在危机、甚至控制竞争环境的目的（Preston & Post，1975；Boddewyn & Brewer，1994）[111,112]。由此，企业非市场行为在企业快速增加财富的过程中经常性出现（Quasney，2003）[113]，于是研究和探索非市场行为的竞争互动的模型与解释就具有了重要的理论和实践意义。中国学者分析比较了中国房地产行业市场与非市场行为对企业绩效的影响（Tian & Fan，2008）[114]。

　　将以上研究发展情况汇总成表2-2，由表可知动态竞争的研究是在静态竞争理论基础上，逐步放开部分前提假设，从而逐渐深入。其中，竞争对手的不确定与动态性、竞争行为的多元与动态性都导致了企业在动态竞争条件下难以按照理性和科学的方式，通过"事前决策"制定竞争战略。因此，动态竞争研究更多地针对企业在动态条件下进行的不完全理性的一系列竞争行为，学者们试图通过围绕竞争行为的特征研究，来给竞争战略的选择提供指导与借鉴（Zaheer & Zaheer，1997）[78]。

表2-2　　　　　　　动态竞争研究发展其及对竞争本质的逐步揭示

| 前提假设条件 | 主要代表性研究领域 | 研究视角 | 揭示竞争本质的维度 |
|---|---|---|---|
| 时间、空间、制度环境、对手都限制 | 1对1静态竞争（Cournot，1838）[97] | 对抗视角 | 市场份额的稀缺性 |

| 前提假设条件 | 主要代表性研究领域 | 研究视角 | 揭示竞争本质的维度 |
|---|---|---|---|
| 时间放开；空间、制度、对手限制 | 1 对 1 多次博弈（Vilcassim, 1999）[103] | 对抗视角 | 市场份额的稀缺性 |
| 时间、空间放开；制度、对手限制 | 多点竞争（Edwards, 1955）[98]、竞争互动（Chen, 1996）[50] | 对抗视角/互动视角 | 市场份额的稀缺性 |
| 时间、空间、对手放开 | 超级竞争（D'Aveni, 1998）[61]、竞争策略组合（Ferrier et al., 1999）[53]、竞争网络（谢洪明, 2003b）[73] | 对抗视角/互动视角/竞合视角 | 市场份额、生产资源的稀缺性 |
| 时间、空间、对手放开 | 战略群间竞争（E. L. Chen et al., 2010）[58]、竞争网络（Devi R. Gnyawali & R. M., 2001）[69] | 互动视角/竞合视角 | 市场份额、生产资源和知识信息的稀缺性 |
| 时间、空间、制度环境放开 | 制度不完善的竞争（Porter & Kramer, 2006；Deng, et al., 2010）[115,116]、制度变动后的竞争（Evanoff & Ors, 2008）[110] | 对抗视角/互动视角 | 市场份额、生产资源和知识信息的稀缺性 |

# 本章参考文献

［1］李向民，王萌，王晨. 创意型企业产品特征及其生产决策研究［J］. 中国工业经济，2005（7）：112 – 118.

［2］理查德·E·凯夫斯. 创意产业经济学［M］. 新华出版社，2004.

［3］Davis C H, Creutzberg T, Arthurs D. Applying an innovation cluster framework to a creative industry：The case of screen-based media in Ontario［J］. Innovation Management Policy & Practice, 2009, 11（2）：201 – 214.

［4］陈祝平，黄艳麟. 创意产业集聚区的形成机理［J］. 国际商务研究，2006（4）：1 – 6.

［5］Gwee J. Innovation and the creative industries cluster：A case study of Singapore'、creative industries［J］. Innovation：Management Policy & Practice, 2009, 11（2）：240 – 252.

［6］Rahab, Sulistyandari, Sudjono. The development of innovation capability of small medium enterprises through knowledge sharing process：an empirical study of indonesian creative industry［J］. International Journal of Business & Social Science, 2011, 21（2），112 – 123.

［7］Hospers G J. Creative cities in Europe：Urban competitiveness in the knowledge economy［J］. Intereconomics, 2003, 38（5）：260 – 269.

［8］Michael K., Robin K., Neil K., et al. Creative New York［J］. Economic；Development Journal, 2006, 5 (2)：30 – 37.

［9］Eltham B. Australian cultural and innovation policies：Never the twain shall meet?［J］. Innovation Management Policy & Practice, 2009, 11 (2)：230 – 239.

［10］Zhang H, Wang J, Liu D. Experiences of Creative Industries Development in Developed Countries and Enlightenments［J］. Asian Social Science, 2011, 7 (8)：237 – 240.

［11］王琳. 经济增长模式的转变与发展文化创意产业的政府策略［J］. 国家行政学院学报, 2006, (5)：59 – 62.

［12］苏卉. 文化创意产业集群中的政府行为研究［J］. 科技管理研究, 2010, (17)：217 – 219.

［13］苏玉娥. 我国政府支持文化创意产业发展的政策选择［J］. 学术交流, 2011, (6)：128 – 131.

［14］孙斌, 蔡华, 陈君君. 创意企业内外部知识共享与创新整合发展机制［J］. 经济与管理研究, 2009, (10)：105 – 109.

［15］程聪. 知识流入、企业创意与创新绩效关系研究［J］. 研究与发展管理, 2012, 24 (5)：83 – 89.

［16］杨晶, 郭兵. 文化创意企业专利产出效率测算及其影响因素——基于上海63家文化创意企业的实证研究［J］. 技术经济, 2014, 33 (3)：14 – 19.

［17］Landry R G. Some research conclusions regarding the learning of a second language and creativity［J］. Behavioral Science, 1972, 17 (3)：309.

［18］Landry R G. The Enhancement of Figural Creativity Through Second Language Learning at the Elementary School Level［J］. Foreign Language Annals, 1973, 7 (1)：111 – 115.

［19］Leonard D. A. & Swap W. C. When sparks fly-igniting creativity in groups［M］. Harvard Business School Press, 1999.

［20］Howkins J. The creative economy：how people make money from ideas［M］. Canada：Allen Lane Publishing, 2001.

［21］金元浦. 论创意经济［J］. 福建论坛：人文社会科学版, 2014 (2)：62 – 70.

［22］关祥勇. 创意企业与创意产业的共同演化研究［D］. 西北大学, 2011.

［23］Robert Gushing. Creative Capital, Diversity and Urban Growth. Unpublished manuscript［M］. Austin, Texas, 2001.

［24］厉无畏. 创意产业导论［M］. 学林出版社, 2006.

［25］金元浦. 文化创意人力资本 & 创意阶层的崛起［R］. 财会信报, 2005 – 08 – 10B11.

［26］李具恒. 创意经济时代人力资本再认知［J］. 西北人口, 2007, 28 (6)：6 – 11.

［27］易华. 创意阶层理论研究述评［J］. 外国经济与管理, 2010, 32 (3)：61 – 64.

［28］李双金. 创意与创意资本化：创新视角的分析［J］. 上海经济研究, 2008

（9）：52-57.

［29］ Mintzberg H. The Strategy Concept I：Five Ps For Strategy，California Management Review：Fall ［J］. California Management Review，1987，30. 11-24.

［30］ 周三多，邹统钎. 战略管理思想史 ［M］. 上海：复旦大学出版社. 2003，5：72.

［31］ Wernerfelt B. A resource-based view of the firm ［J］. Strategic Management Journal，1984，5（5）：171-180.

［32］ Peteraf，M. A. The Cornerstones of Competitive Advantage：A Resource-based View ［J］. Strategic Management Journal. 1993，14（3）：179-191.

［33］ Penrose E. T. The Theory of the Growth of the Firm ［M］. Oxford：Basil Blackwell，1959.

［34］ Teece D J，Pisano G，Shuen A. Dynamic capabilities and strategic manegement ［J］. Strategic Management Journal，1997，18（7）：509-533.

［35］ Barney，B. J. Firm Resources and Sustained Competitive Aadvantage ［J］. Journal of Management，1991，17：99-120.

［36］ Mahoney J T，Pandian J R. The resource-based view within the conversation of strategic management ［J］. Strategic Management Journal，1992，13（5）：363-380.

［37］ Prahalad，C. K.，& Hamel，G. The core competence of the corporation ［J］. Harvard Business Review，1990，68，79-91.

［38］ Lamberg J A，Tikkanen H. Changing sources of competitive advantage：cognition and path dependence in the Finnish retail industry 1945~1995 ［J］. Industrial & Corporate Change，2006，15（5）：811-846.

［39］ Walsh J P. Managerial and Organizational Cognition：Notes from a Trip Down Memory Lane ［J］. Organization Science，1995，6（3）：280-321.

［40］ 周晓东. 基于企业高管认知的企业战略变革研究 ［D］. 浙江大学，2006.

［41］ Scott，W. R. Institutions and organizations ［M］. Thousand Oaks，CA：Sage. 2001.

［42］ Peng M. W. Institutional Transitions and Strategic Choices ［J］. Academy of Management Review. 2003，（28）：275-296.

［43］ Oliver，C. M. Strategic responses to institutional pressures ［J］. Academy of Management Review，1991，16（1），145-179.

［44］ 汪涛，万健坚. 西方战略管理理论的发展历程、演进规律及未来趋势 ［J］. 外国经济与管理，2002，24（3）：7-12.

［45］ Charles Robert Darwin. On the Origin of Species by Means of Natural Selection，or the Preservation of Favoured Races in the Struggle for Life ［M］. London：John Murray Press，1859.

［46］ Bernheim B D，Whinston M. D. Multimarket Contact and Collusive Behavior ［J］. Rand Journal of Economics，1990，21（1）：1-26.

[47] Fernandez, N. , & Marin, P. Market power and multimarket contact: Some evidence from the Spanish hotel industry [J]. Journal of Industrial Economics. 1998, 46: 301 – 316.

[48] Hughes, K. , & Oughton, C. Diversification, multi-market contact and profitability [J]. Economica. 1993, 60 (238): 203 – 224.

[49] Scott J T. Multimarket Contact and Economic Performance [J]. Review of Economics & Statistics, 1982, 64 (3): 368 – 375.

[50] Chen M J. Competitor analysis and interfirm rivalry: toward a theoretical integration [J]. Academy of Management Review. 1996, 21 (1): 100 – 134.

[51] Smith, K. G. , Grimm, C. M. , Gannon, M. J. , & Chen, M. Organization information processing, competitive responses industry. and performance in the U. S. domestic airline [J]. Academy of Management Journal, 1991, 34: 60 – 85.

[52] Chen, M J. & MacMillan, I. Nonresponse and delayed response to competitive moves [J]. Academy of Management Journal, 1992, 35 (3): 539 – 570.

[53] Ferrier W J, Grimm C M. The Role of Competitive Action in Market Share Erosion and Industry Dethronement: A Study of Industry Leaders and Challengers [J]. Academy of Management Journal, 1999, 42 (4): 372 – 388.

[54] Grimm, C. M. & Smith, K. A. Strategy as action: Industry Rivalry and Coordination [M]. Cincinnati, OH: South-Western Publishing, 1997.

[55] Vroom, V. H.. Work and motivation [M]. New York: Wiley, 1964.

[56] March, James G. Exploration And Exploitation In Organizational Learning [J]. Organization Science, 1991, 2: 71 – 87.

[57] Lei Chi, Clyde W. Holsapple, Cidambi Srinivasan. Competitive Dynamics in Electronic Networks: A Model and the Case of Interorganizational Systems [J]. International Journal of Electronic Commerce. 2007a. 11 (3): 7 – 49.

[58] Eric L. Chen, Riitta Katila, Rory Mcdonald, and K Athleen M. Eisenhardt. Life in The Fast Lane: Origins of Competitive Interaction in New VS. Eestablished Markets [J]. Strategic Management Journal, 2010, 31: 1527 – 1547.

[59] Young, G. , K. G. Smith, C. M. Grimm. "Austrian" and industrial organization perspectives on firm-level competitive activity and performance [J]. Organization Science, 1996, 7 (3): 243 – 254.

[60] Gnyawali D R, Fan W, Penner J. Competitive Actions and Dynamics in the Digital Age: An Empirical Investigation of Social Networking Firms [J]. Information Systems Research, 2010, 21 (21): 594 – 613.

[61] D'Aveni, R. A.. Waking Up to the New Era of Hypercompetition [J]. Washington Quarterly, 1998, 21 (1): 183 – 195.

［62］ W. Chan Kim and Renée Mauborgne. Blue Ocean Strategy ［M］. Harvard Business School Press，2005.

［63］ Porter，M. E. Competitive strategy ［M］. New York：Free Press，1980.

［64］ Young，G.，Smith，K. G.，Grimm，C. M. and Simon，D. Multimarket contact and resource dissimilarity：a competitive dynamics perspective ［J］. Journal of Management. 2000，26：1217 – 1236.

［65］ Porac J，Thomas H. Cognitive categorization and subjective rivalry among retailers in a small city ［J］. Journal of Applied Psychology，1994，79 （1）：54 – 66.

［66］ Grimm C，Lee H，Smith K. Strategy as Action：Competitive Dynamics and Competitive Advantage ［M］. Oxford University Press：Oxford，UK. . 2006.

［67］ 刁昳. 中国啤酒行业竞争态势和企业的动态竞争研究 ［D］. 对外经济贸易大学，2007.

［68］ Hitt，M.，A.，R. Duane Ireland，Robert E. Hoskisson. Strategic Management：Competitiveness and Globalization ［M］. South-Western College Publishing，2001.

［69］ Devi R. Gnyawali，R. M.，Cooperative Networks and Competitive Dynamics：A Structural Embeddedness Perspective ［J］. Academy of Management Review，2001，26 （3）：431 – 445.

［70］ Silverman B S，Baum J A C. Alliance-based competitive dynamics ［J］. Academy of Management Journal，2002，45 （4）：791 – 806.

［71］ Ocasio W. Towards an attention-based view of the firm ［J］. Strategic Management Journal，1997，18 （S1）：187 – 206.

［72］ Marcel，Jeremy J，Barr，Pamela S，Duhaime，Irene M. The influence of executive cognition on competitive dynamics ［J］. Strategic Management Journal，2011，32 （2）：115 – 138.

［73］ 谢洪明. 战略网络中的动态竞争研究 ［D］. 华南理工大学，2003.

［74］ Ferrier W J，Lyon D W. Competitive repertoire simplicity and firm performance：The moderating role of top management team heterogeneity ［J］. Managerial & Decision Economics，2004，25 （6 – 7）：317 – 327.

［75］ Livengood R S，Reger R K. That's Our Turf！：Identity Domains and Competitive Dynamics ［J］. Academy of Management Review，2010，35 （1）：48 – 66.

［76］ Giaglis，G. M. and K. G. Fouskas. The impact of managerial perceptions on competitive response variety ［J］. Management Decision，2011，49 （8）：1257 – 1275.

［77］ Grossman W. Intraindustry executive succession，competitive dynamics，and firm performance：through the knowledge transfer lens. ［J］. Journal of Managerial Issues，2007：19 （3）：340 – 361.

[78] Zaheer A, Zaheer S. Catching the Wave: Alertness, Responsiveness, and Market Influence in Global Electronic Networks [J]. Management Science, 1997, 43 (11): 1493 – 1509.

[79] Sambamurthy V, Bharadwaj A, Grover V. Shaping agility through digital options: reconceptualizing the role of information technology in contemporary firms [J]. MIS Quart. 2003. 27 (2): 237 – 263.

[80] Hannan, M. T. , and Freeman, J. The population ecology of organizations [J]. American Journal of Sociology, 1977, 82: 929 – 964.

[81] Ruef M. Assessing organizational fitness on a dynamic landscape: an empirical test of the relative inertia thesis [J]. Strategic Management Journal, 1997, 18 (11): 837 – 853.

[82] Pfeffer, J. Organizations and Organization Theory [M]. Marshfield, MA, Pitman, 1982.

[83] McKinley, William. Decreasing organizational size: To untangle or not to untangle? [J]. Academy of Management Review, 1992, 17 (1): 112 – 123.

[84] Capron L. , Mitchell W. Bilateral Resource Redeployment and Capabilities Improvement Following Horizontal Acquisitions [J]. Industrial & Corporate Change, 1998, 7 (3): 453 – 484.

[85] Goodstein J, Boeker W. Turbulence at the top: a new perspective on governance structure changes and strategic change [J]. Academy of Management Journal Academy of Management, 1991, 34 (2): 306 – 330.

[86] Golden B R, Zajac E J. When will boards influence strategy? inclination × power = strategic change [J]. Strategic Management Journal, 2001, 22 (12): 1087 – 1111.

[87] Sakano T, Lewin A Y. Impact of CEO Succession in Japanese Companies: A Coevolutionary Perspective [J]. Organization Science, 1999, 10 (5): 654 – 671.

[88] Chen, M. J. , & Hambrick, D. C. Speed, stealth, and selective attack: how small firms differ from large firms in competitive behavior [J]. Academy of Management Journal, 1995, 38 (2): 453 – 482.

[89] Hutzschenreuter T, Israel S. A review of empirical research on dynamic competitive strategy [J]. International Journal of Management Reviews, 2009, 11 (4): 421 – 461.

[90] Lamberg J-A, Tikkanen H, Nokelainen T, Suur-Inkeroinen H. Competitive dynamics, strategic consistency, and organizational survival [J]. Strategic Management Journal, 2009, 30 (1): 45 – 60.

[91] 蓝海林. 企业战略管理："静态模式"与"动态模式" [J]. 南开管理评论, 2007, 10 (5): 31 – 35.

[92] 谢洪明, 蓝海林, 刘钢庭等. 动态竞争理论的研究评述 [J]. 科研管理,

2003, 24 (6): 28 - 35.

[93] Hambrick D C, Chen M J. The Influence of Top Management Team Heterogeneity on Firms' Competitive Moves [J]. Administrative Science Quarterly, 1996, 41 (4): 659 - 684.

[94] Busbin, J. W., J. T. Johnson & J. DeConinck. The Evolution of Sustainable Competitive Advantage: From Value Chain to Modular Outsource Networking [J]. Competition Forum, 2008, 6 (1): 103 - 108.

[95] 谢洪明, 刘跃所, 蓝海林. 战略网络与企业竞争优势的关系研究 [J]. 科技进步与对策, 2005, 22 (9): 22 - 25.

[96] 谢洪明. 战略网络结构对企业动态竞争行为的影响研究 [J]. 科研管理, 2005, 26 (2): 104 - 112.

[97] Cournot A. Researches into the mathematical principles of the theory of wealth [M]. Paris: Hachette, 1838.

[98] Edwards, C D. Conglomerate Bigness as a Source of Power [J]. Nber Chapters, 1955: 331 - 359.

[99] Gimeno J, Woo C Y. Multimarket contact, economies of scope, and firm performance [J]. Academy of Management Journal, 1999, 42 (3): 239 - 259.

[100] Karnani A, Wernerfelt B. Multiple point competition [J]. Strategic Management Journal, 1985, 6 (1): 87 - 96.

[101] Korn H J, Baum J A C. Chance, Imitative and Strategic Antecedents to Multimarket Contact [J]. Academy of Management Journal, 1999, 42 (2): 171 - 193.

[102] Karagozoglu, N. and A. W. Fuller. Strategic Aggressiveness: The Effects of Gain-Thrust Schema and Core Stakeholder Salience. Jounal of Managerial Issues. 2011, 23 (3Fall): 301 - 322.

[103] Vilcassim N J, Chintagunta P K. Investigating Dynamic Multifirm Market Interactions in Price and Advertising [J]. Management Science, 1999, 45 (4): 499 - 518.

[104] Santos FM, Eisenhardt KM. Constructing markets and shaping boundaries: entrepreneurial power in nascent fields [J]. Academy of Management Journal. 2009, 52 (4): 643 - 671.

[105] D' Aveni, R., A.. Hypercompetition: Managing the Dynamics of Strategic Maneuvering [M]. New York: Free Press. 1994.

[106] Stahl G K, Paula C. The effectiveness of expatriate coping strategies: the moderating role of cultural distance, position level, and time on the international assignment. [J]. Journal of Applied Psychology, 2005, 90 (4): 603 - 615.

[107] Hoskisson R E. Diversified Business Groups and Corporate Refocusing in Emerging Economies [J]. Journal of Management, 2005, 31 (6): 941 - 965.

[108] Brouthers K D, Brouthers L E. Acquisition or greenfield start-up? Institutional, cultural and transaction cost influences [J]. Strategic Management Journal, 2000, 21 (21): 89 –97.

[109] Shinkle G A, Kriauciunas A P. The impact of current and founding institutions on strength of competitive aspirations in transition economies [J]. Strategic Management Journal, 2012, 33 (4): 448 –458.

[110] Evanoff D D, Ors E. The Competitive Dynamics of Geographic Deregulation in Banking: Implications for Productive Efficiency [J]. Journal of Money Credit & Banking, 2008, 40 (5): 897 –928.

[111] Preston, L. and Post, J. E. Private Management and Public Policy: The Principle of Public Responsibility [M]. Prentice-Hall, Englewood Cliffs, NJ. 1975.

[112] Boddewyn J J, Brewer T L. International-Business Political Behavior: New Theoretical Directions [J]. Academy of Management Review, 1994, 19 (1): 119 – 143.

[113] Quasney, T. J. Competitive Interaction: A Study of Market, Non-market and Integrated Competitive Behavior [M]. Sage, New York, NY. 2003.

[114] Tian, Z. and S. Fan. Competitive interaction A study of corporate market and non-market behaviors in Chinese transitional environment [J]. Journal of Chinese Economic and Foreign Trade Studies, 2008. 1 (1): 36 –48.

[115] Porter, M. and Kramer, M. Strategy and society: the link between competitive advantage and corporate social responsibility [J]. Harvard Business Review, 2006, 12: 1 – 15.

[116] Deng, X. , Tian, Z. , Fan, S. , & Abrar, M. The prediction of firm's competitive response from non-market and market perspective: evidence from china [J]. Nankai Business Review International, 2010, 1 (4), 416 –443.

# 3
=

# 中国文化企业的制度环境

## 3.1　制度理论视角

如果说文化产业跟其他行业相比有什么特殊的地方的话，我会首先关注文化产业的制度环境。因为制度环境往往决定了环境中所有个体的行为选择，因此所有凸显的特点，所有"扭曲"的行动，都很有可能跟制度有关。战略管理理论中的"制度基础观"（IBV），就是持着这样的基本逻辑。但是，在分析我国文化产业制度之前，我们还是先回顾一下制度理论。

### 3.1.1　制度是什么

不知道为什么，近几年人们每每碰到问题多倾向于追溯制度的原因，无论客观上有没有。似乎但凡有问题，背后都有那么一个制度因素。当然，经济现象更是如此，例如某一个企业的成功必有其获得制度红利的一面，某个行业的发展也必有制度在背后的支撑作用，比如高铁产业等。但是如果我们仔细地去理解针对不同对象的"制度分析"，我们会发现这个"制度因素"其实表现为不同的事物，比如税收制度、市场制度、行政体制、地方性政策、行业发展规划或鼓励（奖励）办法等。笼统地说他们都是制度，但是针对不同的分析对象（行业或企业）时，我们分析的这个"制度"却又有所不同。那么，一个基本问题就浮现出来了：究竟我们这里谈的"制度"到底是什么？

关于"什么是制度"这个问题，有很多不同的答案。仅在经济学范畴内，我们发现关于制度的概念都有好几类。大体上我们可以把经济学对制度的理解划分为三类：

第一类，强调制度在人们观念和行为选择中的样子。这也就是说经济学家们暂且忽略具体的政策、规定、道德等不谈，而仅仅关注在市场中所有个体的观念中所形成的那个对制度的认知。凡勃伦（1964）认为，制度实质上就是个人或社会对社会关系及其作用的一般、确定的思想习惯，一种流行的精神态度，具体指被所有行为主体认同的精神观念，如货币、信任、共享信念或者分配规范等，我们在学术界中把这种对制度的理解称为"认知的制度"（凡勃伦，1964）[1]。如果你认为制度是柔性的，可以"因人而异、事在人为"的，那么一方面是客观上制度体系中的某些部分确实具备这样的特征，另一方面是这些种种不同的制度在你脑海里形成的总体印象。借助这一概念界定，早期的经济学家们可以概括地将"制度"这个其实并不形象的概念用单一的指标或变量来表现，并纳入经济学模型中。当然，由于这样的概念界定，于是在古典经济学中，制度是微观个体经济选择模型的一个外生变量——也就是在微观个体的经济决策中无法预估制度变量的变化规律，更无法有效利用制度因素获得效用。

第二类，强调将制度看作是一个客观的体系。这种观点经历的时间比较久。从哈耶克为代表的奥地利学派开始，制度经济学以及后来的新制度经济学，以制度本身作为一个研究对象。当然，将任何概念作为研究对象的结果，就是人们会深入解析这一概念，包括其结构、体系，以及动态运行规律与特征等，制度经济学也不例外。从建构的范畴来讲，人们将制度划分为包括国家、央行、企业、财团等不同组织建制范畴中的某种存在。而威廉姆森则建议将制度划分为非正式制度（如宗教、习俗和社会标准）、正式制度（宪法、法律等）、交易治理模式（即组织作为节约交易费用的制度安排），以及日常行为规则（生产、雇佣、市场均衡等日常经济活动的制度安排）等。这种划分都体现的是制度的功能性和层次性。而如果从税收制度、市场准入制度等角度划分，则强调的是制度的结构性。无论如何划分，制度经济学家们无非都是希望能够聚焦于制度变迁这个核心问题，从而回答制度如何产生以及如何演化这一理论课题（Williamson，1975；2000）[2,3]。

第三类，则强调制度作为人为的行为规则，及制度是个体选择结果这一经济学属性。如果说制度经济学的传统理论过分强调制度的体系性的话，那么新制度经济学突出的特点之一可能就是它在保持以制度作为研究对象解析分析的"传统"之下，改变了研究的视角，强调了制度作为人的行为规则这一特点。无论是不完全契约理论还是交易费用理论，新制度经济学家们都在试图通过还原人们在"交易选择"或"立约行为"中个体选择机理，从而揭示制度的产生与演化规律。所以，从新制度经济学的视角看，制度不是个体经济模型的"外生变量"，而是个体经济决策下的一种结果，并对后续的个体经济模型构成某种约束或影响。

### 3.1.2　企业战略管理理论研究中的制度分析

对于企业战略管理研究而言，制度理论为探讨企业战略选择和战略行为提供了一种视角：制度情境或制度因素会对企业的战略行为选择构成影响，因而在什么样的制度情境下，企业基于某种逻辑可能会有一些看似"扭曲"或"怪异"的应对行为。但是，将制度理论，或者是制度因素引入战略管理研究中，在引入制度经济学几十年沉淀下来的理论和观点的同时，其实企业战略管理视角下的"制度"，已经在一定程度上融合了上述关于制度概念的三种认识。关于这个问题，吴小节在 2015 年发表了一篇文本分析的论文《制度理论在国内战略管理学中的应用现状评估》（吴小节、彭韵妍、汪秀琼，2015）[4]。他在这篇文章中对近几年国内权威期刊中引入制度理论研究企业战略管理的重要论文（共 82 篇）进行了文本分析。

战略管理学者们在考虑制度影响企业战略的基本逻辑上，存在几种不同的思路。第一种思路是将制度作为前因，研究制度因素如何直接影响企业战略行为甚至是绩效。这种研究占大多数。蓝海林等（2010）从斯考特（Scott）的制度三维度（管制、规范和认知）入手建立市场进入的影响机理框架（蓝海林 et al.，2010）[5]；杨东宁、周长辉（2005）发现企业面临的外部制度压力是企业除了企业内部战略导向、学习能力和传统经验以外，采取标准化环境管理体系的重要驱动因素（杨东宁、周长辉，2005）[6]；杜运周等（2008）发现了制度合法性对创业企业成长的线性影响作用（杜运周等，2008）[7]；乐琦（2012a，2012b，2012c）在高管变更、制度合法性与绩效之间的关系中也有类似结论（乐琦，2012a；2012b；2012c）[8-10]。第二种思路是将制度作为某一对关联关系中间的调节性因素，强调制度作为环境的作用。这种研究往往将制度具象为政府支持、政治身份等，并强调企业对制度的感受，例如制度合法性等。最终得到的结论与第一种思路相差无几：杨京京、蓝海林（2012）发现民营企业的政治身份降低了企业看涨期权价值（杨京京、蓝海林，2012）[11]；高展军、王龙伟（2013）认为政府的支持越强，企业联盟越能够通过显性契约而达到分配公平（高展军、王龙伟，2013）[12]。第三种思路是将制度作为一种背景，通过营造一个特定的"情境"，找到新的战略行为规律或特征。叶强生、武亚军（2010）发现中国转型期，私营企业以经济效率为主，国有企业以奉公守法为重（叶强生、武亚军，2010）[13]；赵文红、陈丽（2007）则在中国社会文化和转型期制度环境等特殊性的前提下，建立了符合中国创业实践的创业机会、动机和创业精神的理论模型（赵文红、陈丽，2007）[14]。

不难看出，制度理论引入战略管理的过程中，学者们对制度的基本概念认知综合了制度理论的三个基本观点：从企业的认知与合法性的角度强调了制度作为群体认知的属性；从具象化制度概念的过程以及强调制度的不确定性和动态性的角度强调了制度作为一个体系并且具有演化特征的属性；从制度情境下个体选择的视角强调了个体选择后的整体制度面貌。但是，企业战略管理并不单纯是经济学的延伸与应用，企业战略行为中制度的影响机理也并不仅仅如此。在经济学看来，制度是一个研究对象，而在企业看来，不同的企业可能面临的是不同的制度，不同的行业制度背景并不一样，相同行业的不同企业也因自身情况而感受到不同制度要素的影响。在强调制度情境的理论化过程中，对于一些典型的、具有突出时代意义的行业制度环境进行深入分析，不仅有助于我们了解这个行业的制度情境特殊性，进而探讨该行业企业的战略选择问题，而且对于我们全面地理解转型期中国制度体系也具有一定的意义。这一章，作为本书正式内容的开端，将以文化产业制度环境为分析对象，试图突出文化产业相比传统产业在产业政策及相关制度方面的特殊性，从而为本书探讨文化企业战略选择与竞争策略提供一个具体而生动的行业"情境"。

# 3.2  文化产业制度环境

## 3.2.1  文化事业 vs 文化产业

我国文化产业尚处于萌芽发展阶段，文化产业是诸多行业中产业化较晚的行业之一。改革开放三十多年，但是文化作为一种产业商业化、市场化甚至资本化发展的历史却基本从 20 世纪 90 年中后期就开始了。目前，从国家和社会的宏观视角来看，文化并不完全被当作是一种市场化的行业属性。国家围绕文化领域基本上有两种制度模式配置着该领域中的各种资源，一种是承袭了苏联"计划"模式，自新中国成立以来，甚至是自毛泽东延安文艺座谈会以来所形成的以政治为纲，以服务于党和国家大政方针以及提供人民基本文化娱乐生活为核心目的的资源配置模式。我们将这种模式称为"文化事业"体制。根植于传统计划模式思维土壤中的文化事业体制，其配置文化领域各种资源（包括人力资源、传统文艺的无形资产、文化院团等组织资源以及政府投资兴建的各种文化传媒娱乐设施等）的基本思想是"计划"模式的。从前，我国各级政府、部队等机关都设有下属文艺团体，包括电影院、话剧团、舞蹈团等，有的很出名，比如总政歌舞团，人才济济；有的却也只是做做样子、虚设机构和编制，不少类似文艺院团甚至成为政府领导干部家属工作的安置机构。这些文艺院团无论水平高低，每年贡献大小，都可以获得国家拨付的文艺相关财政资金，也就是一般我们所说的"事业单位"。在事业单位中，可以不考虑市场和广大文艺消费者（包括纳税人）的文艺需求是否得到满足，所有"编制内"人员的工资将受到行政体制的严格控制，如何晋升或获得绩效奖励，都并不一定按照市场规则开展。

从 20 世纪 90 年代中后期开始，我国逐渐在若干典型的文化领域推进市场化建设，包括电影、流行音乐、传媒等，都开始了不同程度的市场化和产业化发展。相应地，我国在这些典型文化细分行业与领域中初步建立了市场化制度，通过市场机制配置文化资源。当前，我国文化产业化发展的格局已经基本完整，从文化产品市场，到文化产业链条，再到文化与金融、文化与科技融合，我国文化产业化在宏观上已经实现了"有"和"全"，即"有企业化的供给方、有市场化的渠道和交易平台、有自由的文化消费与投资"，以及"文化产业链环节基本齐全、文化产业运营模式基本完全、文化产业化发展的各相关产业配套基本齐全"。在大约 20 年时间里能够形成这样的产业体系，在全世界范围内都尚属少见。

文化事业和文化产业其实存在一些非常明显的区别：

第一，文化事业机制下的文化机构是为社会提供公共文化产品的公益性文化部门。文化事业的内容主要包括公共文化生产体系、公共文化传播体系、公共文化消费体系和公共文化管理体系。公益性文化单位提供的文化产品是免费的或显著低于成本价格的，同时公益性文化单位原则上不实行经济核算，不拥有完全意义上的法人财产权。而文化产业则是生产文化产品、提供文化服务的经营性行业，其主体是文化企业，是独立核算的经济组织和市场主体，拥有完全意义上的法人财产权。所以，是否以盈利为目的是二者最根本的区别。

第二，文化事业体制内的组织和文化产业体制内的组织基本职能界限不同。文化事业单位的基本职能是保障公众基本文化权益，满足公众基本文化需求，同时还要强调原则性，弘扬主旋律；体现国家的政策导向和舆论导向，努力提升公众的文化品位。而文化产业的基本职能是繁荣文化市场，但文化企业主要追求的却是企业的经济利益。文化产业也有利于弘扬中华优秀文化，提升我国文化软实力。用一句话总结：文化事业单位服务于政府政治舆论导向，而文化产业短期是服务于经济增长，长期则需要着眼于提高我国文化软实力和文化产业国际竞争力。

这两个区别决定了我国文化产业的制度环境中，存在两种导向截然不同的制度和政策。而这些制度与政策，在实践中又很难区分：因为文化事业与文化产业体制下的组织虽然有泾渭分明的界限，但是在实践中，这两种体制及其组织却是互相关联的。文化创意产品在进入市场流通之前，必须经过文化事业体制主导下的一系列审批，即使审批都通过了，在流通中文化产品还是有可能受到文化事业体制的干预。例如《武媚娘传奇》，一部国内主流卫星电视台制作的电视剧，不可能在播出之前没有通过相关文化管理部门的内容审定，却在通过了内容审批之后，由于部分观众向相关文化管理部门的"投诉"，而最终被强行剪成"大头娘娘"。

**H1：我国文化产业的相关政策中，存在两种显著差异的制度导向，一种强调文化事业，另一种强调文化产业。**

文化事业和文化产业在功能上是非常清晰的，看上去，这两种制度相互之间的界限非常明确。但事实上，从资源配置的角度而言，文化事业和文化产业却常常对文化资源的配置同时发生作用。文化产业的范畴中包含了基本文化创意资源，包括人才、知识等的整合与运营，并生产出文化产品，也包含了文化产品的传播与发行这样的渠道环节，更涉及文化产品与传统产品或产业过程的结合环节，比如文化产品的衍生产品制造、文化要素的主题旅游项目（包括主题公园）等。而这三个主要环节都在不同程度上受到文化事业体制的监管。在文化产品的创作与生产环节，从事生产活动本身将受到一定程度的行政审批；而目前我国的文化传播平台，比如广播电视媒体、出版社等，也几乎都在文化事业的体制之下。因此，一个商业化的产品从生产到传播实质上既受到文化产业和市场化制度的制约，又必须满足文化事业的相关规定。从交易费用理论的视角看，任何一套制度体系都会给其中的企业组织带来一定的交易费用。那么我们试想，中国文化企业在同时受到两种不同导向的制度约束情况下，这个交易费用是否会更大呢？答案是肯定的。除了原本的市场交易费用以外，文化作品或产品的内容审定、特定领域的文化生产企业资质审批、特定文艺活动的相关资格审批等，这些本属于文化事业体制模式下的管理手段毫无疑问都增加了文化企业在正常商业行为中的交易费用。

**H2：文化事业导向的政策明显增加了文化企业市场行为的交易费用。**

交易费用增加，而企业内部价值创造活动的基本管理成本不变，那么只有一种办法实现组织外部边际交易费用与组织内部边际管理成本的均衡——增加市场的组织分工，加长产业链环节。因此，我们经常可以发现，许多打着"文化创意"招牌的企业内部并没有原创的、自主的文化创意生产功能：既没有文化创意人员，企业盈利模式中也（几乎）没有文化创意生产环节。一些媒体类企业，账面总资产中接近80%是固定资产，人力资本和无形资产只占不到20%，比一个科技型公司或互联网公司在人力资本或智力资本的投入上都少。我们还可以看到随处有很多对文化创意活动抱有热情的创作团队，他们或者是一些中小微企业，或者尚没有注册公司，但是他们却在实实在在从事文化艺术的创新和创意活动。由于没有能力和资源获得文化事业体制的认可，他们的作品或产品也很难在主流的媒体渠道中传播与流通。而他们自身也保持着"草根""非主流"的"身份"。近几年，互联网成为这些文化创意团队实现价值的一个通道，比如"万万没想到"系列自制剧等互联网短剧作品，就属于这其中的成功者。今天，我们在包括土豆、爱奇艺、酷6等互联网视频平台上都可以看到很多类似吐槽系列、搞笑系列的自制视频产品。这些产品的生产组织（不一定是企业）中也许有非常优秀的创意人才，但是主流媒体渠道很少传播和发现他们的作（产）品，主流文化市场的市场份额自然也就没有他们的一席之地。这两种"怪异"的现象直指了一个事实：文化产业的制度环境阻碍了文化创意资源的自由流动，两套制度模式叠加在一起后，文化产业活动所需的各种资源需要通过某种形式"穿越"制度边界。

我们可以大胆地这样设想：有那么一批企业（或民间组织），在文化产业中扮演着"经纪人"的角色，它们的主要价值（或者说盈利的根据）是帮助真正从事文化创意生产活动的个人与组织游刃于事业和产业两种制度之间。这种市场选择的结果，既可以在一定程度上有效配置资源，又可以确保文化事业的体制要求得以贯彻。借用解学芳的观点，就是在"确保我国文化国家安全的前提下实现文化产业化发展"。这类"经纪人"类型的组织大量整合外部创意创新资源与能力，通过产品化、市场化和资本化释放和实现文化创新资源的市场价值，同时也赚取了释放价值过程中的部分交易费用。

在这里，我们并不是贬低"经纪人"类型的公司，这是我国双重制度环境下文化产业的必然选择。事实上，多数成功的文化企业在自主文化创新的同时，也在进行着各种文化创新资源的外部整合；几乎所有的媒体企业都在不同程度上扮演"经纪人"的角色。我更关注的是，"经纪人"是否支持和保护创新。

制度安排的一个重要特点就是一定会向市场中的某一方交易者倾斜（Coase，1960、1937）[15-16]。在受到知识产权保护法等相关法律法规的同等对待下，我们很容易发现企业规模及其政治背景（是否是国有企业、是否是央企）本身就是文化无形资产和知识产权保护的强有力武器。这也难怪，当前扮演了"经纪人"角色的企业组织对文化产业的重要性事实上也比个体文化创新的意义更大。因此我们大胆假设在我国过往鼓励文化产业发展的相关政策中，保护组织既得利益的内容可能比保护个体原创利益的内容更多。

**H3：我国文化产业相关政策与制度中，多保护文化机构的利益而不是文化创作个体的利益。**

长期来看，文化事业与文化产业两种体制将在我国长期共存。事实上，一直以来文化事业体制范畴内的组织和个体在总量上远大于文化产业体制范畴内的组织和个体。直到近几年，随着国有事业单位体制改革和文化体制改革的不断深化，原属国有事业编制的各个文艺单位（文艺院团）和文艺教育机构才开始被分类管理，部分优秀的文艺院团仍然保留事业编制并享受财政资助；而更多的各地方政府的文艺院团则相继被"推向市场"，自筹经费。这一改革可能将多数原来的文化事业单位及个人推向文化产业体制范畴之中。很多人将这一改革视为文化产业化发展的"进步"，殊不知将"劣币"推向市场，只能更使得文化优质资源（尤其是人力资源）在文化事业和文化产业两种机制之间徘徊，并助长了各种跨越体制边界机构的发展壮大。

### 3.2.2 全国一体化 vs 区域化

中国是个大国，土地广阔、人口众多，所以所有的制度体系都存在"中央与地方"两个笼统的层级。文化产业制度环境也不例外。此前，许多研究文化产业的学者多数不怎么关注文化产业制度环境在中央和地方的区别与联系，大家倾向于将各级政府关于文化产业的相关政策看作一个整体。然而，中央与地方天然地存在以下差异，甚至两者之间还有博弈。

在西方政治学理论中，围绕中央与地方政府部门关系的研究很多。其中围绕事权关系问题又形成了中央集权和地方分权的两种模式。传统的分权理论首先以蒂布特（Tiebout，1956）发表的文章《地方支出的纯粹理论》为代表（Tiebout，1956）[17]。后来，奥茨在《财政联邦主义》正式提出了行政分权的概念[18]。后来施蒂格勒、布坎南等经济学家们则从经济效率的角度探讨了行政分权的有效性和优化等。经济学视角下，中央与地方之间实质上存在"委托—代理"关系。在我国，中央与地方在行政上的分工和关联似乎用委托—代理理论来描述非常贴切（江孝感、王伟，2004）[19]：第一，"委托—代理"关系符合我国的单一制政体（任喜荣，2012）[20]；第二，中央政府和地方政府作为两个彼此独立的主体而分别存在，这在我国实施分税制之后，中央和地方政府在经济上的独立性就已经相对形成（郑毅，2010）[21]；第三，中央政府作为委托人，但却无法接触基层权力运行的实际情况（张小君，2008）[22]，而地方政府则能掌握具体信息。

中央和地方政府存在"委托—代理"关系，那么理论上任何制度在中央与地方都会呈现出委托—代理的一些典型特征。因此，我们推论文化产业制度环境也是如此。

1）地方与中央在文化产业发展的目标不完全一致。在当前体制下，各级政府的主管官员对于其所在政府（部门）的行政目标存在差异。学者们发现，中央的政治目标主要为保持政治合法性，而地方政府的目标则集中体现为政府主政官员职务的晋升。体现在文化产业中，文化产业的主管部门都处于文化事业的体制范畴，因而中央层级中文化事业和文化产业相关主管部门，包括文化部、工信部、出版总署等，更多地从舆论、社会安定团结等政治目标出发；而地方政府更多地单纯鼓励和刺激文化产业发展，以谋求区域经济新的增长点和产业结构的转型升级。

2）中央与地方政府部门围绕文化产业存在信息不对称。由于地方政府更接近基层所形成的信息优势，以及信息传递路径不畅和传递过程失真等原因，中央与地方一定存在一些信息不对称。文化产业相关制度环境中，中央与地方的信息不对称体现在如下几个方面：（1）地方政府部门为了"推动"区域经济增长，利用中央有关部门关于鼓励文化产业发展的相关文件精神，对辖区内文化企业及文化产业的实际情况有选择地上报，以显示地方政府对中央相关发展意见"保持一致"，并谋求获得中央的本地区经济发展的关注与支持，经济学中把这样的行为称为代理人的"逆向选择"。（2）中央各文化主管部门难以制定适应不同地区的文化产业市场制度，只能提一些缺乏具体操作办法的"意见"，而将执行的责任与权利下放到地方（省/市级）部门；同时定期地进行市场整顿"活动"，比如不定期举行清查图书市场盗版行为的活动等。

3）地方政府存在双重代理身份。学术界围绕地方政府的研究表明，地方政府不仅是中央的代理人，同时也是本地公民利益的代理人。我国改革开放30多年的制度安排，是以"放权"和"搞活"为基本导向的地方政府行政分权体系。在这种体系下形成了区域市场分割的制度安排（魏振赢，2007）[23]。而区域市场分割情境下，地方政府作为地方公民或区域利益集团代理人的角色也就更加突出。地方基层的文化产业主管部门，无论是本着要把政绩做漂亮还是获得中央更多支持的目的，都会尽可能整合区域文化企业、文化事业单位等机构及个人的利益诉求，并尽可能通过与中央相关部门的"博弈"为地方争取更大利益。而中央各部门则需要在不同地方部门之间维持资源分配的均势和平等，同时在各个地方选择一些"重点"和"典型"，给予政策、财政、税收等支持。这样，地方政府双重代理身份就容易转变成为区域间政绩竞争的推动因素。

结合文化事业和文化产业两种体制的特点，我们可以很容易推导出以下结论：

**H4：中央各主管部委的相关政策中，文化事业的比重大于文化产业的比重；而在各地方政府文化主管部门中则文化产业的政策多于文化事业的政策。**

因此看上去，文化事业与文化产业在组织性质与职能上泾渭分明，事实上文化事业在很大程度上"钳制"文化产业；毕竟地方政府政策的制定仍然需服从于上级政府部门的基本原则框架和方针思想。但是处于地方利益的考虑，地方政府在制定文化产业相关政策的时候必然或多或少制定有利于本地企业的条款，最终这些条款汇总在一起，将形成本地区域市场。

**H5**：地方政府的文化产业政策具有区域排他性并显现区域化市场特征。

随着文化企业规模不断增大，未来我国将迎来文化企业之间的兼并整合浪潮。这种兼并整合比如跨域区域界线，从而跨域地方政府相关的政策边界。因此在未来，文化市场从某种程度上也将呈现"市场分割"的情况。但是，国际化的趋势，互联网对传统媒介的颠覆，以及我国经济体制改革继续全面深化改革和统一市场制度的建立都最终将有利于全国一体化市场的建立。

### 3.2.3 政府主导 vs 市场主导

一个产业的政策将决定这个产业的基本发展模式。回顾过去我国各个产业的发展模式，我们不难总结出两个基本的发展模式来，一个叫政府主导的发展模式，另一个叫市场主导的发展模式。政府主导的产业往往作为政府重点发展的领域，通过产业发展规划以及一些重点项目来落实其发展，比如高铁产业。政府主导的产业往往具有投资拉动的特征，因为政府主导的发展规划和重点项目都需要通过投资来完成。而投资之后，这些行业是否能够具有市场竞争力，就要看情况了。前几年各地方政府纷纷将房地产作为重点发展的支柱性行业，如今造就了若干个"鬼城"。市场主导的行业相比政府主导的行业而言有点"姥姥不疼舅舅不爱"的味道，政府出于各种原因不怎么关注，但市场潜力巨大，最终通过市场配置资源，逐渐形成一定的规模和竞争力。早期广东的外贸加工业就是一个例子，而互联网零售业、专车业务等，都是政府没有前期规划，而完全通过市场选择和市场竞争最终发展到了今天。

政府主导和市场主导只是两种发展模式，本身并没有谁对谁错。只看对不同的行业、不同的历史时期，哪种发展模式更有效率。事实上，我国早期的文化产业的相关政策几乎都是政府主导的发展模式。但是文化产业跟高铁不同，它不是一个资本密集型、劳动密集型或其他要素资源密集型的产业，在推动文化产业做大做强的过程中，政府的作用其实相当有限。尤其在经济新常态的今天，我国政府推动经济发展的核心思路已经明确为"确立市场作为资源配置的基础作用"，再需要通过政府主导、财政直接投资的方式发展文化产业既不合时宜，也未必有效。所以，随着时间推移，我国文化产业的发展规划与相关政策中政府主导发展产业的方式将维持现状，而政府引导社会投资与市场建设，甚至是政府事后监管、裁定等方式保护市场公平等倡导市场主导的制度条款数量将有所增加。

**H6：从时间上看，我国文化产业相关政策中政府主导的色彩不会减少，但市场主导的精神将逐渐增加。**

但是，由于我国文化产业长期处于事业和产业两种体制之下，所以文化产业政策环境中政府主导的色彩并不会因此变淡。而且在产业实践中，企业会发现那些政府主导的政策将限制那些市场主导的政策。比如政府主导推进文化事业单位体制改革的进程，将对市场主导的文化创意人才资源的自由流动产生限制作用；而服务于政治需要的内容审查也将为文化产品的市场行为增加不确定性。总体上，文化产业制度环境中，政府主导的政策主要涉及文化产业各种要素资源和专业化资源（包括人才、传统文化无形资产等）在文化事业与文化产业两个体制之下的"准入"与流通。而市场主导的政策则主要规范可以进入文化产业那部分资源在市场机制之下的交易与配置。从这个意义上，"政府主导"将是长期处于"市场主导"的前提或基础。文化产业市场的发展也将长期受限于我国政府对文艺宣传舆论政治意义的认知，什么时候文化宣传舆论的政治意味有所下降，什么时候市场的活力才能真正释放。

其实各个国家围绕自己的文化宣传舆论都有所监管，从广播电视内容分级制，到内容政治敏感性审查，再到最近的"棱镜"事件，政府主导限制市场主导在各国文化产业的制度环境体系中其实是一个普遍的现象，有的国家甚至比我国的情况更糟。习近平总书记说"文艺不能只为市场服务"，一句话制约了不少地方政府发展文化产业的思路和脚步，甚至也使不少文化企业面临发展受限的局面。个人认为这样的结果并不单纯源于体制因素，而更多地表现出我国文化企业战略管理缺位以及与政府良性互动的不足。我国文化企业和文化主管部门尚没有认识"成熟市场可以为文艺服务"的这一规律，并在实践中探索出适合我国国情的文化企业战略发展路径与模式。这也是本书的意义所在。

# 3.3 对中国文化产业制度文件的内容分析

我们通过中国文化产业信息网（http：//www. ci‒360. com/）等公开官方渠道搜集和整理了从 20 世纪 90 年代以来我国各级政府部门出台的文化产业及文化事业相关政策文件，包括文化产业发展规划、特定文化领域事务管理规定、意见等。我们分析的文件中包括了中央各个部委对文化事业或文化产业领域的各项工作的政策，还包括了广州、深圳、上海、四川、江苏、浙江等省市的省、市、区一级相关规定、规划等文件。虽然我们并不能确定所搜集的文件是否是我国文化产业相关政策文件的全部，但我们相信这 275 份文件应该具有代表性。为了对这些政策文件进行深入的分析，以形成对我国文化产业制度环境的一个比较完整而深入的认识，我们基于制度经济学的相关理论，采用结构内容分析法对这些文件的文本内容进行识别、编码和分析。

## 3.3.1 内容分析法

内容分析法是由众多不同领域的学者（如 Berelson，1952；Holsti，1969；Kerlinger，1973；Krippendorff，1980；Weber，1990；Stempel，2003）[24-29]开发、应用和逐步完善的一种社会科学研究方法。目前有两个关于内容分析法的定义受到比较广泛的认同：一是霍尔斯蒂（Holsti，1969）所下的定义，认为内容分析法是"采用客观、系统的方法寻找信息的特定特征从而得出结论的任何一种技巧"（Holsti，1969）[25]；另一个是斯坦普尔（Stempel，2003），他把内容分析法界定为"对我们日常使用的非正式的东西进行正式化和编码化，并从中得出结论的过程"（Stempel，2003）[29]。内容分析方法起始于拉斯韦尔（Lasswell et al.，1952）对世界五大主流报纸的社论和新闻进行的分析（Lasswell，Lerner & Pool，1952）[30]。此后，内容分析法在社会学（Pratt & Pratt，1995）[31]、政治学（Moene，1990）[32]、心理学（Wrightsman，1981）[33]和企业管理（Smith & Chen，1991）[34]等社会科学研究领域中多有应用。例如，研究社会群体特性（Gitlin，1980；Massey & Haas，2002）[35-36]以及社会团体和社会阶层的演化规律（Kerr & Moy，

2002)[37]等课题。

结构内容分析法经过政治学、社会学和传媒学等学科的长时间研究实践，已经逐渐趋于成熟，对早期许多人质疑的"主观性"等问题也有了比较系统的解决办法。Daniel Riffe、Stephen Lacy 和 Frederick G. Fico 在《内容分析法：媒介信息量化研究技巧》一书中归纳了结构内容分析法的基本步骤（Riffe，Lacy & Fico，2005）[38]。

1）定义内容分析的对象并建立相应的内容集合。针对特定的研究对象，建立识别、提取非数字内容信息的定义标准或内容集合。这一步骤的目的是寻找符合某理论概念的非数字内容，因此要建立相关概念的定义，作为识别和搜集相关内容的标准。对于某些理论上定义宽泛，意思较为模糊的概念，如企业文化等，需要进一步明确该概念的内容集合，通过表达"这个概念包括了……"来明确概念的外延。

2）设计将内容信息转换成数据的编码系统，并培训分析员。当步骤1实现全面和准确地搜集到特定的非数字信息（多是媒体材料）素材后，研究人员就要将内容素材中具体的有价值信息（以满足研究的需要为准）转换成数字符号。因此研究人员需要设计一套编码系统，还必须像培训调查员发放问卷一样，由培训分析员使用这套编码系统。如果该套编码系统中存在主观赋值等编码操作，研究人员就需要设计一些编码操作流程，来保证分析员编码时的主观意识是得到控制的或与研究思想是一致的。

3）依照编码系统对步骤1得到的非数字内容编码，进行数据汇总。在以上两个步骤完成的基础上开展数据编码和采集工作，并最终整理成内容数据的原始数据库。

4）对采集到的数据进行数据处理和有效性检验。根据研究的目的与研究的设计，应该对采集的内容数据进行信度和效度的检验，有的内容数据来源于多个非数字内容素材的编码项目，因此还需要验证并确保数据的一致性。有时为了满足研究的目的，对原始的内容数据还要进行一定的数据处理。

5）将数据纳入计量分析，并得出结论。许多实证研究并非单独使用内容分析法，在完成了必要的数据处理之后，一般将内容数据与其他数据（统计数据、问卷数据等）合并到一起，并开展计量分析，得到相应的结论。

为了体现分析的客观性，在本章中我们对所有政策文本的内容分析务求一手资料的"结构化"——尽量不对内容本身做主观性的评价，仅仅按照事先对各个变量的界定以及程度划分标准来进行判断和打分。

### 3.3.2 变量设计

1）制度的导向。本章中简单地将文化产业制度文件的主题及核心内容划分为文化事业体制模式还是文化产业体制模式。文化事业模式以非经济目标为政策的基本目标或原则，并强调按照行政化的体制机制对文化相关资源进行配置；文化产业模式以经济目标为政策的基本目标或原则，并强调按照产业化、市场化的机制对文化相关资源进行配置。鉴于有的文件可能难以区分二者，将制度导向这一变量设计为一个5分量表，1分为完全的文化事业模式，5分为完全的文化产业模式。

2）政策的层级。每一个政策文件都有一个或多个发布单位，我们对发布单位的行政层级进行打分。1分为国家级，如文化部、发改委、广电总局等中央层级的机构；2分为省级（包括直辖市），如各省文化厅、省政府等；3分为市级，如各城市文广新局、市委宣传部等；4分为区/县级。

3）政策对企业的交易费用影响。每一个政策文件都规定、保护或限制了文化企业围绕各项资源（包括土地、人才、资金、无形资产等）的市场交易。我们基于交易费用理论，对政策文件中影响企业交易费用的三个维度（频次、不确定性、资产专用性）进行判断并打分。如果一份文件中对文化产品或生产机构的资质进行审批审查，则说明这样的政策文件增加了文化产业自由市场交易的不确定性（产品审批的结果会增加产品交易的不确定性），或者抑制了交易的频次（生产机构审批的结果可能导致生产机构在未来一段时间内无法进行交易）。为了更加细致地对每一份政策文件进行"结构化"编码，我们将"资产专用性"这个概念进一步分解为4个子变量：资金专用性、设备专用性、人才专用性和知识产权专用性。如果一个政策文件中涉及了关于财政资金对文化产业相关项目的投入及其审查，就说明该文件在规范（或鼓励）文化产业的投资及资金使用上构成制度约束，要么放宽了投资文化产业的自由度（低专用性），要么就是约束了资本进入文化产业（高专用性）。我们将交易频次、资金专用性、设备专用性、人才专用性、知识产权专用性，以及不确定性6个变量设计为5分量表，1分代表完全没有提高交易费用的影响，5分则代表在该维度上导致企业极高的交易费用，如表3-1所示。

表 3 - 1  文化政策的交易费用分析指标①

| 交易频次 | 资产专用性 | | | | 不确定性 |
| --- | --- | --- | --- | --- | --- |
| | 资金 | 设备 | 人才 | 知识产权 | |
| 限制文化产品自由流通的各种约束 | 提高资本进入文化产业（或某一细分行业）的壁垒 | 提高文化产业（或某一细分行业）设备的技术或规模壁垒 | 提高文化产业（或某一细分行业）某些专业技术人才的资质；或者限制文化企业劳动力流动 | 提高文化产业（或某一细分行业）对知识产权或无形资产交易及使用的难度，或者限制某些特定知识产权的市场交易 | 提高文化产品自由流通及文化企业市场行为的不确定性 |
| 5 分量表 | 5 分量表 | 5 分量表 | 5 分量表 | 5 分量表 | 5 分量表 |

4）发展文化产业的主要措施。我们对所有关于发展文化产业的措施进行分类和编码。这些措施，服务于本章前面所提出的假设，我们暂且着重判断每一份政策文件中关于如下四个方面的内容：（1）关注的利益群体，政策内容中关注组织或机构的利益还是文化创意个人的利益；（2）建立市场秩序的方式，政策内容中是通过法制化的手段还是通过行政化的手段建立市场秩序；（3）刺激产业发展的主要途径，政策内容是通过重点项目投资与建设还是通过营造良好的市场环境来推动文化产业发展；（4）建立的市场类型，政策内容中是建立区域性市场还是建立跨区域性（包括国际化）市场。上述四个方面，都是互斥性的 1～2 变量，前面一类赋值为 1，后面一类赋值为 2。另外，这一组指标还有可能赋值为 0，因为并不是每一个政策文件都会全部涉及上述四个方面，如果不涉及（缺失值）的就赋值为 0。

5）文化产业发展中政府的角色。我们将政策文件内容中政府的角色定位划分为政府主导、政府引导和政府裁定三类。其中政府裁定是说文化产业的发展以市场为主导，而政府只是作为"裁判"，不直接参与产业或市场。这三类指标都作为 5 分量表，1 分表示该政策文件内容完全不符合，5 分表示完全符合。

除了上述一些核心变量以外，我们还搜集了每一份文件发布的时间（年）、文件的篇幅和省份。

---

① 应当明确，不存在完全没有交易费用的制度，即便是最崇尚自由贸易的市场制度也存在交易费用。同时，部分交易费用更应该看作是对市场交易的保护，例如版权等。

# 3.4　中国文化产业制度环境的特点

### 3.4.1　我国文化产业相关政策基本描述统计

通过将搜集的文化产业相关政策进行汇总，我们对我国文化产业的相关政策文件有了一个大体上的认识。在我们搜集的 275 份文件中，超过 57% 为规划，其余的政策文件主要是相关的行政命令、行政通知，以及管理办法或管理程序等，如图 3 - 1 所示。作为样本的所有政策文件平均篇幅为6122.43 字。这里面由中央各部委颁布并在全国范围内执行的文件有 135份，各个省、市、区地方政府颁布的在本辖区内实施的文件有 140 份，如图3 - 2 所示。因此我们所搜集的政策文件虽然不是我国文化产业相关政策文件的全部，但是在分布上却具有一定的代表性。另外，从时间维度上看，我们搜集的文件中 2000 年以前的约占 1.85%，2000～2003 年约占 10%，而2004～2007 年出台的文件占比超过 60%，2008～2011 年的文件占 26%，如图 3 - 3 所示。也即是说，样本政策文件集中在 2000～2009 年颁布，这与一些学者认为的该时期为我国文化产业政策出台的"高峰期"的说法比较吻合（解学芳、臧志彭，2014）[39]。

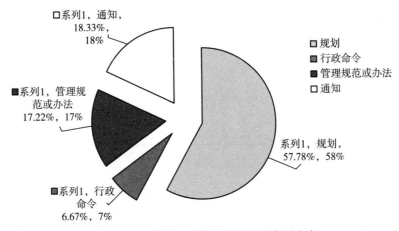

**图 3 - 1　文化产业政策文件样本的类型分布**

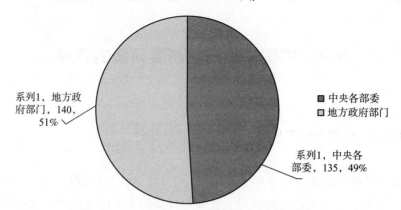

图 3-2　文化产业政策文件样本的层级分布

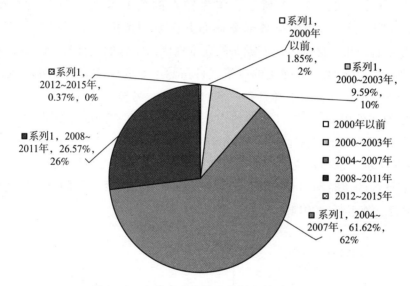

图 3-3　文化产业政策文件样本的时间分布

### 3.4.2　文化产业相关政策与制度的构成

#### 1) 文化事业与文化产业的对比

为了分析所有样本政策文件中是否存在明显的文化事业和文化产业两种体制模式，我们对文化产业化程度这个指标进行了一个分类分析，试图看看，随着这个指标 5 分量表的不同程度演化，样本数据是否呈现出不同类型的转移。我们采用了 2 步（2 - step）分类分析法，对文化产业指标进行分类，结果如表 3 - 2 所示。根据这个结果，我们可以非常清晰地看到：首先所有样本政策文件中，不存某一个程度分值的数据分跨在两个类型之中的情况；其次分值最小（即完全的文化事业模式）和分值最大（及完全的文化产业模式）处于两个不同的类型。唯一让我们吃惊的是，分值为 2 和 3 的两个中间程度的分值，出现了"混乱"：分值较小的被划归为文化产业模式的一类，而分值较大的被划归为文化事业模式的一类。这说明，一方面在我国现有文化产业政策文件中，确实存在两种不同资源配置模式（H1 被证实）；另一方面，这两种不同资源配置的模式可能在某些政策文件中被同时提及或强调。

表 3 - 2　　　　　　　文化产业化指标的 2 - step 分类分析

| 程度 | | 1（完全的文化事业） | 2 | 3 | 4 | 5（完全的文化产业） |
|---|---|---|---|---|---|---|
| | | Percent | Percent | Percent | Percent | Percent |
| Cluster | 1 | 0.00% | 100.00% | 0.00% | 100.00% | 100.00% |
| | 2 | 100.00% | 0.00% | 100.00% | 0.00% | 0.00% |
| | Combined | 100.00% | 100.00% | 100.00% | 100.00% | 100.00% |

**2）以文件颁布层级为参照的文化产业化水平**

我们进一步对文化产业化这个指标做了一个单因素检验，试图揭示不同行政层级发布的政策文件是否存在什么差异。因此我们用 SPSS16.0 对文化产业化这个指标做了一个独立参数 T 检验，在设置区分指标的时候我们采用层级为区分变量，并涉及区分线为 2（即小于 2 为一个类，大于等于 2 为另一类）。分析的结果（如表 3 - 3 所示）表明，文化产业化指标的总体 F 检验值为 14.43（$P < 0.0001$）；同时受到区分因子的区分后，数据的 T 值为 1.885（$P < 0.05$），分析结果为显著。这一结果表明，中央和地方文化产业相关主管部门的政策文件在文化产业化水平这个指标上的确存在显著的差异。中央各文化主管部委的政策文件中，文化产业化指标的均值为 2.59，而各级地方政府部门的政策文件，文化产业化指标的均值为 2.92。因此，中央关于文化产业的相关政策文件中文化事业模式的比重更大，而地方政府部门文化产业相关政策文件中文化产业模式的比重更大。

文化部、工信部等部委颁布的主要政策都涉及文化演艺事业、广告体育

中国文化企业动态竞争战略研究：制度、网络与创新 ‖

赛事和影视内容转播（尤其互联网转播）、音像和图书出版、网络游戏开发、动漫制作等领域。这些政策一方面声称推进市场化改革，另一方面却不断地建立各种行政审批。以文化演艺事业为例，文化部规定任何在国内举行的文艺演出在演出前 3 个月必须将演出计划上报审批，如果演出者为境外人士，那么该人士的情况还需要另行审批（时间好像超过 3 个月），同时文化部授权各地方文化主管部门（文化局或体育局）拥有对任何演出的临时巡查权力，即这些部门人员可以无条件巡查演出现场。另外，在动漫制作领域，文化部规定中国的网游企业的身份要审批，而且还是每年审批一次。

中央各部委、发改委和商务部的文件极力鼓励文化产业发展，而文化部等主要监管部门则更多地出台文化活动（未必都是产业或市场化行为）的具体规范和监管程序。由于这些部委各自出发点不同，导致文化产业的制度约束混乱和庞杂。文化部虽然在进行文化市场监管的工作，但其主要的监管方式就是行政性的、运动式的，而非法制化的、规程化的。文化部对目前演出表演、出版、网络内容播出、动漫、网络游戏、影视等多个门类的产业发展有详细的审批，这种审批包括从经营主体到具体产品与服务，这就严重限制了文化产业市场化的发展。

相比之下，各地方政府则围绕文化产业的主要政策诉求发展产业，带动区域经济发展。因此，地方政府在具体化和执行上级部门相关政策的同时，更多的则是制定如何发展本地区文化产业的相关政策和发展规划。所以地方政府部门出台的政策文件则更多的是文化产业化发展的模式。所以，H4 被验证。

表 3-3　　　　　　政策产业化指数以层级为参照的参数 T 检验

| | | 列文方差齐性测试 | | 平均数 t 检验 | | | | | |
|---|---|---|---|---|---|---|---|---|---|
| | | F | Sig. | t 检验 | df | Sig.（双尾） | 平均数的差异 | 标准误差 | 基于均方差的两两配对 T 检验（95% 置信区间） | |
| | | | | | | | | | 低 | 高 |
| 产业化程度 | 假设两个组方差相等的情况 | 14.430 | 0.000 | 1.885 | 160 | 0.041 | 0.41310 | 0.21917 | -0.01974 | 0.84594 |
| | 假设两个组方差不等的情况 | | | 1.649 | 58.181 | 0.105 | 0.41310 | 0.25053 | -0.08837 | 0.91456 |

74

### 3) 政府角色的时间维度分析：政府主导和市场主导

通过前文可知，样本政策文件集中在 2000~2009 年，所以我们也聚焦在这一段时期分析每一年政策文件中所提到的政府在发展文化产业中的角色。由图 3－4 表明，自 2000~2009 年，政府主导的角色基本保持一个较高的水平，而政府引导和政府测定的角色程度则相对较低，但从 2005 年开始逐步提高。当然，这里面政府裁定角色的程度最低。这一时间序列的分析表明，我国文化产业政策环境中，由于文化事业模式的存在，政府的定位一直都保持主导性的角色，而随着文化产业化发展的需要，以及文化产业实践的不断推动，政策文件中政府引导和政府裁定角色的水平也在逐步提高。因此，H6 被证实。

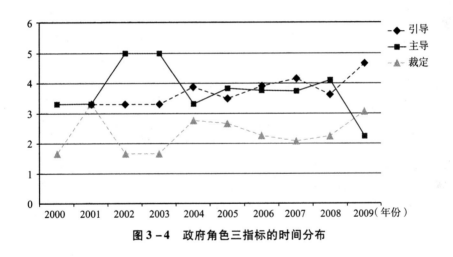

**图 3－4 政府角色三指标的时间分布**

## 3.4.3 我国文化产业政策环境的交易费用分析

### 1) 总体政策的交易费用

我们对所有样本政策文件关于交易费用的六项指标做了一个描述统计，结果发现，所有政策文件交易费用的全部指标均值几乎都偏高，说明总体政策文件为文化企业的市场交易行为产生了很多的交易费用，如表 3－4 所示。其中，只有资金的专用性均值略低于量表的中等水平。这说明，现有文化产业政策中对文化产业投资尚没有太多的限制。但是，现有政策文件提高交易的不确定性、抑制自由市场交易频次，并对人力资源、知识产权和专用性设备等文化创意专业性资源的自由配置设置了诸多制度障碍。因而，纵然政策文件中没有限制资本的自由流入，但是并不能因此而刺激文化产业的大规模投资。或者说，如果有企业将大规模投入文化产业，它必须想办法绕过文化产品创新与生产过程中的各种制度制约。当然，最好的办法是建立所谓的文化产品"平台"，纯粹做文化产品生产，传播的高制度风险活动交给别人来做，自己只做一个营销和投资平台。这就是为什么目前我们观察到的国内文化产业相关的企业很多，几乎遍地开花，但是有原创能力，或者说有文化产品生产环节的企业却比较少的缘故。

表 3-4　　　　　　　政策文件样本的总体交易费用指标描述统计

|  | Minimum | Maximum | Mean | Std. Deviation |
|---|---|---|---|---|
| 交易不确定性 | 1.00 | 4.00 | 2.2967 | 0.85391 |
| 交易频次 | 1.00 | 4.00 | 2.6044 | 0.74149 |
| 人力资源专用性 | 1.00 | 4.00 | 2.5915 | 0.62063 |
| 知识产权专用性 | 2.00 | 4.00 | 3.3750 | 0.66747 |
| 资金专用性 | 1.00 | 5.00 | 2.2241 | 1.21458 |
| 专用设备专用性 | 1.00 | 4.00 | 2.5536 | 1.09238 |

### 2）交易费用比较：文化事业模式 VS 文化产业模式

前面已提过，我国文化产业相关政策文件中存在不同的资源配置模式：文化事业模式和文化产业模式。我们进一步比较了文化事业模式和文化产业模式下政策文件的交易费用。我们用文化产业化指标作为基准，对六项交易费用指标进行方差分析（ANOVA），分析结果（如表 3-5 所示）表明，不确定性和交易频次的组间方差通过了显著性检验，而所有的资产专用性都没有通过组建方差检验。这说明文化产业政策中，文化事业模式和文化产业模式在配置资源时，其主要差别体现在对市场交易的不确定性和交易频次存在不同的影响。行政审批规程下，企业或组织的文化创新、文化产品生产与传播等活动受到来自行政的干预，在运营行为的不确定性和持续频繁性上都受到影响。我们还发现，资金专用性方面，文化事业模式和文化产业模式的相关政策尚缺乏明确区分。这有可能成为下一阶段，我国全面深化体制改革，推进文化体制改革和文化产业制度创新的重点领域：即进一步建立文化创意创新相关专业化资源的自由流通机制。

我们还以文化产业化指标为基准，比较指标分值低（文化事业模式）和分值高（文化产业模式）的政策文件的交易费用情况。这一对比结果（如表 3-6 所示）表明，文化事业模式下的政策文件，除了人力资源专用性以外，其他交易费用指标的均值都略高于文化产业模式下的文件，这说明文化事业模式下的政策给企业造成的交易费用略高于文化产业模式下的政策。但人力资源除外，因为我国文化创意人才的主力军都在文化事业模式之下，比如各个文艺院团、艺术院校等。在专业人才流动方面，文化产业模式下的相关政策必须以文化事业模式下的政策为前提。根据我们的分析，H2 被证实。

表 3-5        交易费用指标以文化产业化指标为基准的 ANOVA

| 变量 | 参数 | Sum of Squares | df | Mean Square | F | Sig. |
|---|---|---|---|---|---|---|
| 不确定性 | Between Groups | 27.591 | 4 | 6.898 | 14.064 | 0.000 |
| | Within Groups | 77.489 | 158 | 0.490 | | |
| | Total | 105.080 | 162 | | | |
| 交易频次 | Between Groups | 4.696 | 4 | 1.174 | 2.958 | 0.022 |
| | Within Groups | 62.715 | 158 | 0.397 | | |
| | Total | 67.411 | 162 | | | |
| 人力资源专用性 | Between Groups | 2.146 | 4 | 0.536 | 1.495 | 0.207 |
| | Within Groups | 46.280 | 129 | 0.359 | | |
| | Total | 48.425 | 133 | | | |
| 知识产权专用性 | Between Groups | 1.426 | 3 | 0.475 | 1.073 | 0.373 |
| | Within Groups | 15.949 | 36 | 0.443 | | |
| | Total | 17.375 | 39 | | | |
| 专用设备专用性 | Between Groups | 2.372 | 4 | 0.593 | 0.949 | 0.444 |
| | Within Groups | 31.264 | 50 | 0.625 | | |
| | Total | 33.636 | 54 | | | |
| 资金专用性 | Between Groups | 6.632 | 2 | 3.316 | 2.355 | 0.104 |
| | Within Groups | 77.455 | 55 | 1.408 | | |
| | Total | 84.086 | 57 | | | |

表 3-6        文化事业与文化产业导向的交易费用对比

| 文化产业 | 不确定性 | 交易频次 | 人力资源专用性 | 知识产权专用性 | 设备专用性 | 资金专用性 |
|---|---|---|---|---|---|---|
| 均值 | 2.8 | 2.79 | 2 | 1.13 | 0.56 | 2.16 |
| 方差 | 0.478054 | 0.455315 | 1.354839 | 2.725013 | 1.371761 | 0.957157 |

| 文化产业 | 不确定性 | 交易频次 | 人力资源专用性 | 知识产权专用性 | 设备专用性 | 资金专用性 |
|---|---|---|---|---|---|---|
| 均值 | 2.16 | 2.62 | 2.21 | 0.65 | 1.04 | 1 |
| 方差 | 0.577575 | 0.369789 | 1.191034 | 1.779555 | 1.707215 | 1.826087 |

### 3.4.4　我国文化产业发展的方式与路径

**1）产业规划的主要措施**

我们对文化产业规划类型的政策文件进行了进一步的分析。在 157 份涉及文化产业发展规划内容的文件中，我们对每一份文件内容中发展文化产业的措施进行了规律编码。表 3 - 7 报告了一个文件频次的结果。在这些文件中，保护文化产品原创人个人利益的文件只占所有文件的四分之一，另外四分之三则是保护文化产业中各个机构（包括文化产业园区、文化产投资平台、文化传媒平台等）的利益。超过九成的文件中明确通过行政化的手段建立和发展文化产业市场，比如通过财政资金为政府认定的"优秀"文化企业或机构进行奖励、补助或资助等。但只有约 9% 的文件提到建立保护知识产权等法制化手段健全文化市场。另外，接近八成的文化产业发展规划中会明确政府主导或直接推动的重点发展项目，通过重点项目刺激产业发展，但只有约 20% 的规划文件中提到了建立健全文化产业市场环境。从建立文化市场的范围看，约八成的规划文件都是侧重建立区域市场，只有不到 1/5 的文件中提到要建立跨区域市场，而这其中主要的文件都是鼓励建立跨国文化交易与交流，而不是国内跨区域（省市）的文化市场机制。这说明，我国文化产业发展规划正在重走当年传统产业发展的老路，尽力区域化的小市场，而不是全国一体化的大市场（H5 被验证）。

表 3 - 7　　　　　　　　　　　文化产业措施的频次

| 保护的利益方 | 保护原创人（1） | 25% |
|---|---|---|
| | 保护机构（2） | 75% |
| 建立市场的方式 | 行政化（1） | 91% |
| | 法制化（2） | 9% |

| | | |
|---|---|---|
| 促进产业发展的手段 | 重点项目（1） | 79% |
| | 市场环境（2） | 21% |
| 建立市场的范围 | 跨区域市场（1） | 20.5% |
| | 区域市场（2） | 79.5% |

**2）产业政策保护中介利益还是原创利益**

在表3-7中，实际上也反映出我国文化产业规划类政策文件倾向保护机构的利益而非原创人的利益。我们进一步对所有的样本政策文件进行相关分析。分析结果（如表3-8所示）表明，文化产业政策的行政层级越高，就会越关注原创人的利益，而越是地方政府的政策，则越保护机构利益；越是高层级的文化政策，越倾向于建立跨区域市场，而越是地方政府出台的政策文件则越倾向于建立区域市场。另外，政策文件中越是产业模式配置资源的文件，越关注原创人利益，且倾向于建立跨区域的市场。因此，H3 被验证。

表3-8 政策层级与产业化程度同利益关注方及市场范围的相关分析

| 变量 | 关注利益方 | 市场范围 |
|---|---|---|
| 政策层级 | -0.581** | -0.654** |
| 产业化程度 | -0.674** | -0.690** |

# 3.5 制度环境与文化企业战略选择

基于我们本章的分析，我们对我国文化产业的制度环境有了一个比较清晰而全面的认识。文化产业的制度环境中目前存在双重制度导向，无论出于何种目的，双重制度导向都导致文化产业化和市场化发展的进程中，资源与产品的自由交易和流通将同时受到两种资源配置方式的干预。其中，由中央各部委直接颁布的相关政策文件更主要体现了文化事业的资源配置方式，对文化产品市场化的推进具有比较强的行政干预，而由地方政府文化主管部门所颁布的政策则更多地体现地方利益诉求，更倾向于刺激文化产业发展。但是，地方政府部门面对文化产业实质是无力的，他们能够做出的像样的鼓励措施就是给土地和给钱，然而这样的措施并不能有效地推动一个知识密集型的产业发展。更有甚者，一些打着文化产业旗号却并不从事文化创意产品生产的"挂羊头卖狗肉"型企业正趁着制度的"东风"在各地开花。地方政府推动的文化产业政策环境还具有另一个特征，就是区域市场分割。然而，文化产业与其他传统制造业不同，文艺产品的传播渠道难以被区域分割，这样最终导致各个地区性的文化市场基本上都存在这样或者那样侵害知识产权的现象，且屡禁不止。

在这样的制度环境下，从事文化产品生产与传播的"真正的"的文化企业正面临环境危机，如何在适应制度环境的同时，有效地将自身创新能力与市场相结合，最终构建市场竞争优势，是几乎所有文化企业都正在思考的问题。这一问题也是本书后面内容探讨的焦点。

## 本章参考文献

[1] 凡勃伦. 有闲阶级论 [M]. 北京：商务印书馆，1064.

[2] Williamson, O. E. Markets and Hierarchies：Analysis and Antitrust Implication [M]. U. S.：Free Press, 1975.

[3] Williamson, O. E. The New Institutional Economics：Taking Stock, Looking Ahead [J]. Journal of Economic Literature, 2000, 38 (3), 595–613.

[4] 吴小节，彭韵妍，汪秀琼. 制度理论在国内战略管理学中的应用现状评估 [J]. 经济管理，2015，(10)：188–199.

[5] 蓝海林，汪秀琼，吴小节等. 基于制度基础观的市场进入模式影响因素：理论模型构建与相关研究命题的提出 [J]. 南开管理评论，2010，13 (6)：77–90.

[6] 杨东宁，周长辉. 企业自愿采用标准化环境管理体系的驱动力：理论框架及实证分析 [J]. 管理世界，2005，(2)：85–95.

[7] 杜运周，任兵，陈忠卫等. 先动性、合法化与中小企业成长——一个中介模型及其启示 [J]. 管理世界，2008，(12)：126–138.

[8] 乐琦. 被并企业独立法人资格与并购绩效关系研究——基于制度理论的视角 [J]. 暨南学报：哲学社会科学版，2012，34 (1)：80–87.

[9] 乐琦. 并购合法性与并购绩效：基于制度理论视角的模型 [J]. 软科学，2012，26 (4)：118–122.

[10] 乐琦. 并购后高管变更、合法性与并购绩效——基于制度理论的视角 [J]. 管理工程学报，2012，26 (3)：15–21.

[11] 杨京京，蓝海林. 民营企业政治身份、成长价值与区域制度差异的影响研究

[J]. 科学学与科学技术管理, 2012, 33 (9): 122 – 127.

[12] 高展军, 王龙伟. 联盟契约对知识整合的影响研究——基于公平感知的分析 [J]. 科学学与科学技术管理, 2013, (7): 95 – 103.

[13] 叶强生, 武亚军. 转型经济中的企业环境战略动机: 中国实证研究 [J]. 南开管理评论, 2010, 13 (3): 53 – 59.

[14] 赵文红, 陈丽. 基于社会网络的创业机会、动机与创业精神的关系研究 [J]. 科技进步与对策, 2007, 24 (8): 9 – 42.

[15] R. H. Coase. The problem of social cost. The Journal of Law and Economics [J]. Systems Research, 1992, 9 (1): 79 – 81.

[16] Coase R H. The Nature of the Firm., Economica 16 (4): 386 – 405 [J]. Social Science Electronic Publishing, 1937, 4 (16): 386 – 405.

[17] Tiebout B C. A Pure Theory of Local Expenditures. Journal of Political Economy 64 [J]. Journal of Political Economy, 2010, 64 (5): 416 – 424.

[18] [美] 奥茨 (Oates, & W. E.). 财政联邦主义 [M]. 译林出版社, 2012.

[19] 江孝感, 王伟. 中央与地方政府事权关系的委托——代理模型分析 [J]. 数量经济技术经济研究, 2004, 21 (4): 77 – 84.

[20] 任喜荣. 中国特色社会主义宪法学理论研究 [J]. 当代法学, 2012, (6): 3 – 12.

[21] 郑毅. 法制背景下的对口援疆——以府际关系为视角 [J]. 甘肃政法学院学报, 2010 (5): 138 – 144.

[22] 张小君. 公共政策执行的委托代理困境及其对策浅析 [J]. 高等教育与学术研究, 2008, (9).

[23] 魏振赢. 明法 [M]. 北京: 北京人学出版社, 2007.

[24] Berelson, B. Content Analysis in Communication Research [M]. New York: Free Press, 1952.

[25] Holsti, O. R. Content analysis for the social sciences and humanities [M]. Reading, MA: Addison – Wesley, 1969.

[26] Kerlinger, F. N. Foundations of behavioral research (2nd ed.) [M]. New York: Holt, Rinehart and Winston, 1973.

[27] Krippendorff, K. Content analysis: An introduction to its methodology [M]. Thousand Oaks, CA: Sage, 1980.

[28] Weber, R. P. Basic content analysis (2nd ed.) [M]. Newbury Park, CA: Sage, 1990.

[29] Stempel, G. H., Ⅲ. Content analysis. In G. H. Stempel Ⅲ D. H. Weaver, & G. C. Wilhoit (Eds.), Mass communication research and theory [M]. Boston, MA: Allyn & Bacon, 2003.

［30］Lasswell H D，Lerner D，Pool I D S. The Comparative Study of Symbols：An Intro-duction ［M］. Stanford University Press，1952.

［31］Pratt C A，Pratt C B. Comparative Content Analysis of Food and Nutrition Advertise-ments in Ebony，Essence，and Ladies′ Home Journal ［J］. Journal of Nutrition Education，1995，27（1）：11 – 17.

［32］Moen M C. Ronald Reagan and The Social Issues：Rhetorical support for The Chris-tian Right ［J］. Social Science Journal，1990，27（2）：199 – 207.

［33］Wrightsman L S. Personal Documents as Data in Conceptualizing Adult Personality De-velopment ［J］. Personality & Social Psychology Bulletin，1981，7（3）：367 – 385.

［34］Smith K G，Chen M J. Organizational Information-Processing，Competitive Respon-ses，and Performance in the United-states Domestic Airline Industry ［J］. Academy of Manage-ment Journal，1991，34（1）：60 – 85.

［35］Gitlin，T. The Whole World is Watching：Mass Media in The Making and Unmaking of The New Left ［M］. University of California Press，1980.

［36］Massey B L，Haas T. Does Making Journalism More Public Make A Difference？A Critical Review of Evaluative Research on Public Journalism ［J］. Journalism & Mass Communica-tion Quarterly，2002，79（3）：559 – 586.

［37］Kerr P A，Moy P. Newspaper Coverage of Fundamentalist Christians，1980 – 2000 ［J］. Journalism & Mass Communication Quarterly，2002，79（79）：54 – 72.

［38］Riffe，D.，Lacy，S.，& Fico，F. Analyzing Media Messages：Using Quantitative Content Analysis in Research ［J］. Lawrence Erlbaum Associates，2005，29（2）：79 – 80.

［39］解学芳，臧志彭. 制度、技术创新协同与网络文化产业治理——基于 2000 ~ 2011 年的实证研究 ［J］. 科学学与科学技术管理，2014，（3）：31 – 41.

# 4

中国文化产业生态结构与企业战略选择

## 4.1 文化企业的"结构—行为—绩效"

由第 3 章的分析可知,我国文化产业正处于"半产业化"的发展阶段(解学芳,2007)[1],这就导致文化产业的产业结构和产业组织在很大程度上受到制度影响。这样,一家文化企业如果按照战略管理的 IO 视角制定企业战略决策的时候,会非常困难:因为"结构—行为—绩效"的分析框架中,第一环节的"结构"就较传统企业而言更为复杂。SCP 中的"结构"一般指的是产业市场结构、竞争结构和企业的组织结构等。从文化企业的视角看,文化产业及市场结构非常复杂,并在文化企业战略决策中占据主导性地位。具体来说,文化企业的产业和市场结构具有如下几方面特点:

第一,子行业相互之间的关联性。文化产业中主要的细分子行业可以被划分为文化产品导向的子行业(如涉及、动漫、音乐等)和传播渠道导向的子行业(如报刊杂志、影剧院、电视台等)。不同的子行业相互之间既有横向的关联性,也有纵向产业链条上的传递性。因此,一个文化产品的市场化过程往往有不同子行业企业合作实现。

第二,生产环节之间议价权向媒体平台环节集中。传播导向的子行业,进入壁垒以政策管制为主、技术标准为辅;而产品导向的子行业以技术标准为主、政策管制为辅。这就导致了文化企业之间无论是横向的合作还是纵向的交易,谁距离媒体渠道资源更为接近,谁就有更大的议价能力。也正是如此，所以"自媒体"的兴起被认为是文化经济领域最具颠覆性的技术革命浪潮。

第三，媒体资源被区域化分割。因为文化产品的特殊性，产品市场占有率往往为媒体渠道占有率所取代（要么渠道占有率是市场占有率的前指标，要么渠道占有率就是市场占有率）。但是我国由于中央与地方在文化事业上的行政分权与区域分割，导致我国各种文化媒体渠道资源都实质上处于区域分割的状态。虽然连锁电影院、卫星电视台、互联网媒体等对这种分割有一定的抑制作用，但是在整体的文化产业范围内来看，渠道的区域化分割仍然是普遍性的特征。

第四，企业生产资源存在分离。作为任何一家企业，资金、员工、场地、普通办公设备等一般性的资源都是企业存在与经营的基本资源。而作为一家文化企业，仅有上述一般性的资源还远远不够。文化企业根据自身业务范围和生产环节定位，需要整合许多专业化的作用，包括专业化的人才、专业化的设备，有的甚至需要其他文化作品或知识产权的共享与整合。但是目前我国主要的专业化文化资源，无论是人力资源、知识产权还是专业性的设备设施等，都尚未实现市场化改革而仍然处于"文化事业"的管制模式下。这导致文化企业在进行文化产品生产时必须要针对某些奇缺的专用化资源进行企业外部的整合，且这种整合的行为还受到政府行政管制与规范的干预。

上述文化产业结构的特征说明，当前我国文化企业所处的产业结构具有网络性的特征而不是链条式的特征。所谓链条式，是指产业发展到一定程度，产品生产过程受到技术、市场竞争等多个方面的因素影响而最终形成了上下游多个生产环节的产业链结构。产业链的各个环节上都有若干独立的企业，因此企业之间构成沿产业链的横向与纵向关系。产业链是某一产业发展到一定成熟水平的必然形态，而产业链分工也是该产业市场化水平的一种体现。而当前，我国文化产业显然还不具备产业链的形态。虽然文化产品可以按照生产过程的专业技术划分为若干生产环节，但是一方面某一生产环节所需要的专用化资源尚处于"文化事业"的配置范畴，因而导致文化企业要通过非市场的方式获取资源；另一方面因议价能力的关系，文化企业往往在纵向生产过程中延伸，务求控制或参与控制媒体资源，或者反过来媒体资源务求逆流向上整合若干生产环节。无论是哪种情况，都导致文化产业无法按照产业链的形态组织生产，而是按照一种网状结构的方式组织生产。

于是我们不难发现，文化企业不能像传统企业那样先分析这个产业链条的结构，作为 SCP 的开端，然后选择恰当的战略行为"C"，从而实现预期的绩效"P"。在一个网络性的产业结构中，那文化企业基于什么界定自身的发展战略？当前文化又有哪些战略选择，哪些战略性具有可持续性？这是当前文化企业战略实践中遇到的普遍问题，也是本章探讨的重点。

企业战略选择的首要任务，就是明确自身的战略定位。而战略定位的选择与确定又与产业结构直接相关。网络结构的产业之中，企业无法按照波特的五力模型进行分析，因为有时候连谁才是上下游都没搞不清楚！因此，在这一章，我们引入生态位理论，帮助我们基于企业自身能力对环境的适应性来进行选择。

# 4.2  我国文化产业生态结构

## 4.2.1  生态学与组织生态位

"生态"一词最早是由索瑞（H. D. Thoreau）在 1858 年提出的，1868 年德国生物学家赫克尔（Haeckel, E.）定义生态学为"研究动物与其无机环境与有机环境的全部关系"的科学（宋改敏，2011）[2]。此后不少学者对"生态学"下了不同的定义。英国生态学家埃尔顿（Charles Elton, 1927）对生态学的定义是"科学的自然历史"；奥德姆（E. P. Odum）认为生态学是研究生态系统的结构与功能的科学（奥德姆，1981）[3]；我国的生物学家马世骏认为，生态学是研究生命系统和环境系统相互关系的科学。现在学术界对生态学较普遍的界定是："研究有机体或有机群体与其周围环境的关系的科学"（范国睿，2000）[4]。

1977 年，弗里曼（Freeman）和汉南（Hannan）两人提出了组织生态位理论（Freeman & Hannan, 1977）[5]。正式将生态位理论引入到企业管理研究领域。他们将市场类比为一个生态，那么对于每一个企业个体而言，市场环境就如同生物的环境，企业在市场环境中成长与发展都是基于对环境的适应。进一步地，他们根据企业管理和组织经济已有的研究认为，企业组织的环境可以被细分，每一个行业的企业都有其特定的环境宽度。并且，不同的企业对不同环境的适应性是不一样的，但资源的稀缺性决定了从普遍意义上看，企业要么对更宽的环境能够适应但环境中竞争能力一般，要么则对较窄的环境维度能够适应但其竞争能力非常高。于是，他们就退出了企业组织的生态位模型。根据图4-1所示，A、B两个企业在不同宽度的环境下具有适应性，A比B适应环境的宽度更广；但在相互重叠的环境中，B比A适应能力更强。以一般意义上说，A和B两种企业组织在环境不变的情况下并没有太多高低之分，而是需要采取不同的企业战略，界定不同的市场定位，侧重提升不同的核心能力。最终，这两种企业都能够在行业中出类拔萃。

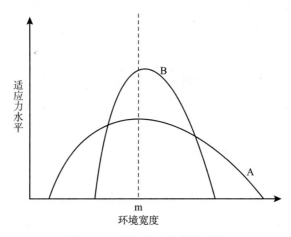

图4-1  组织是生态位示意图

### 4.2.2  文化企业生态位的维度

**1）市场的区域维**

基于第3章对文化产业政策环境的分析，我们不难发现，若从生态学的视角看，文化企业所嵌入的环境具有多维度交错的特征。也即是说，我们可以从不同的维度去分析文化产业环境的宽度，并得到文化企业在不同环境维度下的适用性水平。我们首先还是将文化企业看作是一种追求市场份额与盈利的经济组织。这样，文化企业无论其文化产品、文化生产过程如何，其产品与服务都最终要面向市场，文化企业最终必须在市场上获得营收来维持经营与发展。任何市场首先都是一个空间的概念，其中按照空间的布局会自然而然形成区域市场的形式。加之我国30多年改革开放，本就是以中央向地方放权的所谓"放权搞活"式改革，并最终形成了区域市场分割与割据的市场形态。因此，我们首先考虑文化企业适应和占领市场的过程是一个以某一区域市场为中心逐渐扩展的过程。

这样，文化企业在区域市场的宽度上有了两种适应范围：仅适应单一区域市场和适应多区域市场。如果适应越多的区域市场，说明文化企业在全国市场的份额越高。

仅适应某一区域市场的文化企业，大多对文化产业特殊的制度环境有深刻的认识，并且认为在拓展全国市场的过程中，来自中央的各种行业管制性的政策约束了全国性的市场渠道；同时不同省市各自制定的文化产业优惠扶持政策又大多只优惠和扶持本地企业，因此对外来文化企业构成很强的区域市场壁垒。面临这样的环境，不少文化企业选择区域化市场，即待在所在的省市的区域市场中，寻找区域性的市场机会。另外，受到中央文化产业各领域的行政管制与约束，文化产业中的不少领域在区域市场中也都受到管制，比如动漫、电影制作等。但是这些领域往往有"次级市场"——比如动漫的宣传作品或者动漫广告作品、微电影广告等，利用动漫或者广告的制作技术，避开相应的内容审查程序的细分市场。这些细分市场的市场份额往往控制在一些本地企业手中，因为满足这样的细分市场虽然质量要求低，但需要本地的社会关系作为支撑。

选择并能够适应多区域市场拓展的文化企业，大多对文化产业充满希望，并且致力于做大文化市场。这种企业要么具有相当的政治资源和层级（比如是央企等），要么则具有较高的竞争力，不管是哪一种，它们都相信拓展全国市场后能够出现规模和范围经济，进而通过成本优势或是品牌创新优势整合产业资源。这一想法，其实就是相信文化产业企业可以以类似传统产业做大做强的方式成长起来。这种想法的文化企业会强调它们在通过或获得中央相关部委行政审批与生产资格方面的能力，这种能力或者是一种专业能力，或者是一种关系能力。同时，这种企业往往会在组织架构设计上适应当前文化产业高度区域市场分割特点的市场，比如建立区域事业部（子公司）模式，甚至通过牺牲区域子公司的部分股权来获取区域市场的市场份额。

**2）市场的媒介维**

文化产品及服务基本都要通过某种特殊的文化产业传播或发行媒介渠道

传递给最终的文化产品消费者。因此对于文化企业而言，成功进入并控制某一类型的媒介渠道也是一种市场扩张的方式。与区域市场的适应与扩张不同，媒介渠道之间存在着某种差异性，既对文化产品的呈现方式或文化产品的"技术"环节提出更高、更多元化的要求，又涉及不同文化领域行政管制与审批。例如"喜洋洋"系列动画，既作为少儿电视节目又作为电影的方式呈现，在获得播出许可时就会要求制作公司提交不同的申请，并经历两个（或多个）不同的审批程序。由此，对媒介渠道的适应也存在某种熟练问题：一家文化企业具有丰富的通过纸面媒体传播或发行自己文化产品的经验，那么再要通过纸面媒体传播或发行自己的新产品（作品）时，其运营成本就会相对低；反之如果它打算尝试其他的媒介渠道（例如进入网络媒体），则可能一开始需要相对较高的运营成本。从这个意义上讲，不同的文化企业甚至可以通过施加某种影响力来控制某一媒介渠道，达到强化市场占有率，或者是构筑市场壁垒的目的。

因此，对于一家文化企业而言，适应（甚至是占领）媒介渠道也是从某一特定媒介渠道逐渐向其他（最初是相关）媒介渠道扩散、渗透的过程。总体来看，文化企业对媒介渠道的适应可以分为单一媒介渠道和跨媒介渠道两种类型。跨的媒介渠道越多，一方面说明社会反响越激烈、终端消费者越多，另一方面则是不同媒介之间实质上还会形成某种关联性，导致文化产品或品牌在同类产品中的更为出众，竞争力更强。

但是，选择单一媒介来适应的企业，其实是选择了将更多是精力放在对文化产品的创作与生产上；而选择跨媒介的企业，要么具备某种非市场化的资源与能力，要么就必须要在媒介渠道上投入更多地精力与成本。加大投入在媒介渠道上的成本并不是以构成某种"二次创新"为目的，而是用于支付媒介渠道"交易费用"的，那么这种跨媒介渠道的战略行为就可能导致得不偿失的结果。一些影视作品翻拍前人名作，或者是翻拍著名小说，如果其中没有"二次创新"，仅仅是用了影视的手法呈现原著中的某一个侧面或一个场景，收视往往并不如意。

### 3）资源维度

企业生态位的形成不仅根据对环境宽度的适应，还根据自身的价值主张以及对资源的整合（包括内部与外部），最终形成企业的优势资源与能力，并沟通这些资源与能力获得企业在特定环境宽度下的适应性水平。当不同生态位的企业在不同环境宽度范围中适应性水平存在非重叠的部分，我们就说这些企业在行业中建立了自己的差异化优势。如果不同类型的企业都能够形成差异化的竞争优势，且竞争优势可持续，那么我们就认为该行业的企业生态是一个稳定而良性的生态。反之，如果其中某类企业的生态位处于完全被其他生态位覆盖，或者非重叠部分处于低适应性水平，那么我们基本就可以断定在这样生态位中的企业要么活得很累，要么就将逐渐被淘汰。

文化企业的资源基础可以分为三类：文化创意的专用性资源、媒介渠道资源和一般性资源。当前，我国文化产业刚刚起步，市场与社会对文化企业的核心价值创造尚不明确。但无论如何，每一个文化企业都会由上述三类型资源组成，区别只在于企业将自己的核心能力建立在哪种资源的基础上，又将自己的主要精力集中整合在哪种资源上。所以不同的文化企业（处于文化产业范畴中的企业）可能分别对上述三类型资源进行集中整合，从而适应上述某一文化产业的市场环境。

选择侧重整合一般性资源的企业认为文化产业与任何其他行业没有本质区别，都是以基本的要素资源为基础发展起来的。因此土地、厂房和资金仍然是文化企业战略性资源。选择整合一般性资源的企业往往以要素资源的增值作为企业业绩增长的主要来源和方式。此类企业有几种形态：（1）为文化企业提供厂房、土地等经营空间，并提供一些配套服务，也就是常说的文化产业园区企业；（2）为文化企业提供必要的制造加工环节，提供与文化创意生产密切相关的加工或制造，比如艺术灯光的特殊灯组制造，或某些创新设计所需要的特殊创意组件（零配件）制造等；（3）以文化产品或文化作品销售、大众（而非专业）培训为主营业务的企业，例如书店、茶艺、陶艺馆、少儿钢琴培训等。当然，也有的企业并不那么单纯，而是以投资性行为作为其主要的经营方式。文化产业在很大程度上只是这类企业的"幌子"，是作为资产增值的一种噱头，以及获得政府扶持与优惠的"借口"。这类企业意识到打着文化产业的旗号就可以获得优惠和扶持，但是全力进入文化产业市场又会支付高额交易费用，因此多选择"挂羊头卖狗肉"，打着文化产业的旗号，做些房地产、餐饮之类的传统高利润业务。

选择侧重整合原创性资源的文化企业认为文化产业的核心是文化内容的创意与制作。因此这类企业会集中力量整合所在领域的各种优秀的制作资源，包括人才、技术、知识信息等。这类企业非常注重品牌的建设，因为品牌不仅能够帮助其巩固市场份额，还可以帮助企业获取创作人才。另外，这类企业非常慎重进行多元化整合，因此多元化意味着整合不同领域的原创资源，基于原创资源的相关多元化整合是这类企业多采取的整合行为。在提高市场份额方面，这类企业通常采取两种方式，第一种是通过口碑和老客户提高市场份额；第二种则是参加专业性的比赛或者交流（包括会议和会展）。无论是哪一种，都需要企业具有较强的客户关系能力。

选择侧重整合渠道资源的文化企业在业务上包括电视台、媒体企业等，它们多有一定程度的政治地位，对某些领域的文化宣传渠道构成垄断或者寡头，但是这一身份并不影响它们通过整合做强做大的战略导向。这种企业一旦掌握某一区域内某一文化领域的渠道，就会努力整合相关的文化传播渠道。整合文化传播渠道的过程一般遵循先跨区域整合同类渠道后整合多元化渠道的路径，但也有一些企业在整合了一定程度的渠道资源后，先纵向整合原创性资源，而后再整合多元化传播渠道。选择整合渠道的企业往往以渠道的类型进行事业部分化，或者设计区域事业部制的组织架构，并且这类企业通常不拒绝跨领域整合。

### 4.2.3　文化企业的生态位

将文化企业整合的不同资源作为他们形成竞争优势（或说对环境的适应性水平）的来源，并将这一资源的组合放入不同的市场环境维度中，可以形成图4-2、图4-3两种文化企业的生态位。

#### 1）区域市场空间选择与核心资源选择

在文化产业市场竞争中，最具有市场适应性的应该是基于专业性资源所形成的企业能力，其次是基于渠道性资源，而基于一般性资源所形成的企业能力在文化产业的市场适应性是最弱的，尽管现今阶段这样的企业有很多。但需要说明的是，每一个文化企业其实都需要上述三类资源，而不同资源为基础的核心能力构建本身也是逐步递进的关系：要形成以专业性资源为基础的核心能力，必须有渠道性资源和一般性资源的一定积累，而要形成以渠道性资源为基础的核心能力，也必须有一般性资源的一定积累。所以在图4-2中，我们先简单假设不同企业的适应性水平，根据企业核心资源基础分为高、中、低三档。而在另一侧，我们假定市场环境可以按照空间维度展开成一个标量坐标，其中m1和m2之间表示单一区域市场的环境，而这一范围以外的都表示跨区域市场的环境。这样，文化企业就存在六种生态位：

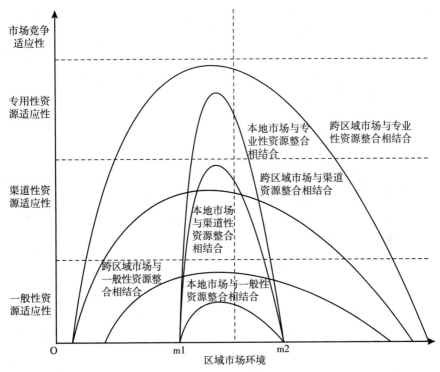

**图 4 - 2　文化企业基于区域维度市场环境的生态位对比**

（1）本地市场与专业性资源整合相结合。这种生态位下的文化企业将自己的市场范畴定义为本地市场，且集中整合原创性的资源。这种战略多见于成长阶段的原创性文化企业，也更多地被一些出口型企业所采用。选择这种战略的企业一方面惧怕国内市场的市场分割，同时却具备足够的资源和能力获得某一专业领域的合法性。由于它们无法克服来自地方产业政策所导致的区域保护与市场壁垒，这类企业虽然有一定的专业实力，但却只能将其市场范畴局限在本地，市场规模的限制容易导致选择这类战略的企业难以最大化地整合原创性的专业人才、技术和信息。不过，这类企业还有一种做大做强的可能性，那就是作为跨国公司的 OEM 或 ODM，形成国际市场的低端文化创意产品供应商。

（2）本地市场与渠道性资源整合相结合。这种生态位下的文化企业将自身的市场范畴定义为本地市场，这种选择在很大程度上是一种历史的必然。

选择这种战略的企业通常都是地方性传媒机构，比如地方报纸、电视台等。它们一般都握有区域性传媒渠道这一垄断性资源，在被改制为经营性国企以后，它们将主要利用自己在区域内的垄断地位建立区域市场优势，并构筑区域市场壁垒。因此，这种企业多将自己的市场范畴定义为所在行政区域，并随着技术的进步和数字传媒的发展而整合各种区域性的传媒渠道，以确保自身在区域文化市场的地位。

（3）本地市场与一般性资源整合相结合。这种生态位下的文化企业本质上说并不是文化类企业，它们更多是文化产业里的"二房东"，它们借助"三旧改造""退二进三"等机遇，以低价购进或承租一些城区中的旧厂房或者小区，然后冠之以"创意产业园区"，凭借一些简单的修复和装修提高租金或地价。据不完全统计，广州城区有这样的创意园区大约300个。这样的企业利用手中的土地和厂房资源，打着文化创意产业的旗号将工业空间出租，甚至利用文化产业的"时髦"获得高额的融资。选择这种战略的企业有私营企业、集体企业，还有部分国有企业。它们通常选择市场和投资本地化战略，时刻保持与地方政府相关职能部门的沟通，一有任何文化产业的扶持或优惠政策，它们就想办法参与申报并抢夺公共资源。严格地讲，这种企业应该说是文化产业中的"劣币"。当然，并不是所有采取这种战略的企业都是"劣币"，一些知名的文化创意园区也会选择专门性的文化创意领域（比如纺织设计、动漫设计等），并在提供办公空间以外提供专门性的商务服务。但是，从价值创造的角度讲，这种战略并不直接或间接创造文化创意的市场价值，这种战略仅仅是借助国家大力发展文化产业的历史时期增大一般性要素资源的市场价值和升值空间。

（4）跨区域市场与专业性资源整合相结合。这种生态位下的文化企业是真正对文化产业有理想和抱负的企业。它们深知在当前的中国市场上，要想真正提高国际竞争力必须通过整合中国国内市场的资源，做"中国第一"，进而做"世界第一"。在向全国市场扩展的道路上，它们勇于面对不同区域市场的壁垒，并通过组织模式等方面的协调。同时，它们也知道要整合全国市场，目前最有效的方法就是通过专业化发展道路，通过获得国家的各种专业资格与荣誉建立品牌。于是，这种企业会努力整合某一专业领域的行业资源，在自己周围集中一大批优秀的原创制作人才、技术和知识。这种企业的管理模式必须采取"既聚又分"的模式：在文化创意内容制作环节采取项目制模式，聚合相关的人才、知识和技术等专门性资源，而在市场营销环节，采取区域分（子）公司模式，通过在每一个重点省市投资（或合资）建立分（子）公司（或办事处）逐步融入当地行业社会关系网络，并逐步攫取区域市场份额。

（5）跨区域市场与渠道资源整合相结合。这种生态位下的文化企业有两种情况：

第一种情况是由于历史原因而使其选择全国市场，比如像新华社、央视这样的全国性传媒机构，在逐步走向市场化的过程中，它们无可避免地选择全国市场范畴。但由于自身的传媒行业导致自然垄断一些传媒渠道和平台，因此它们所要做的就是多元化地整合各种全国性的渠道资源，甚至跨行业进行资源整合。由于其特有的政治地位，它们在走向市场化的过程中会受到来自体制的内生限制，导致其在主营业务上难以提高绩效，而通常通过不相关多元化来增加自身资产的"体量"和实现"增量"。

第二种情况则是某些区域性的文化类企业，比如湖南卫视、漫友动漫等，虽然缺乏央企那样的政治背景，却拥有一个走向全国的理想。它们通过一系列横纵向整合走向全国市场。严格地讲，这类企业所选择的战略是第四和第五种战略的结合，它们既要横向整合其他同类区域性传媒渠道，又要纵向整合制作资源以便渠道规模能够实现盈利。在整合的第二阶段，它们还要进行多元化整合，通过整合跨平台的传媒渠道和跨领域的制作资源实现国际竞争力的提升。选择这样战略的企业往往建立平台制的运营模式，以便其在横向、纵向和多元化三个维度上的整合战略。

（6）跨区域市场与一般性资源整合相结合。选择这种战略是第三种战略的扩大化。一般选择这种战略的企业都是大型国企，甚至央企。它们借助央企的资金优势以及政治背景，借助文化产业的"旗号"在全国各地拿地，修建成产业园区进行房地产运作，其盈利的来源主要是招商、招租和融资等途径，比如国家音乐产业基地。

**2）媒介渠道选择与资源组合**

媒介渠道是文化产业市场环境的另一种分类方式，且在中国的这种分类视角能够更针对不同媒介的内部产业结构以及政策环境特点。因此基于媒介渠道进行市场定位其实是文化企业的一种比较有效的方法。如图 4 - 3，我们假定所有的媒介渠道环境可以按照标量排列，其中 k1 到 k2 的范围表示的是某一特定媒介渠道，而 n1 到 k1、k2 到 n2 的范围表示其他媒介渠道。我国当前宣传文化战线尚属于国家文化安全战略和党的领导的重要环节，所有不少文化宣传媒介渠道并不完全按照市场化准则运营。因此，标量轴其他的部分表示除完全市场化运行的所有媒介渠道。

与基于区域维度环境下的生态位不同，在媒介渠道选择的范围方面，文化企业有三种生态位：

（1）单一媒介渠道。这种企业只适应于某一特定的媒介渠道，通过该媒介渠道进行传播和销售。多数情况下，该生态位的企业都是中小微企业，自身品牌效应弱，且市场推广能力较差。另外，这类生态位下的企业往往专业性资源整合也相对不易，因为资源整合和创新的巨大成本难以通过窄小的媒介渠道获得足够的规模收益，所以对于它们而言，如果自己从开发生产到推广销售都自己完成，那么文化创新产品单位的运营成本将非常高。

（2）跨媒介渠道。这种企业一般已经有了较长时间的经营，在业界建立了比较好的品牌，并且已经具备了很好的与不同类型媒介渠道沟通、合作的经验。在传统意义下，这类企业都是大型文化企业，受到业界与社会的普遍关注。对于他们而言，其生态位的边界并不是一个半椭圆形，而是一个弯月形状：他们的品牌影响力可能导致他们在市场的适应性水平上并不会跌入最差的境况，跨媒介整合的优势使得他们在自己最优优势的媒介渠道中有了某种"托底"的竞争力，并不会完全丧失适应性。例如，一些歌手进入演艺圈，或者演员出一些专辑，他们的"粉丝"将包括两种媒介渠道的受众，一是听众，二是观众。那么，且不论他们表演或歌唱的水平如何，但不同媒介的受众往往会为自己的偶像先跨界发展而形成延伸消费。这样对于该艺人来说，他在不同媒介中的"人气"并不会为零，而是建立在一定基础之上的。

（3）整合非市场化的媒介渠道。这种企业一般都是行业中的精英或领先者，他们无论是因为自身文化创意能力与作品受到广泛关注，又或是国有企业的性质背景等原因，他们的产品、品牌通常被包括非市场化的媒介在内的更为广泛的范围所接受和传播。与跨媒介渠道的生态位一样，这类生态位也呈弯月形状。由于受到非市场化媒体的认可或接纳，使得这类企业的文化产品受到社会某种"固定"的关注，他们在一些特定的媒介渠道中不会完全丧失适应性。

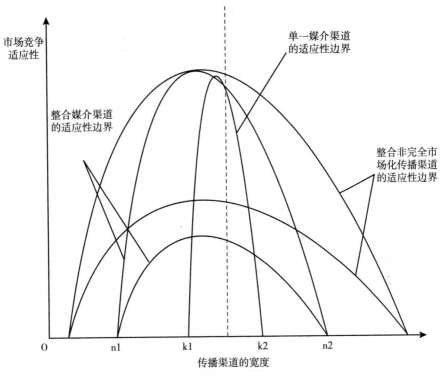

市场竞争
适应性

整合媒介渠道
的适应性边界

单一媒介渠道
的适应性边界

整合非完全市
场化传播渠道
的适应性边界

O          n1          k1          k2          n2

传播渠道的宽度

**图 4 – 3　文化企业基于媒介维度环境的生态位对比**

## 4.3　不同生态位文化企业的持续竞争优势与战略选择

　　上述关于生态位的分析，实质上将文化企业做了若干划分。不同生态位上的企业其实并没有高低之分，每一种生态位上的企业都可能持续成长。而关键就在于企业在特定生态位下选择适宜的企业战略从而建立持续的竞争优势。

　　由图 4 – 2 可知，整合一般性资源的企业中，区域市场企业的生态位完全被能够适应跨区域市场企业的生态位所覆盖。其实，侧重整合一般性资源的企业本质并不是文化企业，而是文化产业相关联的传统企业，他们更多地遵循传统企业的规模生产规律和成本构成。因此，规模化发展、跨区域整合是他们未来的趋势。当前，区域市场侧重整合一般性资源的企业中有大量是文化产业园区性企业，他们为文化企业最初的诞生与萌芽提供了经营空间和某些基本的配套服务。而下一阶段这些区域性的园区企业必然面临区域内的兼并整合，最终某些品牌园区将涌现，并进而通过跨区域整合获得规模优势。当然，也有的企业早就看到了这一趋势，并开始在各地投资、兼并土地，建立产业园区网络（例如中国国家音乐产业园区）。

侧重整合渠道性资源的文化企业，其主要是媒体类企业。他们其中聚焦在区域市场的企业并不会面临全面的竞争压力。本土媒体类企业，或者本土媒介平台总有一些特殊性、特色性的东西不会被跨区域媒体类企业所整合。这样，全国市场上规模媒体企业相互竞争，区域市场上特色媒介企业偏安一隅的格局将是他们未来的发展趋势。但是要构筑长期竞争优势，规模化运行的媒体类企业必须要建立平台战略，以广泛吸纳不同的创意内容，并且广泛整合不同类型的媒介资源，包括区域市场上的特色媒介资源。另外，在区域市场上靠近媒介资源的文化企业也需要通过与跨区域媒体企业的合作提高同类型媒介资源的协调能力，从而更好地打造其在区域市场上的品牌效应。这一组生态位将在未来具有太多变数，因为随着互联网全媒体平台和商业、社交自媒体时代的来临，区域内媒体与跨区域媒体之间在内容上的联动和协同将变得非常容易。因而很可能在未来已经不存在这样的两种生态位了。

侧重整合专业性资源的两个生态位上的企业是最复杂的。一方面，他们也类似传统企业存在规模效应，因而跨区域市场的企业更容易获得规模优势；另一方面，跨区域市场的整合同时也要求企业有更多的创新投入和文化产品的开发能力。所以全方位的整合战略将是这两个生态位上的企业共同的选择。所谓全方位的整合战略，指的是纵向上整合创意生产的上游环节和下游媒介环节，以及横向上整合更多区域市场，并且在媒介维度上整合不同媒介资源。当然，无论在何种方向上，区域市场内的企业在整合能力上都弱于跨区域市场的企业。因此，区域内市场的企业最终可能在文化产品的生产创新链条中逐渐走向上下端，成为跨区域市场侧重整合专业性资源企业的合作伙伴，甚至被其整合。

从媒介维度的环境上看，适应于单一媒介渠道的文化企业，其生态位的高端部分被另外两种生态位所覆盖。这就意味着作为一家中小微文化企业，单一媒介渠道可能使你"永无出头之日"，最好的结局可能是被大型企业"整合"。而跨媒介渠道的生态位其高端部分也被整合非市场化媒介渠道的生态位所覆盖。这即是说，在进行跨媒介整合的过程中，越是具有某种"政策优势"的企业越有市场竞争力。从图4-3来看，控制媒介比形成内在创新能力更容易建立竞争优势，通过非市场化的途径与手段整合不同媒介资源比通过市场化手段整合媒介资源更有竞争力。这表明我国文产业在媒体渠道的网络或产业格局并不是一个稳定而良性的生态，它有可能被通过技术、商业模式等方式突破甚至颠覆。当然图 4 - 3 也有例外，如果一些设计、艺术类企业有自己子行业独特的专业类媒介渠道，还是可能独善其身的。

# 4.4　当前我国文化企业战略的实施

无论是处于何种生态位，文化企业的基本战略方向是整合优势资源，迅速突破前期沉没成本与开发风险阶段，形成规模与范围优势。这个过程中，文化产业的特点导致企业通过兼并收购来获取渠道资源、创新资源从而实现整合的"传统路子"将会异常凶险：文化企业在创新阶段的高投入和高风险导致其收购兼并任何与内容创新无关的资源都将成为投资风险。因此，文化企业的战略实施路径必须在外部整合与内部整合之间寻找平衡：将某些环节通过外包、合作的方式完成，而另一些更为关键的资源则需要内部整合；抑或是在某一个发展阶段中尽量使用外部、合作等外部整合手段整合各种资源，而当企业或文化产品发展到一定阶段时则将现有外部整合的资源有选择性的"内部化"。

## 本章参考文献

　[1] 解学芳. 文化体制改革：文化产业的一项制度安排 [J]. 学术论坛，2007，30 (8)：138 - 141.

　[2] 宋改敏. 教师专业成长的学校生态环境 [M]. 重庆大学出版社，2011.

　[3] 奥德姆. 生态学基础 [M]. 高等教育出版社，1981.

　[4] 范国睿. 教育哲学与教育教育科学：历史的观点 [J]. 华东师范大学学报：教育科学版，2000，(1)：13 - 28.

　[5] Hannan, M. T. , & Freeman, J. The population ecology of organizations, American Journal of Sociology [J]. 1977, 82：929 - 964.

# 5

# 中国文化企业整合战略与
# 企业网络构建

从上一章的讨论，我们基本能够确定我国文化企业在现有的文化产业制度环境下所能做出的基本战略选择。无论是选择本地区域市场或多区域市场，还是单一媒介渠道或多媒介渠道，又或是选择侧重整合一般性资源、渠道性资源还是文化创意的专用性资源，中国文化企业都将在未来很长一段时间通过外部整合来实现规模化、品牌化和多元化的战略构想。所以，对于当前无论何种规模的文化企业，想要形成可持续性的战略布局，并在动态的环境下建立稳定的竞争优势，都离不开对外部资源的整合战略与行为。

## 5.1 文化企业的整合战略

### 5.1.1 企业的整合战略

从企业组织的视角看，凡是处于企业组织边界以外的资源，包括人力资源、品牌或知识等无形资源等，都属于外部资源整合，也称外部整合。外部整合是企业战略中的重要环节，也因其方式多样、执行时间长及过程存在多种不确定因素而被视作是企业战略管理理论中的重要研究问题。

从整合对象与焦点企业（Focal Firm）之间的关系来讲，外部整合可以分为横向整合和纵向整合。横向整合（Horizontal Integration）也被称为横向一体化，表示整合对象是与焦点企业处在同一供应链环节（常常互为竞争对手）的组织。由于相互生产方式和价值活动具有高度的同质化，因此横向整合是现代企业在增大规模、掠夺市场时经常采用的一种整合手段。与"横向"相对应，"纵向"表示在供应链的上下环节的生产顺序关联，纵向整合指的就是企业对自身产业链的上下游企业或资源进行整合。

从整合的主要方式来讲，企业实施外部整合的主要方式有三种：投资（收购或兼并）、外包和联盟。（1）通过投资行为将原有外部的资源或机构纳入到企业内部，经济学中也称之为"内部化"；（2）通过外包的方式寻找长期的供应商并与之签订长期的合约，使企业自身的创新行为获得供应商的及时响应与帮助；（3）通过联盟合作的方式寻找市场上的"帮手"，一起分担创新、投融资过程中的风险和竞争，同时也一起分析合作联盟的结果，比如联盟建立市场壁垒，联合开展某项基础研发等。这三种方式也体现了企业在外部整合的实施中可以对外部资源或组织有三种不同的控制整合控制程度和风险承担的水平：（1）投资并购后外部资源将变成内部资源，这种控制程度最高，运营成本最低，同时资源的运营风险完全由企业自身承担；（2）外包的方式将外部资源或机构通过市场价格机制变成企业自己的"延伸"，这种控制程度中等，运营成本相对较高（比自己运营的成本高），但长期外包也可以将市场价格压到最低，同时经营风险是互相共同承担（尽管供应商合同通常都有违约处罚，但供应商真的违约对企业的损失有时远多于罚金）；（3）联盟的方式将只是与某些外部资源或组织达成了某种"默契"，所以实际的成本最低，但控制程度也最低，同时风险完全不可控，有时联盟很脆弱，一不小心你会发现，"盟友"的"盟友"居然是你的"敌人"，还会出现类似"无间道"式的复杂局面。学术界围绕这个外部整合的三种选择方式持续进行了数十年的研究探讨，最终形成了一个经典的战略管理问题，叫做"Make, Buy or Ally"（自建、采购或收购还是联盟）。

另外，企业外部整合的方式还可以从产权的角度来解析。蓝海林（2007）曾经总结了企业整合战略中从控制权和所有权两个维度上的多种方式（如表5-1所示）：（1）同时强调控制权和所有权的方式，也即自己投资自己建立分公司或子公司，整合企业百分百控股，且管理团队和员工都是在企业既有人员的基础上招聘和培训上岗；（2）只强调所有权的方式，即通过收购兼并的方式取得一个同类企业（至少过半）的所有权，但是仍然使用其既有的组织和员工，仅仅派驻个别高管；（3）只强调控制权的参股或持股方式，即通过持有同类企业一定份额（少于一半）的股份，并作为股东参与企业经营决策，但在所有权结构上并不是第一大控股股东；（4）既不强调所有权又不强调控制权的联盟与合作方式，通过与某一企业达成某种合作的约定（或长期性契约）来实现整合，对对方企业既不存在所有权的持有，也不存在经营管理上的控制（蓝海林，2007）[1]。

表 5 -1 产权视角下不同的整合模式

| 产权角度 | 特点 |
| --- | --- |
| 强调控制权和所有权 | 对自建立分公司或子公司百分百控股，且管理团队和员工都是以招聘和培训形式上岗 |
| 只强调所有权 | 以收购兼并的方式取得企业（至少过半）的所有权，仅派驻个别高管 |
| 只强调控制权 | 作为非第一大控股股东（少于一半的股份）参与企业经营决策 |
| 既不强调所有权又不强调控制权 | 与某一企业达成某种合作的约定（或长期性契约），不持有对方企业所有权，也不存在经营管理上的控制 |

## 5.1.2 文化企业外部整合战略

由于整合方式的多样，导致企业在针对不同对象时，也因对象的具体特征以及自身优势资源与能力的不同而有不同的整合战略选择。这一一般规律对于文化企业依然有效。文化企业常见的外部整合对象包括人才、知识产权（IP）、其他文化企业或团队，以及媒介渠道等。因此针对不同的对象时，企业应作出不同的整合决策。但是，当期中国文化企业的外部整合有如下一些特殊性：

1）文化企业的创意内容生产过程中，前期沉没成本很高，导致产品市场化风险高。这就致使很多文化企业停留在小规模的"工作坊"阶段。如果想要扩大规模，必先加大投入扩大创意内容生产能力，但这种投入加剧了企业成本负担与财务风险。因此，如何通过低成本的外部整合手段，有效地整合创意内容生产的核心资源是文化企业外部整合战略必须回答的首要问题。

2）由于文化企业在获得制度的"合法性"过程中存在双重"合法性"的制度压力——既需要满足来自中央各部委对文化市场、文化企业及文化产品的各种行政性和行业性规范，又要尽量与地方政府的某些鼓励性政策相适应。因此，对于文化企业而言，其外部整合的对象不仅仅需要包含对企业生产经营密切相关的战略性资源，还甚至涉及与企业合法性的获取有着直接或间接关系的资源或机构。同时，文化企业的外部整合也并不能完全处于自身市场导向的战略考虑，而是需要服从文化体制的某些约束与体制规定，对一些原本需要"内部化"的资源或创意内容生产环节通过某种外部整合的方式来替代。所以如何管理文化企业的外部整合就成了一个非常棘手的问题。

3）文化企业外部整合的目的是为了实现市场竞争力的提升，那么什么样的外部整合模式能够最有效地强化企业的竞争行为，使文化企业能够更有效地建立竞争优势，是文化企业外部整合的关键所在。在外部整合的过程中，竞争策略如何与外部资源整合的水平和整合模式相匹配，就成了文化企业有效地实施外部整合战略的一个重要的决策模型。

4）文化企业的外部整合可能伴随企业成长的各个阶段，而不同阶段的文化企业对外部资源的需求与侧重点并不一样。因此，相对于战略管理理论的经典问题"Make，Buy or Ally"而言，文化企业可能更需要回答一个谁先谁后的问题，即文化企业应该先整合哪种资源或先采取什么样的整合方式，后整合哪种资源或采取什么样的整合方式。

基于这样的特殊性，在前人关于企业整合战略行为各种研究的基础上，我们可以进一步提出文化企业外部整合的基本战略选择。

首先，文化企业外部整合的对象可能不止一个，因而其外部整合战略所针对的是多对象的资源组合。在这个组合里面，最核心的部分有：（1）创新资源（包括人力资源和创新创意知识或技术），由于我国文化产业链条的市场化发展尚未健全，因此相当比重的文化创意创新资源处于非市场机制下；（2）终端受众的"注意力"资源，目前普遍的方式是整合媒介渠道来占据或整合终端文化消费者们对文化产品或作品的注意力；（3）相关社会资源，包括能够帮助企业获得合法性的社会资源甚至"政治"资源，以及能够提高企业及其产品知名度和社会关注度的其他社会资源。

其次，文化企业外部整合的方式选择应该结合企业自身的优势资源，以及不同资源的特点。对于整合外部创新型资源而言，如果企业自身的优势资源与能力与创新获得相关，则企业可能强调对外部创新资源的控制能力，例如通过并购；如果企业自身优势资源与能力与创新获得并没有直接关联，则企业可能会倾向于选择控制力适中但风险最小的整合方式，例如联盟、合作或者外包。比如万达影视收购美国传奇制片公司，万达影视本身具有很强的电影制片和发行优势，于是才有可能豪掷230亿元收购一家全球著名的国外制片企业。

对于媒介渠道而言，文化企业大多会根据自身业务的特点选择媒介渠道的方式。如果是媒体类企业，则会采用先并购同类型媒体，而后开始与多元媒体渠道进行合作的整合战略路径；如果文化企业的业务类型以 B2B 为主，则往往会通过自建渠道，或联盟合作某些专门性的媒介渠道，而不是倾向于整合多元媒介渠道；而如果文化企业的业务类型以 B2C 为主，则侧重于通过合作或外包这种多元媒介渠道的方式。

最后，对于社会资源而言，文化企业则多因为自身规模、企业性质及内部创新能力而侧重建立不同的社会关系网络。国有企业一般倾向于对同级别或高一级别的社会资源或政府资源进行外部整合；大型文化企业则往往立足于获取行业合法性而实施外部社会资源的整合，相反中小型企业则往往立足于获取区域合法性而整合外部社会资源；内部创新能力强的企业，则更倾向于获取行业合法性，内部创新能力不足但多进行外部整合创新资源的文化企业则更倾向于获取区域合法性。

企业外部整合的对象整理如表 5 - 2 所示。

表 5 - 2 文化企业外部整合的对象

| 外部整合 | 内容 |
|---|---|
| 整合对象 | 文化企业的外部整合战略所针对的是多对象的资源组合 |
| 整合方式 | 文化企业结合自身的优势资源，以及不同资源的特点，选择外部整合的方式 |
| 媒介渠道 | 文化企业根据自身业务的特点，选择媒介渠道 |
| 社会资源 | 文化企业根据自身规模、企业性质及内部创新能力，建立社会关系网络 |

# 5.2 文化企业的整合模式

## 5.2.1 企业的整合模式

外部整合的战略选择需要考虑企业自身优势资源与外部资源特点，并结合自身战略目标或企业宗旨等多种因素。而一旦选择了外部整合战略，那么企业接下来就要考虑外部整合的模式问题。"模式"这个词在管理学中有特殊的意义，它特指针对某项管理问题而设计的解决或应对的基本方法或方式。围绕外部整合，战略管理学者们主要针对如下两个问题来探讨整合模式的设计。

### 1）如何实现整合后的"集分"适当？

无论是采取何种外部整合的手段，最终整合后企业都发现自己所能影响或控制的资源明显增加，于是就有了一个非常质朴的管理问题：如何有效实现整合后所有资源的协同运行？以此为目的的整合模式强调整合后组织的协调性和指挥统一。而整合后企业常常发现被整合对象陷入一种"被约束"的低效率阶段（这种情况经常出现在并购后），因此就有了另一个课题，如何在整合后保持企业各个经营分支部门的独立性和自主性？显然，这两个管理问题是对立的，也正是由于这一对立问题，才有了围绕企业整合后组织形式"集分"适当的研究课题。

国外学者研究表明，企业整合后采用 H 型结构的集权式管理模式能有效地实现规模经济（吴敬琏，1997）[2]。但是大部分的中国企业外部整合后都会采用母子公司制（王晓健，2010）[3]。所谓母子公司制，就是指一个企业通过全资或者合资的方式，在当地新建或者收购一个具有独立法人资格的企业，因此将具有资本控制权的企业称为母公司，而被投资的企业成为子公司（尤勇，2002）[4]。而各个子公司必须独立核算收入、成本、利润，编制财务报表（李忠民，2003）[5]。而母子公司的管理模式对下属企业的管理较为松散，因此增加了总部的控制风险（高英，2006）[6]。这是因为中国企业采用母子公司形式并不是为了满足自身的内生效率需求，而是更多地是为了满足外生的制度环境合法性要求（王晓健，2010）[3]，从而有利于企业在并购、联盟与外包等外部整合手段中游刃有余、动态调整。

### 2）如何克服制度障碍

西方学者首先开启了这一话题，是为了指导国际化企业的管理实践。而对于中国企业而言，适度学习、引进并修正跨国公司的管理模式却对中国企业应对国内市场分割、行政干预等制度障碍有所裨益（蓝海林，2014；皮圣雷、蓝海林，2014）[7,8]。雅皮（Yip）提出了组织全球化驱动力模型，其中包含组织结构、管理过程、人力资源、文化因素等因素，这事实上就是管理模式的重要组成部分。他认为企业开发和执行全球化的战略，需要组织结构、管理过程、人力资源和企业文化因素的高度配合（Yip, Loewe & Yoshi-no, 1988; Yip, 1989）[9,10]。巴特利特（Bartlett）和戈沙尔（Ghoshal）提出了整合压力和当地响应压力的两维度研究框架，将国际化战略划分为四种类型：国际化战略（International strategy）、多国化战略（Multinational strategy）、全球化战略（Global strategy）和跨国化战略（Transnational strategy）（Bartlett & Ghoshal，1989）[11]。不同的战略导向对于强调内部整合和地方相应两个方面要求的程度不同，自然也就需要有不同的组织模式和管理模式来支撑和实施这些战略。巴特利特（Bartlett）和戈沙尔（Ghoshal）提出了三种基于国际化战略—结构对应关系的组织结构类型：国际化战略—协调联合体、多国战略—分散联合体、全球战略—集中管理（Bartlett & Ghoshal，1989）[11]。这些战略与组织结构的对应关系总体而言回答了跨国公司如何在面对不同国家制度差异条件下，有效地发挥整合的优势，建立整体或具备的竞争优势。总体而言，学者们赞同如下的匹配关系：实施全球化整合战略的企业需要采取以产品事业部为特点的高度整合管理模式；实施多国化战略的企业需要采取以区域事业部为特点的低度整合的管理模式；而实施跨国化战略的企业则需要采取以矩阵式为特点的整合管理模式。

虽然考虑到了地方反应的问题，但是上述国际化战略管理模式的研究仍然以资源整合与配置作为其核心管理模式设计的核心问题。而另一个研究分支则以组织权利分配作为管理模式设计的核心问题，及国际化组织的结构设计。当企业事实国际化扩张（无论以何种方式或国际化战略），则意味着企业原有的组织结构普遍不适应跨国界横向整合后的组织规模，及其管理幅度。这样，跨国公司就需要在组织的层次上重新设计，并重新分配组织的决策和控制权。因此，跨国公司在组织设计上面临的核心问题就是：总部在对海外子公司要采取怎样的控制程度才能降低交易成本（Hennart，1991）[12]、委托代理成本（Li & Scullion，2010）[13]和信息成本从而创造最大价值并获得竞争优势。关于这个问题，学者们集中讨论了权利集中的中心性（Centralization）在国际化组织设计中的意义和作用。中心性是指"基层管理者参与决策制订的程度或是对组织权威的依赖程度"（Ali Haj & William，2004）[14]以及决策的权威性在总部和各个运营单位之间的分布。中心性描述了组织的决策和控制权集中于母公司或总部高层的现象。与之相对应的，去中心性（Decentralization）则反映企业决策和控制权分散和下放到基层管理者手中，并在决策流程上简化和扁平的程度，它描述了企业分权的现象。母公司赋予海外子公司的决策自主权程度，当某项主要营运决策由子公司单独决定的情况增多时，就意味着子公司的决策自主权程度越高，即母公司的中心性程度越低。

在上述两个方面分支研究发展的基础上，学者们又逐渐意识到，分散的下属单位、子公司职能的专业化、各单位之间的相互依赖性是跨国公司适应20世纪80年代以后新环境的重要特征（Chen，1996）[15]。巴特利特（Bartlett）和戈沙尔（Ghoshal）在1989年提出，国际化组织内部不再是严格等级制度下的结构，而是一种"整合网络结构（Integrated Network）"（Bartlett & Ghoshal，1989）[11]。整合网络结构强调的就是多维性和异质性（Heterogeneity），这里的异质性指组织在正式的基本结构之外，需要有相应的运行机制来实现对环境的适应（Bartlett & Ghoshal，1989）[11]。他们提出在跨国公司整合网络结构中需要实行三种既不同又相关的管理机制，分别为存在既支持又制约的中心性形式（Centralization）、建立个体角色和支持体系的正规化（Formalization），以及自我规范能力为基础的社会化（Socialization）（Bartlett & Ghoshal，1989）[11]。这三种管理机制最大的区别在于是以跨国公司总部的正规化管理体系还是以不同东道国制度法规和文化要求为主导建立整合网络结构下的每个子公司的管理模式。

## 5.2.2　文化企业外部整合模式

实施外部整合战略的过程中，中国文化企业一方面将面临自身企业组织资源统一性与组织灵活性之间的矛盾，也将深刻感受到我国文化产业制度环境对企业经营所产生的制度干预。因此，文化企业外部整合模式将呈现出如下一些特征：

1）文化企业的外部整合呈现网络特征。文化企业的外部整合行为将以多种资源为整合对象，包括人才、文化内容创意中的部分重要创新环节，以及一些媒体渠道等。而上述人员、机构又相互存在整合与被整合的关系，互为战略合作伙伴或是战略供应商、渠道商等。因此，文化企业的外部整合无论从企业自身的视角，还是从市场宏观的视角来看都是一张网络。网络化的企业间整合形态也符合当前文化产业链条式分工不完整的基本情况。在这种外部整合网络之下，文化企业外部整合的模式设计需要更多地考虑组织的灵活性，而对文化产品的标准化水平要求不高。所以文化企业多会选择合伙人模式、内部创业模式、创新平台模式等，设计更为开放灵活的组织模式来整合多种外部资源。同时，网络特征的外部整合行为决定企业在实施外部整合的过程中需要系统、深入地考虑和控制整合网络中的结构性问题。比如在整合网络中与哪些结构或人群保持更加密切的联系，在文化产业的整合网络中扮演什么样的角色（网络的枢纽还是边缘）更有利于企业的收益？一般而言，处于网络中心位置的节点在网络中更具有议价能力和主导能力。由此，文化企业在根据自身的情况和战略定位规划并控制自身的外部整合网络时，要明确是要强化在全国整合网络中的地位还是在区域整合网络中的地位？如果一家企业的战略定位和市场选择是区域市场，那么强化其在区域整合网络中的地位就更有必要；反之，一家跨区域市场的文化企业则更需要强化自己在全国整合网络中的地位。

2）文化企业的外部整合网络具有某种演化路径。只要外部整合的目标是多对象的，企业就必须确定一个"先整合谁，后整合谁"的路径，分阶段各有侧重地一步一步完成外部整合。因此，这就有一个整合路径的问题存在。外部整合网络构建的路径选择对于企业是否能够成功实施外部整合至关重要。因为整合外部资源的过程意味着更多的整合成本；而且企业已有的成功整合经历往往会对后续的整合造成路径依赖。因此，不同类型的文化企业需要根据自身优势资源和能力，选择实施外部整合的先后顺序。文化企业的业务类型越是 B2C 的，那么可能会先通过合作、联盟等手段整合企业外部的创意能力与人才；而如果文化企业的业务类型是 B2B 的，则可能会先用"内部化"的手段整合创新人才与团队。另外，如果某文化细分行业的生产链条很长（比如动漫制作），那么选择对纵向链条的整合就可能成为企业最先的方向。如果企业是一家文化媒体企业，那么他们整合可能最先着手的地方是与政府的相关部门或下辖机构构建某种合作关系。

3）外部社会关联成为文化企业外部整合模式的重要因素。无论企业外部整合网络的形态、结构与路径如何。在文化企业的外部整合网络中必然存在相当数量的非市场机构或人员。这些机构可能是高校、非营利的文化团体、政府及其分支机构等，文化企业的外部整合战略中必然需要跟他们打交道。相应地，在跟他们沟通互动的过程中，这些社会关联就成为文化企业外部整合网络中的一部分，如何用好这些外部社会关系资源，是文化企业外部整合模式中的重要环节。企业文化内容创新必须要获得这些外部社会关系的认可、赞赏与支持，才能更高效地进入传播流通领域，并转化为市场收益。但是过分强调和迎合这些非市场的机构和人员则会构成大量的交易成本，在分散企业精力的同时也形成一些风险。所以，有效地整合模式应该保持与政府部门和其他社会资源之间的一种平衡,既能够利用其好处,又能够避免其坏处。

4)文化企业的整合网络中企业整合行为与竞争行为同时存在。文化企业在整合网络构建的过程中,其整合行为与争取生产空间的竞争行为几乎是同时存在的。企业的外部整合网络为自身搭建了一个动态竞争战略的空间,同时其竞争行动也必然改变整合网络的结构性特征。所以,整合与竞争同存是文化企业整合战略中的一个突出问题,整合模式的设计必须考虑企业的竞争行为如何与整合网络相匹配。围绕这个问题,我们在 2014 年针对我国转型中企业动态竞争普遍规律进行研究(皮圣雷,2014)[15],研究结果表明,中国企业在当前制度情境下需要建立一个"既聚又分"的整合管理模式,同时完成对某些内部能力的统一性调动,以及对外部环境的柔性适应,同时企业的动态竞争则需要将复杂多样的竞争策略建立在外部柔性上,将重点突破的竞争策略建立在内部能力的统一性上,引入到文化企业外部整合的问题上来。我们认为,文化企业外部整合网络较传统行业的企业整合更加需要对环境的柔性,因此在文化企业外部整合网络中,更加复杂多样的竞争行为、更加"写意"的竞争策略可能是文化企业外部整合网络中的突出特征。由于竞争的目的是为了更好地争夺稀缺资源,所以文化企业的竞争行为频繁发动的环节并不一定是竞争对手集中的地方,而更可能是自身整合网络密度大、关联重要性高的环节。

## 5.3 广州漫友文化的案例研究设计

基于 5.1 节、5.2 节对文化企业整合战略与整合模式的探讨和假说,我们选择了一家知名的文化企业"漫友文化公司"作为案例,通过对漫友文化整合网络的剖析,论证上述假说。

### 5.3.1 广州漫友文化简介

漫友文化成立于 1997 年,16 年来大力发展原创动漫产业,目前出品频率为"2 天 1 本期刊,1 天 1 本漫画",累积动漫作品 4 万余部,发行漫画书刊 5.2 亿册。2009 年、2012 年、2013 年获得国家新闻出版总署"原动力"

扶持计划，2010 年被财政部、文化部、国家税务总局联合认定为全国重点动漫企业，2012 年获批"国家文化产业示范基地"，2013 年成功进行股份制改造。十多年来漫友文化运营的华语动漫杂志《漫友》《漫画世界》，以及《漫画 SHOW》等 13 册期刊，每年推出 300 多册动漫单行本，长期位列全国期刊零售市场前 30 强，已成为涵盖动漫及青少年流行文化的权威载体。目前，《漫画世界》杂志已成功周刊化，月发行量超过 180 万册。《漫画世界》还与《漫友》双双荣登新闻出版总署"优秀少儿期刊"之榜。作为国内漫画龙头企业，2009 年漫友文化的产品占全国同类产品市场份额接近35%，企业初步体现动漫产品和经营平台的产业群、集团化雏形。漫友文化先后培育了 BENJAMIN、寂地、客心、丁冰、朱斌、十九番、韩露、夏达等数百位漫画明星，签约漫画家（工作室）接近 100 位（家），长期合作的漫画家逾 300 人。其中夏达和作品《子不语》双获"中国文化艺术政府奖首届动漫奖"。

漫友文化参与承办了国家文化部等十部委主办的"首届中国动漫艺术大展"；承办了"中国动漫第一奖"金龙奖完成第 10 届，并成为中国国际漫画节（国家新闻出版广电总局、广东省政府主办，全国 3 大动漫节展之一）的策划和服务单位；参与了百万动漫进西藏、推出金龙奖公益基金等；公司45 部漫画输出到美国、法国、日本及东南亚等地，并引进中国台湾漫画大师敖幼祥落户内地，彰显企业实力、影响力与社会责任感。漫友文化旗下运营《漫友》（半月刊）、《漫画世界》（周刊）等知名品牌，推出销量 4300万的《乌龙院》等过千种畅销漫画，2013 年开始推出的"知识漫画"系列大获好评。获得国家新闻出版总署颁发的"互联网出版许可证"后，抢占数字出版和手机动漫制高点，大力发展数字动漫产业。2013 年开始推出动漫公关服务、会展服务、COSPLAY 活动、动漫版权、动漫教育等服务，全面升级转型为动漫内容、产品、服务营销一体化提供的知名动漫品牌企业。

### 5.3.2 案例研究设计

#### 1）案例的证据链

本书基于案例研究的基本方法，通过不同渠道搜集漫友文化从 1997 ~2013 年的相关信息。数据收集的方式包括四种：访谈企业高管人员、通过

Infobank 等公共新闻信息平台搜集有关漫友文化的新闻报道、通过漫友文化官方网站搜集漫友的大事记、整理由漫友文化提供的有关企业战略评估的文件。四种数据信息的具体情况如表 5－3 所示。本案例研究主要针对分析企业的战略行为、整合网络的网络特征及企业绩效等，所收集的信息可以从两到三个不同角度反映上述企业的情况，本研究的案例证据链关联情况如图 5－1 所示。

表 5－3                漫友文化案例研究证据列表

| 数据收集方式 | 收集对象 | 数据形式 | 数量 |
|---|---|---|---|
| 高管人员访谈 | 张显峰等 | 谈话录音 | |
| 新闻报道 | Infobank | 文本 | 44 篇 |
| 企业战略评估的相关文件 | 漫友文化企业 | 电子文本 | 6.23M |
| 企业发展大事记 | 漫友文化官方网站 | 文本与数据 | 315 条 |

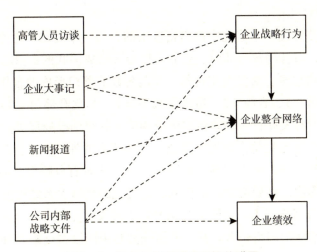

图 5－1    漫友文化案例证据链关联图

### 2）案例分析的具体方法与变量

（1）竞争行为。竞争行为指企业为了获得竞争优势而采取的各种行动。国内学者普遍在国外学者对竞争行为的分类基础上，结合所研究的行业特点，划分竞争行为的类型。考虑到文化产业的特殊性，本研究将在前人的基础上将漫友文化企业竞争行为分为八类：投资或并购、联盟或合作、开发新技术、推出新产品、开设新店或者进行新区域市场、调整变动组织架构或营销网络、变动价格、开展公共关系性活动。同时，其中每一种行为都根据行为发生的具体范围分为全国性行为和区域性行为。

（2）市场性行为频次。在上述八种企业竞争行为的中，开发新技术、推出新产品、开设新店或者进行新区域市场、变动价格四种为市场性的行为，企业每一年将该四种行为的总频次作为市场性行为频次。同时，其中每一种行为的频次都根据行为发生的具体范围分为全国性行为频次和区域性行为频次。

（3）竞争复杂性。竞争性策略组合的复杂性指企业实施的行动差异化的范围（Ferrier et al.，1999；Nayyar & Bantel，1994）[16,17] 以及竞争行为的领域（Gnyawali et al.，2006）[18]。本书沿用费里尔（Ferrier，1999）等测算竞争行为单一性（Simplicity）的算法，求单一性的倒数为复杂性：

$$Com = 1/ \sum_a (N_a/NT_L)^2 \qquad\qquad (4-1)$$

其中 $N_a$ 表示某一年某企业第 $a$ 种竞争行为的频次，$NT_L$ 表示当年企业所有竞争行为的总数。同时，其中漫友文化也存在全国行为的复杂性和区域行为的复杂性。

（4）网络密度。本研究中网络密度指的是每一年漫友文化建设其整合网络的过程中，与各种政府部门、企业及协会等形成关联的数量总和。

（5）政府层级。对漫友文化每一年与各政府部门形成的合作等关联进行打分（国家级 =3、省级 =2、市级及以下 =1，非政府部门 =0），之后将全年漫友文化所有关联行为的政治层级求均值，就得到政府层级。

（6）网络关系结构。对漫友文化每一年所有的外部整合行为按照漫友文化在其中的地位与角色（主导、跟随、平等）进行打分赋值，并求全年各种角色分值的均值；之后再加总就得到漫友文化的网络关系结构分值。

（7）整合网络张力。本研究分别计算了漫友文化每年的全国行为性的网络张力和区域性的网络张力。其中网络张力是由网络密度乘以加总复杂性而得到的。

## 5.4　漫友文化外部整合网络的构建及其启示

### 5.4.1　广州漫友文化战略发展回顾

杂志社属于媒体之列，而对一个媒体存在与发展最重要的就是其影响力。中国目前拥有动漫期刊约 50 种，但少有影响力超过漫友者。漫友文化发行的动漫期刊能从众多的竞争产品中脱颖而出，成为行业龙头，其发行刊物的影响力不单只在原创作品上胜人一筹，也得益于其品牌化、明星化的运作模式。漫友文化将动漫期刊看作是一个原创作品的传播平台，通过积极参与动漫专业的社会活动提升其在业界的知名度和影响力，从而网聚一大批动漫原创精英；同时，漫友文化为各路精英量身打造相应的动漫品牌，并将动漫创造者包装成明星，进一步巩固和扩大漫友文化的市场份额；漫友文化的传播平台将动漫的原创制作与刊物的发行渠道全面对接，保证了品牌价值在流通渠道中的保值，也能实现产品在市场的反应形成直接和及时的反馈。具体而言，漫友文化的经验有如下几点：

**1） 内容 + 渠道的创意产业模式**

《漫友》杂志创刊时，业内要么是以低水准的原创内容为主，要么就是整体资讯化。在市场分析后，公司确立了"动漫综合娱乐期刊"的市场定位，用日本动漫资讯辅之以国内原创动漫资讯及漫画作品。而在后来的市场耕耘下，杂志原创内容不断成熟并完善，占杂志的比率逐年上升，最后成为杂志中的主打。伴随这个过程，漫友文化也培育出了客心、丁冰、夏达、韩露等一大批杰出的漫画创作人才与《未成年》《学园 GOD》《子不语》《长安幻夜》等具备国际影响力的优秀漫画作品，使国内原创漫画进入了崭新的发展阶段。

在漫友文化倾力打造的原创文化传播平台上，唱戏的是动漫原创作品乃至原创作家，观众则是动漫的读者群。因此漫友文化的根本任务是找到能长期抓住观众注意力的原创作品与作家，并让他们在漫友文化这个平台上优于同类企业的发行效益和效果。于是内容 + 渠道的创意产业模式就形成了，漫友文化连通漫画原创制作与出版物渠道，实现自己创造，自己发行，保障了创意在产业化道路上价值的增值和保值。

凭借长期的市场经验与渠道能力，漫友文化形成对动漫作品针对性的策划与包装设计机制，力图将每一件动漫作品打造成具有一定影响力的品牌。将一份刊物进行品牌运作，漫友文化常常首先通过扎实的市场调研，分析市场机会，而后确立某一个刊物或作品的市场定位，然后进一步进行针对性的产品包装和市场推广策划。自 2003 年引进敖幼祥的《乌龙院》系列以来，就是这种针对性的品牌运作方式，使其在全国动漫图书排行榜上一直位居前列，并创造了系列漫画全球销售总量超过 3000 万册的市场成绩。而后，漫友文化瞄准中国本土幽默漫画的市场空白，于 2005 年打造出国内第一本幽默漫画半月刊《漫画世界》。经过数年的市场拓展与培育后，《漫画世界》屡次走在了国内同类刊物的前面，改版旬刊、改版全彩周刊，使其市场占有份额迅速上升，目前发行量达 260 万册，稳居国内同类刊物发行量的前列。利用同样的方式，漫友文化又推出了受众偏少女方向的校园幽默杂志《漫画BAR》等刊物。

"渠道为王""品牌制胜"是市场营销的两条金律。漫友文化以原创为核心，实现了这两个方面的完美结合：原创作品构成了动漫刊物品牌的内核，成熟的渠道实现了品牌的有效推广，同时也为品牌运行绩效的评估以及新品牌推出的市场分析提供了信息支撑。

### 2）聚集漫画精英

漫友文化的内容＋渠道模式紧握了市场动向，但距离原创品牌的打造仍有不足，原创动漫品牌的内核是漫画精英的创作。因此，漫友文化必须聚集一批漫画精英，使其内容能不断推陈出新。

漫友文化非常重视对漫画人才的挖掘和培养，因为发展动漫产业人才是根本。所以漫友文化联合海内外多家权威动漫机构及主流媒体，打造了面向全球华语原创动漫的"金龙奖"，该赛事成为中国国际漫画节的最重头项目，目前已成为华语动漫界级别最高、影响力最大、参与人群最多家喻户晓的动漫大型奖项。漫友文化通过金龙奖的比赛发现人才、网罗人才，已成功推出和包装的动漫创作明星及明星作品达到数千个，其中就涌现出 BENJA-MIN、姚非拉、阮筠庭、寂地、客心、猪乐桃、SHEL 等活跃在国内原创漫画领域一线的明星作者。金龙奖也成为业界重要的大赛，吸引各方精英前来参与，每年参与的国家及地区达到 100 多个，金龙奖比赛已成为动漫行业内一张国家级的文化名片。

另外，每年举办的中国漫画家大会也是漫友文化运营的另一大平台，汇集了国内外众多名家大师、产业精英等齐聚一堂、交流合作，极大地促进了漫友文化在行业的影响力和竞争力。

根据马斯洛需求层次理论，精英是一个有着高层次需求的群体，对于这个群体而言，职业生源不仅仅是一只饭碗，更是一个展现自我的舞台。在注重作者自身发展的同时，漫友文化也在拓展对外版权交流业务，不仅要让作品走出去——如金龙奖的获奖作品《80℃》《记得》《我的路》等，输出版权后畅销东南亚和欧美多国。同时，更要让作者走出去，为旗下的艺术家提供了更为广阔的施展舞台：参与举办的"中韩漫画插画大展"，让十多位代表中国原创力量的漫画插画家的作品走出了国门并大放异彩；组织多位内地知名作者赴中国香港动漫节进行签售，在中国香港引发了追逐内地原创动漫的流行时尚；带领金龙奖获奖作者代表出征法国昂古莱姆漫画节，在欧洲大陆掀起了一轮中国原创漫画热潮。而旗下国内知名少女漫画家丁冰更成为首位赴日研修的创作者，其作品《学园 GOD》已经实现中日连载，尤为值得一提的是，由漫友文化包装打造的才女漫画家夏达现已风靡中日，代表作《子不语》与日本顶级漫画大师同刊连载于顶级漫画杂志《Ultra Jump》中，成为国内唯一一部在国内走红后打入日本顶级漫画杂志的原创漫画，其单行本在中日两地均受到动漫爱好者追捧。

平台趋向国际化，人才建设也必然趋向国际化。漫友文化不仅聚集国内人才，还积极开展海外人才倒吸，中国台湾漫画大师敖幼祥老师就是海外人才倒吸的典范。敖幼祥的《乌龙院》系列漫画市场销量在全国动漫图书排行榜上一直位居前列，为了更进一步挖掘《乌龙院》的市场价值，2004 年敖幼祥正式落户广州组建工作室；2008 年年初，漫友文化与敖幼祥签订了十年战略合作协议，根据《乌龙院》本身的特点，漫友文化制定了长期的营销规划，策划了包括《乌龙院大全集》《乌龙院大长篇漫画》《乌龙院四格漫画》《乌龙院爆笑漫画》《乌龙院名作剧场》等多个系列的近百册作品。

其后，漫友文化陆续引进了中国台湾少女漫画天后游素兰作品《倾国怨伶》《天使迷梦》、中国台湾著名漫画/插画家平凡 & 淑芬作品《花好月圆》、中国香港玉皇朝武侠漫画作品《四大名捕》《侠客行》等图书共 120 余册，成功打造了港台漫画登陆内地的优势平台，发行量大，影响面广。同期重点开发的全彩色蔡志忠国学漫画系列广受欢迎，已成为中国漫画市场的经典品牌，几年来畅销不衰，风头不减。2008 年，中国香港漫画家童亦名凭着第一部少女漫画《花样梁祝》一举成名，成为内地漫画爱好者家喻户晓的漫画家，从而，展开了中国香港漫画家落户广州的先河。2009 年 11 月，《花样梁祝》结集出版，随即迎来各地踊跃加货的热潮，读者们强烈的反响超乎预料，这些都进一步巩固了海外动漫人才回国发展的信心。故此，姜智杰、祖安、张家辉等来自中国香港、马来西亚的华人漫画家紧密地聚拢在漫友文化的周围。

### 3）品牌化与明星化相结合

通过金龙奖等活动，漫友文化挖掘到了中国原创动漫人才的"油田"——每一届的参赛选手中都会涌现出一批优秀的、有激情、灵感丰富的动漫人才。但是，如何在众多的动漫人才中发掘到最具市场潜力的明日之星？如何将风格多元的动漫创作往市场接受和需要的方向上引导？如何为动漫原创团队提供相应的服务以使其长期与漫友文化的动漫平台合作，共同成长进步？这些都是摆在漫友文化公司面前的又一个课题。

人才是优秀动漫作品的前提，而优秀动漫作品不仅仅是创意新颖、专业水平出众，更要引人入胜、获得大多读者的青睐。漫友文化作为一个原创动漫平台，就需要实现优秀人才与市场趋势的完美对接，让动漫创作者了解读者喜欢看什么样的动漫，也让读者常常体验由天才的动漫原创者所带来的惊喜。每一届来的优秀人才，漫友文化都会有针对性的为每一位有潜力的动漫人才做深度的跟进，了解其创作风格、创作习惯等。同时，将动漫人才的特点与市场对接。漫友文化参照港台包装娱乐明星的做法，与其签约后，用固定薪酬的形式保证作者的基本生活，同时为其制订一系列的包装计划，安排作品选题、连载、出单行本，并持续投入重金进行商业开发。这样的模式为原创团队营造了良好的创作氛围，改善了漫画和动画创作人的生态环境，同时也有效地将动漫作品的品牌线延伸到其创作者本人身上，实现了作品的品牌化运营与作者的明星化运营的结合。

在这样的一个全新的模式下，漫友文化广纳贤才，着力开发有潜质新人，先后打造了阮筠庭等数十位超级漫画明星，策划推出《我的路》《未成年》《记得》《长安幻夜》等一系列原创动漫精品，其中《我的路》《记得》等作品版权更输出至欧洲、美洲、马来西亚等国家和地区，成为华语动漫的翘楚。同时，在《漫画世界》等幽默漫画杂志整体表现活跃的大背景下，漫友文化迅速培养和推出了朱斌、十九番、李尧、陈晓韵等幽默漫画新星，《爆笑校园》《兔子帮》《泡面超人》等作品的上市，更是引领了幽默漫画的市场井喷，使漫友文化成为中国动漫产业中一支不可或缺的力量。

漫友文化创立的独具中国特色的漫画运营体系和模式，给原创事业增添了无穷信心；同时也实现了创意制作团队与市场销售的协同配合，提高了创意产品向市场效益转化的效率。

**4）产业链延伸**

由于创意产业对传统第一、第二和第三产业具有促进推动和整合的作用，因此几乎所有的文化传播平台都将产业链延伸整合作为自身发展的战略步骤之一。漫友文化的"动漫内容经营平台"与众不同之处在于，在大多数动漫企业机械式地依靠项目与项目之间的叠加来进行产品与产业的延伸之时，漫友文化却以其内部关联为纽带，步步为营地展开其拓展之路。在期刊杂志步步开拓市场的同时，漫友文化便谋划着从现有资源出发进行更深层次的纵向延伸。

以期刊为"试金石"，漫友文化13年来稳扎稳打地策划包装了成百上千种倍受漫迷喜爱的图书，从早期的《80℃》《风筝传说》《我的路》等画风成熟的名家力作到近几年备受少女读者追捧的新生代少女漫画人气大作《楼兰旖梦》《长安幻夜》，再到一经面世即掀起一股强劲的抢购旋风与市场热潮的代表性幽默漫画作品《乌龙院》《爆笑校园》《兔子帮》等，尤其值得一提的是，漫友文化旗下经典图书品牌《乌龙院》更以其全球销售总量超2000万册的赫赫战绩直创下中国原创漫画的发行奇迹。漫友文化以期刊连载"探路"的一系列单行本图书无一不取得了可喜的市场战绩，且在巨大的市场经济效益之外，更以其健康积极的价值取向与优质的内容和精益求精的出版品质缔造了其实至名归的市场美誉度，在频频令业内追风效仿之余，在进一步提升了其品牌价值之余，更为其超越平面出版的空间而进行动漫产业链的纵深延伸打下了坚实的基础。

基于《乌龙院》系列图书所取得的轰动性市场效应，漫友文化趁热打铁地开始对其进行动画片及影视剧方面的开发。其中104集长篇剧情动画片《乌龙院》的制作已经着手进行，其试片已经陆续在部分电视栏目和网络中播出；而以赶超《武林外传》为目标的《乌龙院》同名百集武侠情景喜剧，授权投拍事宜正与国内著名影视制作机构进行意向性协商。

以《乌龙院》为先锋，漫友文化将更进一步整合旗下作品资源，将更多优秀的漫画作品推向电视台及大屏幕。2010年6月9日，漫友文化与国内幽默漫画代表作《兔子帮》的创作者十九番正式签订协议，成立《兔子帮》品牌营销部门，全力开挖《兔子帮》漫画衍生品。当前，已推出包括笔盒、笔记本、笔套等各类文具，以及T恤、手机链、扇子、食品等一百多个品种，而正筹备开发的衍生品预计将达3000多种。

国内，政府和相关部门也已出台了相关政策，鼓励发展新媒体动漫。如以手机动漫为例，根据中国互联网信息中心（CNNIC）发布的《第25次中国互联网络发展状况统计报告》显示，截至2009年12月，我国手机网民达2.33亿，而据第三方报告显示，2010年手机动漫市场规模达6.24亿元，因此手机动漫拥有庞大的受众群。漫友文化抓住契机，借助这一新兴的载体带领中国原创动漫走向新的高峰。这将更好地帮助漫友文化推广漫画作品、提升创作者的影响力和知名度。开发新的动漫媒体，不但可以实现以动漫原创为核心的动漫产品在市场上的迅速推广，创造高额销售业绩，也能建立清晰的盈利模式并加快动漫作品的数字化转型步伐，推动动漫产业集群化发展。

2010年，漫友文化成为首批获得国家级动漫企业认定的企业，而且是获得互联网出版许可证的极少数企业之一。借此机会，漫友成立漫友无线部、动画部等相关部门，与移动、联通、电信等运营商合作，全力开挖数字动漫市场。此外，漫友文化还自主运营了一款手机动漫软件——手机动漫魔盒，包括诺基亚、三星、苹果等国内外品牌手机的300多款机型都可以免费下载该软件，读者可以在手机上看漫画、玩游戏、看动画、参与各类互动等，享受动漫的视听体验。

当前，中国创意产业企业实现创意产品市场价值的关键环节包括：创意的制作过程及对创意产品的规划与管理、创意产品的发布及销售渠道、创意产品所覆盖知识产权的维护等。漫友文化通过品牌化与明星化的动漫文化平台运作，在动漫刊物发行市场中打通了以上三项关节，进一步地把握转型期的契机，实现了动漫平台在图书、影视、动漫形象衍生品、新媒体方面的延伸。当实现了产业延伸之后，漫友文化又能够突破一些相关产业的一些"瓶颈"。例如，原来动画片发行过程受到委托发行的电视台的扯制，由于委托代理关系中的产权不清晰，动画片制作发行商的盈利模式并不清晰。现在漫友文化借助手机新媒体，就可以寻求对原有动画片盈利模式"瓶颈"的突破。

### 5.4.2 广州漫友文化整合网络演化

将以漫友文化为核心的整合网络演化发展的各个阶段进行整理得到图5-2~图5-4。其中不难发现，漫友文化建立其整合网络的过程是一个"曲线救国"的路径：首先建立与政府部门的联系，其次再着重加强政府部门和行业协会与学会的联络，最后再回归到产业链上，加强与上下游（尤其下游）企业的联盟与合作。目前在其整合网络中（如图 5 – 4 所示），最多的是动漫产业的相关企业，包括媒体企业和动漫制作类的技术型企业；各级各地政府的职能部门，包括出版总署、文化部，也包括广州、北京、西藏等地方政府职能部门；还有就是包括中国、日本、韩国等国动漫产业的相关研究会和协会。

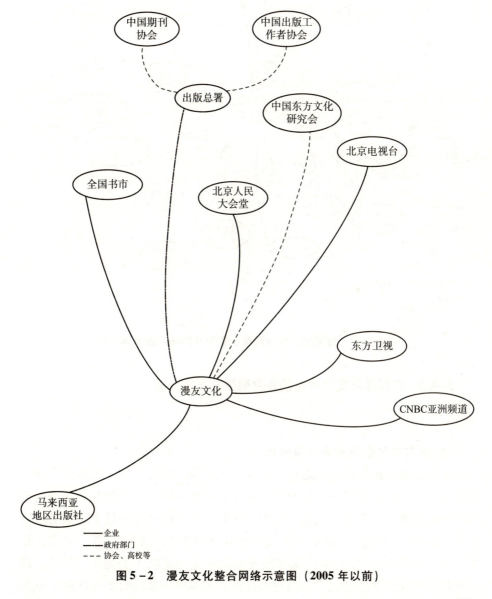

图 5 – 2　漫友文化整合网络示意图（2005 年以前）

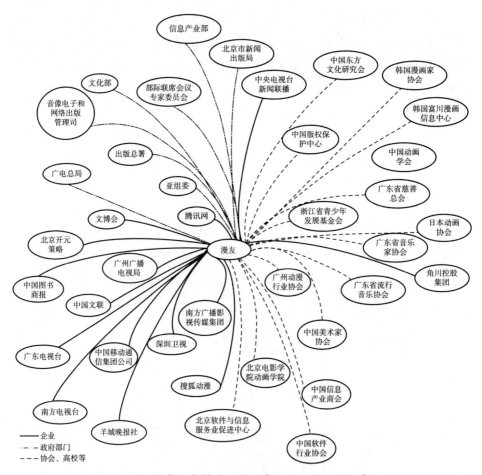

图5－3　漫友文化整合网络示意图（2006～2008年）

### 5.4.3　广州漫友文化企业的整合网络与竞争分析

**1）漫友文化企业竞争行为分析**

分析漫友文化从成立到现在的重大事件发现，漫友文化采取全国市场行为的水平远远高于区域性市场行为的水平，这也说明漫友文化是一个坚持全国市场战略的文化企业。但是，漫友文化在竞争策略的复杂性上，缺乏组合优势。表5－4表明，企业的全国复杂性比区域复杂性更差一些，且震荡更为剧烈（标准差更大），由此说明漫友文化在竞争策略上的局限。另外，漫友文化的整合网络保持相当的高度多样性，基本每年都同时要保持和维护多

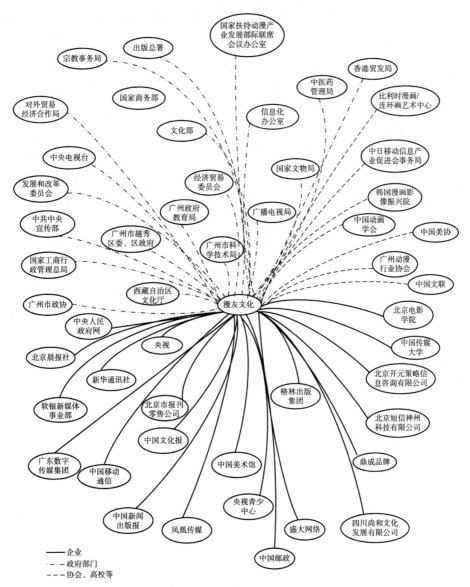

图 5-4 漫友文化整合网络示意图 (2009~2013 年)

个方面的外部关联关系。相比之下,漫友文化所极力维护的外部关联对其发动提高全国性行为的频次有显著的正向促进作用;而对提高区域行为的复杂性也具有正向的促进作用。这说明两种可能:(1)目前漫友文化的整合网络并不是完全以其企业竞争和发展为目的的,有的整合是迫于适应当前的制度生态，因此这种外部整合难以反映到企业市场性的竞争行为中来；（2）漫友文化对目前企业的整合网络体系还没有构建出有效的管理模式，整合网络的资源和能力能够有效地提高全国市场行为频次，目前漫友文化的竞争战略多是从增加全国行为频次上入手的，但是从全国整体出发，竞争策略的复杂性难以提高，也就难以构建竞争壁垒，而区域竞争策略复杂性也受网络密度的影响。无论是哪一种情况，都说明在当前特殊的产业生态环境下，漫友文化的竞争战略和整合网络体系存在割裂。到底应该坚持什么样的竞争战略既能巩固其在国内的优势地位并进一步提升国际竞争力，而且还能满足中央和地方围绕文化产业的政策差异，这不仅是漫友文化需要回答的战略问题，也是整个广州文化企业亟待回答的战略问题。

表5-4 漫友文化竞争行为相关分析

| | 均值 | 标准差 | 全国市场行为频次 | 区域市场行为频次 | 全国复杂性 | 区域复杂性 |
|---|---|---|---|---|---|---|
| 全国市场行为频次 | 4.470588 | 4.665266 | 1.000 | | | |
| 区域市场行为频次 | 0.411765 | 1.00367 | 0.433 | 1.000 | | |
| 全国复杂性 | -12.7011 | 54.19337 | 0.776 ** | 0.347 | 1.000 | |
| 区域复杂性 | -10.7734 | 15.39939 | 0.476 | 0.634 ** | 0.495 * | 1.000 |
| 网络密度 | 9.705882 | 16.22407 | 0.499 * | 0.416 | 0.393 | 0.530 * |

　　由于制度环境的特殊性，动漫企业需要通过加强与政府各个部门之间的关联，提高自身的竞争优势。回顾漫友文化各年度的新闻报道和大事记发现，漫友文化与不同层级的政府部门达成关联或合作的过程中，原本这样的层级越高越有利于突破区域市场壁垒，但是对比发现（如图5-5所示），政府部门的层级与全国市场性行为频次的关联性比其与区域市场性行为频次的关联性更强一些。这也反过来说明动漫行业的特殊性，即行业政策环境的复杂性，企业单靠获得高层政府部门的认同与支持并不能有效地转化为竞争优势。

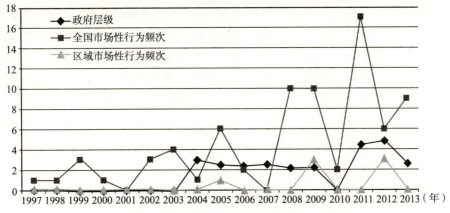

图 5 - 5　漫友文化市场性行为与关联政府部门层级的对比

### 2）漫友文化整合网络特征及其与竞争战略的关联

漫友文化等动漫企业在转型期特定的制度环境下，通过整合政府资源和企业资源两个板块，适应当前的产业生态环境，并提升行业竞争力水平。分析漫友文化的生态网络特征可发现，企业生态网络的行为张力不足（包括全国行为和区域行为的网络张力），这也进一步说明漫友文化的企业整合网络不仅仅是以竞争战略为目标的。相应地，政治关联的结构洞水平比较高，但是结构洞水平也是与全国行为频次与区域竞争复杂性构成正向的相关性（如表 5 - 5 所示）。

对比 1997～2013 年漫友文化每年的政府关联结构洞（图 5 - 6 中简称"政府结构洞"）水平与全国和区域市场性行为频次，不难发现，政府结构洞的变化与企业全国市场和区域市场行为的频次变化并没有明显的趋同性。而整合网络的网络密度则与企业的竞争频次变化之间形成比较明显的趋同性，漫友文化整合网络的关系结构与企业行为频次之间没有形成相对明显的趋同性。

由图 5 - 6、图 5 - 7、图 5 - 8 表明，漫友文化在过去十多年构建整合网络的过程中，其企业基本战略选择是针对全国市场并整合渠道资源的战略。这是因为渠道资源对于动漫的制作资源汇聚是起决定性作用的，漫友文化通过一系列外部整合，整合了多元化、跨平台的动漫发行发布渠道平台。同时，企业在进入全国市场的过程中，事实上商业生态网络对其的作用非常有限。一方面，在整合网络中，漫友文化并不一定起主导作用，而常常作为跟随角色受到政府部门的牵制；另一方面，在生态网络中，关联的单纯密度对漫友文化全国市场性行为的频次构成影响，但却难以在全国性市场渠道帮助漫友文化通过复杂性的竞争策略构建竞争优势和壁垒。也就是说，漫友文化的生态网络并不一定以自己为中心，且这个网络并没有让漫友文化在动漫市场竞争中构建壁垒。因此，漫友文化目前的竞争优势并不稳定，也并不由漫友文化自身所决定。另外，在生态网络中，漫友文化的政治结构洞水平同样也不能为企业竞争行为带来转机。漫友文化接触到的高层政府部门很大程度上是为了获得行业合法性而支付的"交易成本"，而不是为了构建行业竞争优势所采取的整合手段。所以，在当前的产业生态中，漫友文化需要支付高额的交易费用，但却不能有效地将整合网络的资源转化为绩效和竞争优势。

表5-5　　　　　　漫友文化竞争行为与整合网络特征相关性分析

|  | 均值 | 标准差 | 政治关联结构洞 | 全国行为网络张力 | 区域行为网络张力 |
|---|---|---|---|---|---|
| 全国市场行为 |  |  | 0.601 * | 0.726 ** | 0.584 * |
| 区域市场行为 |  |  | 0.479 | 0.492 * | 0.587 * |
| 全国复杂性 |  |  | 0.421 | 0.600 * | 0.302 |
| 区域复杂性 |  |  | 0.491 | 0.523 * | 0.817 ** |
| 网络密度 |  |  | 0.963 ** | 0.910 ** | 0.493 |
| 政治关联结构洞 | 24.89388 | 37.52427 | 1.000 | 0.950 ** | 0.534 * |
| 全国行为网络张力 | -8.00033 | 56.15218 |  | 1.000 | 0.548 * |
| 区域行为网络张力 | -16.9114 | 64.33588 |  |  | 1.000 |

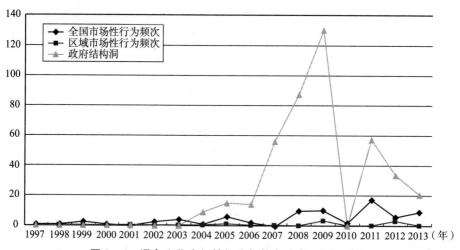

图5-6　漫友文化市场性行为与整合政府结构洞对比

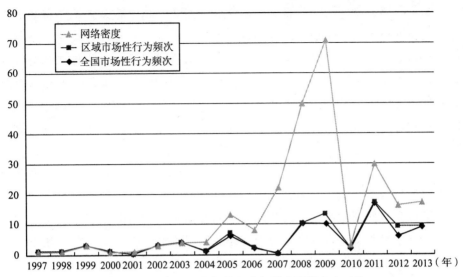

**图 5 - 7   漫友文化市场性行为与整合网络密度对比**

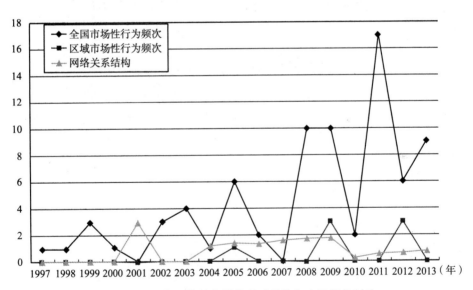

**图 5 - 8   漫友文化整合网络关系结构与市场行为对比**

## 5.5   文化企业的外部整合与企业竞争优势的构建

漫友文化的案例向我们表明了这样一个基本结论：

第一，漫友文化等文化企业外部整合的对象包括了创新机构与资源、产业关联企业以及包括政府部门在内的社会资源。并且，在漫友文化整合网络的构建过程中，与市场紧密关联的社会资源整合成了漫友文化最初整合的重点；而后漫友文化将注意力集中到了对创新能力的整合上来，除了利用"金龙奖"等全国大赛搜罗创意人才外，还"走出去"与日本、韩国动漫协会、动漫研究院建立合作、交流，从而强化了漫友文化在动漫创作、动漫作品制作与发行方面的专业能力。

第二，漫友文化对外部资源整合过程中，形成了从内容合作、到团队合作、到产品合作、到延伸品合作的一系列整合方式。对创新团队与人才，也构建了从完全外部采编逐步过渡到完全内部员工化管理的多层次的人才管理模式。由于漫友文化自身资金规模较小，所以恰恰使漫友文化在十几年的发展中锻炼出了对非股权整合的经验与优势。

第三，作为一家媒体企业，漫友文化对媒体的整合扩张方式也有鲜明的规律：同类的动漫纸媒，漫友文化崇尚自己增刊、创刊，增加产品线，用自建模式进行整合，而不同类的媒体渠道，则通过战略联盟、合作等方式完成多元化媒体整合。

第四，漫友文化的外部整合呈现明确的网络化特征。同时其整合网络并不是一个整体网，而是具有多个子网络的超网络，其中主要的子网络包括：政府关联和社会资源网络、产业关联企业网络以及动漫专业性的创新网络。漫友文化用以整合和管理外部资源的模式就是一个平台模式，漫友文化实质上有三个平台：人才平台、媒体内容平台和专业性比赛的平台，不同的平台整合不同的资源，也有不同的平台运营模式及管理流程规范。

第五，漫友文化的竞争行为，体现了其战略定位，即立足于全国整合网络展开其动态竞争。同时，企业的竞争行动多以复杂多样的策略组合为主，但是漫友文化非常注意全国整合网络与区域整合网络之间的平衡。在全国整合网络中，漫友文化依托行业地位（结构洞）发动竞争行动；而在区域整合网络中，漫友文化的一些竞争动作则依据其与广州区域社会资源的关系程度（网络关系结构）来展开。

根据漫友文化的案例分析，我们基本上印证了本章第一、第二节关于文化企业整合战略及其模式的判断。我国文化企业竞争优势的构建，依靠企业外部整合网络的构建。但是，漫友文化的案例却进一步将我们引向更深层次的问题。

首先，漫友文化的案例表明，企业构建整合网络本身并不能有助于竞争优势的建立，企业竞争行动才是获得优势的必然手段。那么，在整合网络中，什么样竞争策略能够帮助企业建立竞争优势呢？

其次，漫友文化的案例表明，文化企业外部整合网络从本质上来讲整合了三种资源：人力资源、企业商业资源和社会资源，这与文化企业通过智力活动创造价值一脉相承。因此，在这个整合网络中，企业智力资本可能是整合网络中重要的战略性资源。如何有效地发挥文化企业智力资本的作用，将决定企业竞争优势的可持续性。

最后，漫友文化的案例表明，政府关联并不能直接作用于绩效与竞争，文化企业整合社会资源的本质在于获得合法性，帮助企业降低文化产品前期投入的风险。那么，组织合法性在文化企业发挥智力资本和动态竞争的过程中，又是如何起作用的呢？文化企业对政府的干预"既爱又恨"，如何保持与政府适宜的距离，是当今文化企业普遍面临的难题。

后面的章节，我们将试图对上述问题逐一回答。

## 本章参考文献

[1] 蓝海林. 转型中的中国企业战略行为研究 [M]. 华南理工大学出版社，2007.

[2] 吴敬琏. 健全中国公司的治理结构 [J]. 经贸导刊，2000，(2)：4-5.

[3] 王晓健. 中国企业地域多元化的控制机制研究：信息技术能力的视角 [D]. 华南理工大学，2010.

[4] 尤勇. 子公司与分公司的区别 [J]. 国际商务财会，2002，(7)：745-747.

[5] 李忠民. 略论销售分公司的财务控制方法 [J]. 上海会计，2003，(11)：26-28.

[6] 高英. 公司组织结构选择：母子公司制与事业部制 [J]. 时代经贸：学术版，2006，4 (S1)：28-30.

[7] 蓝海林. 以国际思维谋区域营销——应对高度分割的国内市场 [J]. 北大商业评论，2014，(6)：74-75.

[8] 皮圣雷，蓝海林. 中国横向整合企业竞争策略组合与组织协调性：转型期制度情境的调节作用 [J]. 管理世界，2014 (4)：81-89.

[9] Yip G S, Loewe P M, Yoshino M Y. How to Take Your Company to the Global Market [J]. Columbia Journal of World Business, 1988, 23 (4)：37-48.

[10] Yip G S. Global strategy... in a world of nations [J]. Sloan Management Review, 1989, 31 (1)：29-41.

[11] Bartlett, C. A. &Ghoshal, S. Managing across borders：The transnational solution

Boston ［M］. MA：Harvard Business School Press，1989.

［12］ Hennart，J. F. The transaction costs theory of joint ventures：An empirical study of japanese subsidiaries in the united states ［J］. Management Science，1991，37（4），483 – 497.

［13］ Li S，Scullion H. Developing the local competence of expatriate managers for emerging markets：A knowledge-based approach ［J］. Journal of World Business，2010，45（2）：190 – 196.

［14］ Ali HajShirmohammadi and William C. Wedley. Maintenance management-an AHP application for centralization/decentralization ［J］. Journal of Quality in Maintenance Engineering，2004，10（1）：16 – 25.

［15］ Chen M J. Competitor analysis and interfirm rivalry：Toward a theoretical integration ［J］. Academy of Management Review，1996，21（1）：100 – 134.

［16］ 皮圣雷. 转型期中国横向整合企业动态竞争与管理模式研究 ［M］. 经济科学出版社，2014.

［17］ Ferrier W J，Grimm C M. The Role of Competitive Action in Market Share Erosion and Industry Dethronement：A Study of Industry Leaders and Challengers ［J］. Academy of Management Journal，1999，42（4）：372 – 388.

［18］ Nayyar，P. R. ，K. A. Bantel. Competitive agility：A source of competitive advantage based on speed and variety ［J］. Advance Strategic Management，1994，10A，193 – 222.

［19］ Gnyawali D，He J，Madhavan R. Impact of Co – Opetition on Firm Competitive Behavior：An Empirical Examination ［J］. Journal of Management，2006，32（4）：507 – 530.

# 6

## 文化企业整合网络中的智力资本

### 6.1　文化企业的智力资本

#### 6.1.1　智力资本及其战略作用

2015 年有个新的概念成了文化产业关注的热点：IP（知识产权）。2015 年电影产业中一个突出的现象是对 IP 运营并电影产品化。同年刚好有两部电影采用了同一个 IP，那就是小说《鬼吹灯》，但最终源自统一 IP 的两部电影票房却相去甚远。《九层妖塔》前期投入大量的宣传推广却只换来聊聊上座率，而《寻龙诀》则被粉丝奉为"正宗摸金范儿"而票房大热。我们不由得纳闷，同样源自《鬼吹灯》的两部电影，怎么会有如此差别？其实文化产业就是这样一个行业，每一个独立的文化作品或产品都面临着几乎同样的市场风险，无论你"爹娘"多有名。每一个产品都有其自己独立的制/创作团队，有一个或多个文化企业为之付出各种劳动，投入各种资源。而在这各种资源中，人的劳动，尤其是智力劳动将决定这个产品最终的市场表现。在经济管理领域，我们把这种智力的投入折算成资本投入，并赋予一个专门的称谓：智力资本。

**1）智力资本的概念与构成**

最早，智力资本作为人力资本的同义词由塞尼儿（Senior）于 1836 年提出，认为智力资本是个人所拥有的知识和技能的总和（Bontis，2001）[1]。至今，大批学者对其概念进行了充分讨论，主要包括四种观点：第一种是无形资产论，认为智力资本是使得组织得以运作的无形资产的总和（Hudson，1997；Knight，1999）[2~3]；第二种是信息科学技术论，认为智力资本是组织中的信息及信息管理技术的总和（Davenport，1998）[4]；第三种是人力资源管理论，认为智力资本与人力资源管理密切相关，是员工能力（Competence）与员工对组织承诺（Commitment）的乘积（Boudreau & Ramstad，1997；Ulrich，1998）[5~6]；第四种是知识管理论，认为智力资本是在企业的生产及管理活动中由组织知识转化而来的能够使企业实现市场价值与现有资产增值的知识资源的总和（Serenko & Bontis，2004；Burgman & Roos，2007；Pablos，2002；Truls，et al.，2003）[7~10]。尽管对智力资本概念界定上视角有所差异，但从本质上讲，智力资本是企业拥有或者控制的知识和能力，其焦点是价值的创造和萃取，是组织中最有价值潜力的脑力资产，也是组织中各种隐性知识以及能被组织文化或者结构化的显性知识的总和（Sullivan，2000）[11]。

由于对智力资本概念界定上的差异，西方学者对智力资本的构成也存在很多不同的观点，其中最重要的包括鲁斯（Roos）等的两因素结构（Roos，et al.，1998）[12]、艾德文森（Edvinsson）的三因素结构（Edvinsson，1997）[13]、巴斯（Bassi）和范布伦（Van Buren）根据卡普兰（Kaplan）的平衡计分卡框架所划分的五因素结构等三种观点（Bassi & Van Buren，1999）[14]，本节总结了主要文献的构成分类，如表6-1所示。

表6-1 智力资本结构分类汇总表

| 学者代表 | 结构类型 | 具体内涵 |
| --- | --- | --- |
| 鲁斯（Roos） | 两因素结构 | 人力资本：源自于个体的竞争能力、工作态度与智力机敏性<br>结构资本：包括关系资本（指组织与顾客、供应商、股东、联盟伙伴及其他利益相关者之间的关系）、组织资本（指组织的创新、流程、知识产权等）及更新与开发资本（指任何能在未来创造价值的活动） |
| 艾德文森（Edvinsson） | 三因素结构 | 人力资本：指组织成员个人的能力、知识、技术、经验等的总和<br>顾客资本：指组织的所有关键关系的总和<br>结构资本：指组织成员无法带走的组织内部稳定存在的资本 |

| 学者代表 | 结构类型 | 具体内涵 |
|---|---|---|
| 巴斯（Bassi）和范布伦（Van Buren） | 五因素结构 | 人力资本：指企业员工与管理者的知识、技能与经验<br>结构资本：指信息科技、公司形象、组织思维、专利、商标和著作权等<br>创新资本：指企业的革新能力、创新成果、开发新产品与服务的潜力<br>流程资本：指工作流程和专业技术等方面<br>顾客资本：指企业与顾客之间关系的总和 |

尽管不同研究者提出的智力资本结构包含不同的因素，但总体来说，几乎所有研究者都认为智力资本结构中包括人力资本（Human Capital，HC）、结构（组织）资本（Structure Capital，SC）及关系（顾客）资本（Relation Capital，RC）三个组成要素。因此艾德文森（Edvinsson）的智力资本三因素观点得到了大多数研究者的认同，也是目前应用最为广泛的一种分类方法。其中，关系资本作为组织关键关系的总和，受到组织内外部环境的影响，具有很强的流动性与易变性。而结构资本的稳定性特征恰好与之形成对应，因而不能简单划归结构资本范畴（Petty，2000）[15]。流程资本与创新资本作为体现组织内部管理与运作情况的资本要素，从根本上讲是组织的一种支持性结构，应该属于结构资本的范畴。因此，基于人力资本、结构资本和关系资本的三因素观点最能体现智力资本的本质特征，也符合智力资本多元性的特点。

### 2）智力资本对企业成长的战略意义

随着信息时代的来临，智力资本的重要性越来越受到人们的重视。不少学者纷纷加入到围绕智力资本对企业成长绩效作用的探讨之中。

郑美群（2004）的研究提出，在目前买方市场环境下，激烈的竞争使关系资本对企业绩效提升的作用越发显得重要。有学者同样认为，顾客若对某产品或服务建立了忠诚度，会扩大消费或再次购买，还会有尝试该企业产品或新产品的冲动，并向身边人介绍这家企业产品或服务（郑美群、蔡莉、周明霞，2004）[16]。所以，良好的客户关系对企业绩效的提升和促进企业成长具有积极作用。当然，与上下游客户的信任关系、协同关系及合作关系也十分重要，可防止沟通不畅及信息不对称等情况的出现，对降低交易成本也有积极效应。此外，蒋天颖和王俊江（2009）也提出，关系资本对企业绩效具有正面影响，企业若与政府相关部门建立良好的关系，企业获得内部信息可能性就会增加，得到政府政策支持及优惠的可能性也大大加强，有时会以很小的付出得到很多对企业发展很重要的战略性资源（蒋天颖、王俊江，2009）[17]。当然，也有个别学者认为，关系资本难以单独发挥作用，在网络信息高度发达的今天，开发和建立关系的成本不断下降，关系资本价值同样也在不断降低，甚至维护关系所花费的成本越来越多，因此关系资本也会给企业增加某些负担。

### 6.1.2　问题：智力资本从哪里来，到哪里去？

在文化产业领域，近来随着 IP 的兴起，内容型结构资本的作用逐渐变得重要和备受关注，一个好的 IP 可以经过影视剧、游戏、衍生商品等变现形式为企业创造数亿甚至数十亿元的价值。因此版权、软件、发明专利等智力资本对当下文化企业的绩效及成长性也越来越重要。但是，文化企业如何锻造一个好的 IP 呢？这需要的就是企业整体的创新能力。而文化企业整体的创新能力则来源于对智力资本的整合与培育。

但是，我国的文化企业往往不能完整地获取和控制智力资本。这是我国大多数文化企业面对 IP 战略望洋兴叹的关键！试想一下，在一个"半产业化"的行业中，主要的专用性资源都还没有完全进入市场化的发展阶段，这个行业中的智力资本就不可能都被整合到企业组织边界以内，一定有相当数量的各种智力资本，处于游离于市场中的状态。这也是文化企业外部整合网络所想要实现的战略目标：试图在企业边界以外完成对各种智力资本的整合，而不是都引入到组织边界以内。如果要实现这样一个目标，我们还至少需要围绕文化企业智力资本的作用回答这样一个问题：文化企业整合网络中，应该侧重对哪些智力资本进行整合？什么样的智力资本才是企业整合网络中最为重要的创新资源？智力资本中包含人力资本、结构资本和关系资本。事实上，从企业经营的角度来看，文化企业在某一个时期只能侧重于某一类智力资本来集中整合，而另一个时期就换做另外的。例如前面提到的漫友文化，最初侧重整合漫画创作人才，而后来则侧重整合跨区域的媒介资源。这些都是智力资本，前者属于人力资本，而后者则属于企业的关系资本。那么，在当前时期，对于我国文化企业而言，哪种智力资本才是最重要的呢？

## 6.2 中国文化企业整合网络中的智力资本

### 6.2.1 文化企业智力资本的主要构成

文化企业的核心价值创造在于创意与内容制作。因而智力资本对于文化企业应算得上是其战略性的资源。但是智力资本这个"战略性"资源还是太宽泛，一是智力资本概念本就模糊，二是智力资本还有三个构成部分，因而在文化产业这样一个特殊行业中，哪些是智力资本，资源的形式或形态如何，这些都是文化企业面对整合智力资本时手足无措的问题。我们可以从智力资本一般性的三个构成部分的定义出发，逐个探讨。

首先是人力资本。顾名思义，只要是人力资源方面的投入，或企业将人才、人的智力劳动等投入到经营之中的，就算是人力资本。这个概念其实包含了两层意思，一是企业投入资金吸引的人才，二是企业将各种人才配置组合在一起，并且投入于某一项具体的经营活动。也就是说，对于企业而言，整合、引进人才的投入算是人力资本，而企业人力资源本身的使用或配置也算是人力资本。因为文化企业生产活动依靠的是专业化文化创意人才，所以文化企业人力资本所涉及的"各种人才"应是围绕文化产品创作、生产和销售运用的各种专业化人才。具体地讲，我们可以将文化企业的人力资本按专业技能划分为内容创作、产品/产业化、推广与营销等若干类型。而对不同专业类型人才的整合与使用（投入）应根据不同文化企业的基本经营战略而有所侧重。有的时候，并不是文化企业没有意识到人才的重要性，而是他们误解了"文化人才"的范围，只把内容创作人才作为文化企业的唯一人力资本。结果，要么筑巢引不了凤，要么引来了凤却并没有改善企业的现状。

其次是结构资本。结构资本主要是指以企业组织为整体的知识或信息，这里面也包含两个方面，一方面是企业在经营过程中形成的特有的管理方法或规程规范，例如波士顿咨询公司通过几百个企业咨询的案例回顾，总结提炼出著名的波士顿矩阵。其实像这样的管理手段、工具、技巧或知识，每个企业都会在理论的基础上结合自身的特点在某些特定环节上形成若干带有自己特色的管理方法，只是有的企业善于总结，有的企业则经常忽视。这种组织知识需要经过长期的积累才能够累积到一定的水平，并对企业竞争力有所影响，我们暂且称之为结构资本中的非无形资产。另一方面则是企业的各种知识产权或无形资产，包括企业的品牌、形象权、各种专利（发明专利、实用新型专利和外观设计专利），以及企业在行业中的商誉、信用等。这些结构资本随着转型升级而被企业逐渐重视，目前文化产业围绕 IP 的各种疯狂皆是源于对这种结构资本在市场、资本、政府政策倾斜等方面"爆炸性"效益的追捧。

最后就是关系资本。学者们最初的命名其实是"客户关系资本"，而后来慢慢的"客户"两字就被弱化了。关系资本原本指的是企业在供应链上下游与供应商、销售商或客户形成的某种商业关系，这种关系会使得企业能够获得供应商、经销商的更多支持，尤其是在产品和技术创新方面。对应文化产业，由于前面几章我们讨论过，我国文化产业尚未形成非常明晰的产业链，而更多的是产业网，所以对于文化企业而言，关系资本就不只存在于企业与其供应商、经销商之间，而是在企业外部整合的整个网络中存在。因此对于文化企业而言，关系资本几乎可以等同于社会资源。处于外部整合网络之中，企业将同时接触到各种社会关系，一个企业或者一个人很难做到"八面玲珑"地处理好并利用好所有的社会关系。因此，不同的文化企业需要根据自身战略定位与选择，侧重整合某一类社会资源。

### 6.2.2 整合网络中智力资本的作用

在当今中国文化产业特殊的发展阶段，文化企业正面临着激烈的竞争且动态的市场消费环境和复杂多元的制度环境，文化企业的竞争优势已很难通过土地、厂房设备等有形资产形成，而必须是通过知识价值、创意驱动、信息资源等无形资产方面进行创新和开发而获得。智力资本对于文化企业的作用不言而喻，加上卡马特（Kamath）、景莉、李平等学者的研究也证实智力资本对绩效与企业成长的作用机理（Kamath，2007；景莉，2006；李平，2006）[18~20]。因此，我们几乎可以断定智力资本及其三个组成部分对文化企业绩效增长的作用。但是在本章我们的研究问题并不止步于此，我们希望更进一步发掘文化企业经营战略过程中，哪一种智力资本是企业优先外部整合的资源，哪一种智力资本的作用可能被多数企业忽略。

基于这样的想法，我们在文化企业智力资本的具体内涵基础上，对应第4 章的讨论，希望能够给出不同经营战略的文化企业需要在外部整合中侧重获取和积累何种智力资本的解决方案。

首先，从市场范围选择上看，选择了哪一个市场范围，就意味着需要在哪一个市场范围中整合社会资源，也即关系资本。因而，选择本地市场的文化企业侧重本地关系资本的整合，而选择跨区域市场的文化企业则侧重对应范围的跨地区社会关系资本的整合。

其次，从专用性资源整合的视角看，以整合专业性资源建立核心能力的文化企业侧重搜寻和整合内容创作与产品化的人力资源，同时也会重视对企业结构资本的整合，包括非无形资产和无形资产。而以整合渠道性资源来建立核心能力的文化企业则侧重内容创意与推广/营销人才的整合，同时侧重结构性资本中的无形资产，而对非无形资产的渴求程度并不强烈。以整合一般性资源建立核心能力的文化企业往往侧重挖掘和整合产业化与推广/营销等方面的人力资源，同时也侧重结构性资本中的无形资产，而对非无形资产的渴求程度并不强烈。

最后，从文化企业进入的媒介渠道来看，主要在单一媒介渠道中的文化企业往往侧重内容创作型与产品化方面的人力资源，并侧重结构性资本中的无形资产；在跨媒介渠道中的文化企业往往侧重内容创作型与营销方面的人力资源，同时也偏重无形资产和非无形资产；而进入并整合了非市场化媒介渠道的文化企业则往往侧重内容创作型的人力资本，同时还偏重无形资产。

我们将上述分析对应成表 6-2、表 6-3。在第 4 章我们划分文化企业的多种经营战略选择中，每一种战略选择其实都有其需要侧重从外部整合的特定智力资本。但是总体来看，我们发现了这样的规律：

1）围绕文化内容创意、产品成型、营销推广等多个环节的人力资本是所有战略选择的文化企业都会注重并通过外部整合网络获取的。

2）关系资本是任何一个企业必须在外部整合网络中整合的。

3）文化企业的结构资本分化为无形资产和非无形资产，其中只有无形资产被各种战略选择的企业所关注，但是非无形资产却少有企业关注。

为了论证我们的推断，我们设计了如下的实证研究假设，通过实证研究试图论证上述的论述。

**H1a：**智力资本对企业成长构成正向的促进作用。

**H1b：**人力资本对企业成长构成正向的促进作用。

**H1c：**结构资本对企业成长构成正向的促进作用。

**H1d：**关系资本对企业成长构成正向的促进作用。

表6－2　　　　　不同经营战略的文化企业对智力资本的外部整合

| | | 专业性资源整合 | 渠道性资源整合 | 一般性资源整合 |
|---|---|---|---|---|
| | | （1）侧重内容创意型与产品化人力资本<br>（2）侧重性结构资本中的非无形资产和无形资产 | （1）侧重内容创意型与推广/营销人力资本<br>（2）侧重性结构资本中的无形资产 | （1）侧重产业化与推广/营销人力资本<br>（2）侧重性结构资本中的无形资产 |
| 本地市场 | 侧重本地关系资本 | 区域性创新平台：对本地关系资本、内容创意型、产品化型人才，以及结构性资产整合 | 区域性创新/传播平台：对本地关系资本、内容创意型、推广/营销人才，以及结构性无形资产整合 | 区域性产业平台：对本地关系资本、产业化型、推广/营销型人才，以及结构性无形资产整合 |
| 跨区域市场 | 侧重行业性的关系资本 | 跨区域创新平台：对行业性关系资本、内容创意型、产品化型人才，以及结构性资产整合 | 跨区域创新/传播平台：对行业性关系资本、内容创意型、推广/营销人才，以及结构性无形资产整合 | 跨区域产业平台：对行业性关系资本、产业化型、推广/营销型人才，以及结构性无形资产整合 |

表6－3　　　　　不同媒介渠道企业对智力资本的外部整合

| | | 单一媒介渠道 | 跨媒介渠道 | 整合非市场化的媒介渠道 |
|---|---|---|---|---|
| | | （1）侧重内容创意型与产品化人力资本<br>（2）侧重性结构资本中的无形资产 | （1）侧重产业化与推广/营销人力资本<br>（2）侧重性结构资本中的非无形资产 | （1）侧重内容创意型人力资本<br>（2）侧重性结构资本中的无形资产 |
| 本地市场 | 侧重本地关系资本 | 区域性创新平台：对本地关系资本、内容创意型、产品化型人才，以及结构性无形资产整合 | 区域性传播平台：对本地关系资本、产业化型、推广/营销型人才，以及结构性非无形资产整合 | 区域性创新/产业平台：对本地关系资本、内容创意型人才，以及结构性无形资产整合 |
| 跨区域市场 | 侧重行业性的关系资本 | 跨区域创新平台：对行业性关系资本、内容创意型、产品化型人才，以及结构性无形资产整合 | 跨区域传播平台：对行业性关系资本、产业化型、推广/营销型人才，以及结构性非无形资产整合 | 跨区域创新/产业平台：对行业性关系资本、内容创意型人才，以及结构性无形资产整合 |

# 6.3 研 究 设 计

## 6.3.1 变量选择

**1）因变量**

我们选择企业财务绩效作为本章实证研究的因变量。

**2）自变量**

综合国内外学者对智力资本的概念界定（如表 6 - 1 所示），我们对智力资本做如下操作性定义：智力资本是一种组织的无形资产，是指依托企业拥有的人力资源，能够被企业控制并有效利用为组织创造价值的组织或其成员所拥有的所有知识和能力，不仅包括知识、知识产权、信息、智力财产、经验等能运用并创造组织财富的智力总和，还包括企业与相关利益者互动社会关系网络带来的潜在资源与价值。

**3）控制变量**

企业绩效除了受到创业导向、智力资本和组织合法性等变量影响外，还将受到其他因素（如企业所处环境、企业规模、成立时间等）的影响，所以我们选取企业所在成立年数、员工人数、总资产及地域为控制变量。

## 6.3.2 量表设计

智力资本本身具有隐形性和流动性的特征，而目前我们还没有完整描述的方法与量表出现。结合文化企业组织智力资本的操作性定义，我们重点参考了博恩提思（Bontis，1996）、陈（Chen，2006）和朱（Zhu，2004）等实证研究中关于智力资本的量表，并结合专家的意见，对相关题项进行了修订和增减（Bontis，1996；Chen, et al.，2006；Chen J.，Zhu Z.，& Xie H. Y.，2004）[21-23]。我们将智力资本划分为人力资本、关系资本、结构资本三个维度，并逐个建立分量表，总包含 13 个条目（如表 6 - 4）。每个条目都为五分量表（武博、闫帅，2011；Bontis，1996）[24,21]。其中人力资本指公司所有员工的知识、技能、变革以及掌握自己任务的能力（Edvinsson，et al.，1997）[25]总和，包括四个子题项：态度和技能、培训投入、创新意识、管理者的能力。结构资本是指企业实现战略目标所必需的各种能力，包括五个题项：结构有机性、流程灵活性、制度合理性、文化引导力、知识管理（包括版权及专利等知识产权）。关系资本是指企业在各利益相关方所构成的社会关系网中所获取到的潜在资源与价值，由四个题项构成：顾客关系、供应商关系、企业与政府关系、企业与其他利益关系。

表 6 - 4                          智力资本测量量表

| 维度 | 编号 | 题项内容 | 来源① |
|---|---|---|---|
| 人力资本 | IC11 | 我们所掌握的知识技能可以解决工作上的所有问题 | |
| | IC12 | 我们的工作积极性很高 | |
| | IC13 | 企业管理者的领导能力很强 | |
| | IC14 | 企业员工的流失率很低 | |
| 结构资本 | IC21 | 企业拥有合理完善的组织结构 | Bontis（1996）[21]、陈哲明（Chen）[22]、Edvinsson, et al.，1997[25] 和 Zhu（2004）[23] |
| | IC22 | 我们都很认同企业的企业文化 | |
| | IC23 | 我们都认为企业的管理政策科学合理 | |
| | IC24 | 我们认为企业的整体运作效率很高 | |
| | IC25 | 我们认为企业拥有支持发展的各种知识资源且配置合理 | |
| 关系资本 | IC31 | 企业能正确地处理与合作伙伴、竞争对手的关系 | |
| | IC32 | 企业能与顾客、供应商保持长期信任关系 | |
| | IC33 | 企业能够较好地处理与政府部门、金融机构的关系 | |
| | IC34 | 企业各部门间、员工之间能够相互协作 | |

相比基于二手数据测度企业绩效（Kimberly，1976；张洪兴、耿新，2011）[26~27]的方法，问卷调研可以更为深入和细致，同时也尊重和保护受访者的商业信息。我们参考张瑾（2009）对企业绩效的测度，在问卷中设计了 2 个题项（张瑾，2009）[28]（如表 6 - 5）。

---

① 为了使问卷题项适应文化创意类企业的实际情况，我们对 Bontis 等人的量表略有修正。

表 6-5 企业成长测量量表

| 维度 | 编号 | 题项内容 | 来源 |
|------|------|----------|------|
| 财务绩效 | EG21 | 企业利润率高于行业平均水平 | 张瑾，2009[28] |
| | EG22 | 企业净资产收益率高于行业平均水平 | |

### 6.3.3 样本对象行业选择

文化产业范畴较广，面面俱到地进行问卷调研既无必要，更无可能。我们选择了动漫行业作为本书问卷调研的主要行业。中国动漫始于 1926 年"万氏兄弟"拍摄的第一部无声动画短片《大闹画室》。此后近一个世纪，中国动漫经历了时代的洗礼，总体上可以分为改革开放以前和改革开放以后两个发展阶段。在改革开放前动漫属于文化事业一个分支，涌现大批电影家、美术家、文学家投入到创作中，这一时期中国动画作品产量高、获得了不少国际大奖。改革开放后，外国动漫大量进入中国市场，中国的原创动漫逐步陷入低迷，中国动漫市场开始被美国、日本的动漫作品所垄断。不少外国动漫公司通过国际合作，收编了不少国内动画公司，一度变成国际动漫加工基地。近年来，我国政府对动漫产业等文化产业非常重视，出台了一系列扶持政策和措施，经过十年的发展，优秀作品和人才不断地涌现，2014 年我国动漫企业创造的总产值达到 1000 亿元人民币（文化部公布数据），而与动漫产业紧密相关的游戏产业也达到 1100 亿元人民币。动漫产业近年来的发展速度远高于同期文化传媒产业整体的增长，体现出强劲的发展态势，已成为引领文化产业发展的重要力量：一方面，动漫产业向演出业、影视业、音像业、文化娱乐业、文化旅游业、网络文化、图书报刊等各个产业门类中的渗透和延伸，令动漫产业的产业链得到扩展，价值也随之大幅度提升；另一方面，互联网的广泛应用尤其是移动网络的迅速普及，为动漫产业搭建了更具影响力的展示平台和更为高效便捷的传播途径。可见，动漫企业在不断优化的产业链环境中得以快速成长，且具有广阔发展空间。近些年，恰逢我国经济及产业结构面临转型升级，动漫企业作为撬动文化产业的原创有力杠杆，正在逐步地释放出巨大潜能。当前我国动漫企业发展也存在诸多不足，如行业竞争激烈，企业产能和规模较小，集中度较低等。尽管如此，动漫产业发展迅速，发展的空间和潜力较大，同时作为一种新型的满足人们的精神需要的文化产业，可以看作是文化企业今天和未来发展的典型代表。因此，选择动漫企业作为文化企业代表进行抽样调查，具有典型代表性和现实意义。

在实际问卷调研中，我们请求受访的动漫企业将问卷同样发放给主要关联的其他文化企业，比如出版、设计、音乐制作、影视制作、广告等。

### 6.3.4 小样本测试

本次发放问卷以广州动漫行业协会会员单位为调研对象，共发放 75 份，回收问卷 56 份，其中 6 份回答不完整，有效问卷 50 份。

#### 1）题项分析

本问卷各题项 T 检验几乎所有都为显著（如表 6 – 6 所示），相关系数数值多处于 0.4 ~ 0.9，说明总体鉴别力和区分度均为良好。

表 6 – 6 　　　　　　　　　　量表各题项分析结果

| 变量 | 维度 | 量表题项 | 高低组临界比（C.R.） | 各题项与总分相关 | 判断结果 |
|------|------|----------|---------------------|------------------|----------|
| 智力资本 | 人力资本 | IC11 | 10.823 *** | 0.812 *** | 保留 |
| | | IC12 | 7.651 ** | 0.536 *** | 保留 |
| | | IC13 | 7.417 *** | 0.625 *** | 保留 |
| | | IC14 | 8.395 *** | 0.676 *** | 保留 |
| | 结构资本 | IC21 | 4.626 *** | 0.538 *** | 保留 |
| | | IC22 | 3.966 ** | 0.465 *** | 保留 |
| | | IC23 | 6.672 *** | 0.518 *** | 保留 |
| | | IC24 | 7.585 *** | 0.638 *** | 保留 |
| | | IC25 | 8.892 *** | 0.803 *** | 保留 |
| | 关系资本 | IC31 | 5.264 *** | 0.587 *** | 保留 |
| | | IC32 | 12.126 *** | 0.796 *** | 保留 |
| | | IC33 | 10.524 *** | 0.762 *** | 保留 |
| | | IC34 | 6.559 *** | 0.503 *** | 保留 |
| 财务绩效 | | EG21 | 8.048 *** | 0.585 *** | 保留 |
| | | EG22 | 4.537 *** | 0.439 *** | 保留 |

注：** P < 0.01，*** P < 0.001。

### 2）验证性因子分析

我们选择 SAS 9.13 软件对模型进行 CFA 运算，所有量表的 CFI 大于 0.9，且 RMSEA 小于 0.08（如表 6 - 7 所示），表明主要量表结构良好，效度符合研究的需要。

表 6 - 7                                    CFA 分析结果

| 量表名称 | $x^2$ 值 | P 值 | 误差均方根（RMSEA） | 赋范拟合指数（NFI） | 比较拟合指数（CFI） |
|---|---|---|---|---|---|
| 智力资本整体量表 | 797.1 | 0.000 | 0.058 | 0.914 | 0.943 |
| 人力资本量表 | 678.3 | 0.000 | 0.065 | 0.907 | 0.937 |
| 结构资本量表 | 791.6 | 0.000 | 0.036 | 0.921 | 0.925 |
| 关系资本量表 | 772.5 | 0.000 | 0.059 | 0.911 | 0.929 |
| 企业绩效 | 695.5 | 0.000 | 0.069 | 0.913 | 0.931 |

### 3）信度检验

在信度检验中，我们主要检验变量的内部一致性。其内部一致性信度评价采用克朗巴赫（Cronbach α）系数，即 α 系数法，同时配合 CITC（分项与总体相关性）检验；重测信度使用重测法进行检验。克朗巴赫系数法是社会科学研究中最为常用的一种方法，由 Cronbach 于 1951 年提出（吴明隆，2003）[29]。其具体算法如下：

$$x = \left(\frac{k}{k-1}\right) \times \left[1 - \frac{S\,(s_i^2)}{S_{sum^2}}\right], \ (i = 1, 2, \wedge, k)$$

公式中，$k$ 指的是测度项数，$S\,(s_i^2)$ 为测试对象在具体项 $i$（$i = 1$, 2，$\wedge$，$k$）产生的变异数，$S_{sum^2}$ 为测试对象总体变异数。

Cronbach α 系数体现量表的信度，若该系数值 < 0.6，一般表示其内部一致性不充分；系数值为 0.7 ~ 0.8 表示信度较好，系数值为 0.8 ~ 0.9 表示信度很好，超过 0.9 说明信度非常好。对比类似研究，Cronbach α 系数达到 0.8 以上才能被接受（Cronbach，1951）[30]。

在 SPSS16.0 中，使用 Cronbach α 系数 α 对各维度的可信度和量表的总体可信度进行检验。如表 6 - 8 所示，本章实证研究中的所有题项都通过了信度检验。

表 6 - 8  量表 CITC 值及内部一致性信度 Cronbach α 系数检验

| 变量 | 维度 | 题项 | CITC 值 | 题项删除后的 α 值 |
|---|---|---|---|---|
| 智力资本（IC） | 人力资本（IC1） | IC11 | 0.672 | 0.891 |
| | | IC12 | 0.538 | 0.900 |
| | | IC13 | 0.525 | 0.881 |
| | | IC14 | 0.531 | 0.890 |
| | | 分维 α 系数 | | 0.899 |
| | 结构资本（IC3） | IC21 | 0.498 | 0.867 |
| | | IC22 | 0.511 | 0.894 |
| | | IC23 | 0.563 | 0.882 |
| | | IC24 | 0.682 | 0.890 |
| | | IC25 | 0.706 | 0.869 |
| | | 分维 α 系数 | | 0.914 |
| | 关系资本（IC2） | IC31 | 0.450 | 0.894 |
| | | IC32 | 0.505 | 0.893 |
| | | IC33 | 0.605 | 0.888 |
| | | IC34 | 0.679 | 0.887 |
| | | 分维 α 系数 | | 0.908 |
| | | 整体 α 系数 | | 0.911 |
| 财务绩效（EG2） | | EG21 | 0.556 | 0.894 |
| | | EG22 | 0.419 | 0.861 |
| | | 分维 α 系数 | | 0.897 |

# 6.4　实 证 分 析

## 6.4.1　样本数据的收集与描述[①]

动漫企业在区域有较广的分布。受时间及研究经费所限，本次的问卷调研选择了北京、广州、厦门、杭州等 10 个城市的动漫企业进行抽样调查，样本主要从文化部认证的 41 家国家重点动漫企业和 345 家动漫企业，以及广州动漫行业协会的 200 多家动漫企业会员名单中进行抽样选择。首先依据

① 感谢漫友文化有限公司副总张显峰对本书的所有问卷数据搜集与整理工作所给予的帮助。

企业层级（重点、大中型及中小型）进行分层抽样，在各层内部则采用简单随机抽样。对选中的企业采用电子邮件、信件及现场填写三种方式进行，其中现场填写方式主要通过文化部举办的动漫企业高级管理人才研修班及广州、厦门等地的动漫节、动漫论坛等机会进行发放。本次各种方式共发放问卷 350 份，为避免因被调查者对问卷内容理解偏差而导致的误差，提高问卷的有效度，我们在调查过程中同时采用面对面、QQ、微信及电话等方式随时解答被调查者的疑问，并形成相应的监督机制，保证问卷填写的完整性，减少无效问卷数量，最终回收问卷 261 份，其中有效问卷 225 份。

我们按照成立年限、总资产、动漫收入占总收入比重、员工数量、动漫制作人数、动漫视频作品总时长、创作的漫画作品、直接购买或付费人群多个变量对调查样本特征进行描述性统计，具体如表 6-9 所示。

表 6-9　　　　　　　　　　正式调查公司样本统计分布情况

| 变量 | 分类 | 频次 | 百分比（%） | 累计百分比（%） |
|---|---|---|---|---|
| 成立年限 | 1 年以内 | 18.00 | 8.00 | 8.00 |
| | 1~2 年 | 28.00 | 12.44 | 20.44 |
| | 2~3 年 | 32.00 | 14.22 | 34.67 |
| | 3~5 年 | 41.00 | 18.22 | 52.89 |
| | 5~8 年 | 45.00 | 20.00 | 72.89 |
| | 8~12 年 | 39.00 | 17.33 | 90.22 |
| | 12 年以上 | 22.00 | 9.78 | 100.00 |
| 总资产 | 50 万以下 | 44.00 | 19.56 | 19.56 |
| | 50 万~200 万 | 39.00 | 17.33 | 36.89 |
| | 200 万~1000 万 | 30.00 | 13.33 | 50.22 |
| | 1000 万~3000 万 | 35.00 | 15.56 | 65.78 |
| | 3000 万~5000 万 | 32.00 | 14.22 | 80.00 |
| | 5000 万~1 亿 | 21.00 | 9.33 | 89.33 |
| | 1 亿以上 | 24.00 | 10.67 | 100.00 |
| 动漫收入占总收入比重 | 10% 以上 | 67.00 | 29.78 | 29.78 |
| | 10%~30% | 39.00 | 17.33 | 47.11 |
| | 30%~50% | 50.00 | 22.22 | 69.33 |
| | 50%~80% | 41.00 | 18.22 | 87.56 |
| | 80%~100% | 28.00 | 12.44 | 100.00 |

续表

| 变量 | 分类 | 频次 | 百分比（%） | 累计百分比（%） |
|---|---|---|---|---|
| 员工数量 | 10 人以下 | 33.00 | 14.67 | 14.67 |
| | 10 人~30 人 | 29.00 | 12.89 | 27.56 |
| | 30 人~50 人 | 28.00 | 12.44 | 40.00 |
| | 50 人~100 人 | 28.00 | 12.44 | 52.44 |
| | 100 人~150 人 | 35.00 | 15.56 | 68.00 |
| | 150 人~200 人 | 35.00 | 15.56 | 83.56 |
| | 200 人以上 | 37.00 | 16.44 | 100.00 |
| 动漫制作人数 | 10 人以下 | 38.00 | 16.89 | 16.89 |
| | 10 人~30 人 | 39.00 | 17.33 | 34.22 |
| | 30 人~50 人 | 36.00 | 16.00 | 50.22 |
| | 50 人~100 人 | 31.00 | 13.78 | 64.00 |
| | 100 人~150 人 | 29.00 | 12.89 | 76.89 |
| | 150 人~200 人 | 29.00 | 12.89 | 89.78 |
| | 200 人以上 | 23.00 | 10.22 | 100.00 |
| 年制作动漫视频作品总时长 | 100 分钟以下 | 109.00 | 48.44 | 48.44 |
| | 100 分钟~300 分钟 | 30.00 | 13.33 | 61.78 |
| | 300 分钟~500 分钟 | 39.00 | 17.33 | 79.11 |
| | 500 分钟~1000 分钟 | 19.00 | 8.44 | 87.56 |
| | 1000 分钟~2000 分钟 | 10.00 | 4.44 | 92.00 |
| | 2000 分钟~5000 分钟 | 10.00 | 4.44 | 96.44 |
| | 5000 分钟以上 | 8.00 | 3.56 | 100.00 |
| 创作漫画作品 | 500 幅一下 | 93.00 | 41.33 | 41.33 |
| | 500 幅~1000 幅 | 86.00 | 38.22 | 79.56 |
| | 1000 幅~3000 幅 | 15.00 | 6.67 | 86.22 |
| | 3000 幅~6000 幅 | 15.00 | 6.67 | 92.89 |
| | 6000 幅~10000 幅 | 6.00 | 2.67 | 95.56 |
| | 10000 幅~30000 幅 | 5.00 | 2.22 | 97.78 |
| | 30000 幅以下 | 5.00 | 2.22 | 100.00 |
| 直接购买或付费人群 | 1000 人以下 | 48.00 | 21.33 | 21.33 |
| | 1000 人~1 万人 | 41.00 | 18.22 | 39.56 |
| | 1 万~10 万人次 | 44.00 | 19.56 | 59.11 |
| | 10 万~100 万人次 | 40.00 | 17.78 | 76.89 |
| | 100 万~1000 万人次 | 32.00 | 14.22 | 91.11 |
| | 1000 万~5000 万人次 | 11.00 | 4.44 | 95.56 |
| | 5000 万人次以上 | 9.00 | 4.00 | 100.00 |

表 6 - 9 中，企业成立年限主要分布在 3~5 年、5~8 年、8~12 年三个阶段，从总资产、动漫收入占总收入比重来看，总体分布均匀，8 年内的新企业比较多，中小型企业相对较多，此亦和《广州文化创意产业发展报告（2014 版）》相符合。从员工数量、动漫制作人数、动漫制作人、动漫视频作品总时长、直接购买或付费人群的分布来看，动漫企业主要集中动画制作领域，拥有一定作品产权及消费群体。

如表 6 - 10 所示，针对描述性统计中各变量的样本数、均值、标准差等指标量进行统计，可看出样本变量呈现基本规律和状况。而根据表 6 - 7 所示，样本数据统计值显示及 Kline（1998）的判断方法，几乎全部题项偏度的绝对值 <2，而全部题项峰度的绝对值 <7，说明其基本服从正态分布状态（Kline，1998）[31]。

表 6 - 10　　　　　　　　　　调查样本描述性统计

| 调查变量 | 样本量 | 极小值 | 极大值 | 均值 | 标准差 | 偏态 | | 峰度 | |
|---|---|---|---|---|---|---|---|---|---|
| | 统计量 | 统计量 | 统计量 | 统计量 | 统计量 | 统计量 | 标准差 | 统计量 | 标准差 |
| 人力资本 1 | 224 | 1 | 5 | 3.30 | 0.705 | 0.740 | 0.163 | 0.995 | 0.324 |
| 人力资本 2 | 224 | 2 | 5 | 4.07 | 0.649 | -0.786 | 0.163 | 1.861 | 0.324 |
| 人力资本 3 | 224 | 1 | 5 | 4.04 | 0.798 | -0.626 | 0.163 | 0.391 | 0.324 |
| 人力资本 4 | 224 | 2 | 5 | 3.62 | 0.840 | 0.191 | 0.163 | -0.764 | 0.324 |
| 结构资本 1 | 224 | 2 | 5 | 4.01 | 0.599 | -0.532 | 0.163 | 1.550 | 0.324 |
| 结构资本 2 | 224 | 2 | 5 | 3.84 | 0.829 | -0.125 | 0.163 | -0.847 | 0.324 |
| 结构资本 3 | 223 | 1 | 5 | 3.61 | 0.812 | 0.291 | 0.163 | -0.481 | 0.324 |
| 结构资本 4 | 224 | 2 | 5 | 3.76 | 0.701 | -0.076 | 0.163 | -0.351 | 0.324 |
| 结构资本 5 | 223 | 1 | 5 | 3.75 | 0.814 | -0.708 | 0.163 | 0.391 | 0.324 |
| 关系资本 1 | 224 | 2 | 5 | 3.93 | 0.961 | -0.419 | 0.163 | -0.779 | 0.324 |
| 关系资本 2 | 224 | 2 | 5 | 3.86 | 0.742 | -0.314 | 0.163 | -0.216 | 0.324 |
| 关系资本 3 | 224 | 2 | 5 | 3.56 | 0.816 | 0.380 | 0.163 | -0.673 | 0.324 |
| 关系资本 4 | 223 | 1 | 5 | 4.01 | 0.670 | -1.211 | 0.163 | 3.506 | 0.324 |
| 企业绩效 1 | 224 | 1 | 5 | 3.52 | 0.748 | 0.625 | 0.163 | 0.895 | 0.327 |
| 企业绩效 2 | 224 | 1 | 5 | 3.17 | 0.625 | 0.391 | 0.163 | 0.768 | 0.324 |

### 6.4.2 测量模型检验

**1）信度分析**

我们对正式问卷中各个量表进行了信度检验。为各个分量表的信度水平，分步计算各分量表的 Cronbach α 系数，如表 6-11 所示，智力资本和企业绩效的 Cronbach α 系数大于 0.8，信度水平很好。总的来说，无论是内生潜变量的测量量表还是外生潜变量的测量量表，都具有较好的信度水平，因此问卷具有很好的可靠性和稳定性。

表 6-11 调查问卷分量表信度水平

| 量表名称 | Cronbach α 系数 | 项数 | 信度水平 |
|---|---|---|---|
| 智力资本 | 0.923 | 13 | 非常好 |
| 人力资本 | 0.883 | 4 | 很好 |
| 结构资本 | 0.952 | 5 | 非常好 |
| 关系资本 | 0.893 | 4 | 很好 |
| 企业绩效 | 0.867 | 2 | 很好 |

**2）效度分析**

本量表设计是在参考大量相关文献和成熟量表的基础上进行的设计，并且在大样本调查之前进行了小样本测试，对各题项就进行了筛选，对表述不明确的题项已进行过修改，所以量表在内容效度和准则效度上有较大的保障。大样本数据聚合效度和区分效度的检验，将在下面测量模型的验证性因子分析中一并给出。

（1）智力资本验证性因子分析

①模型设定。智力资本由关系资本、结构资本和人力资本三个潜变量构成；关系资本和人力资本都有 4 个测量变量，结构资本有 5 个测量变量，其测量变量与潜变量关系模型如图 6-1 所示：

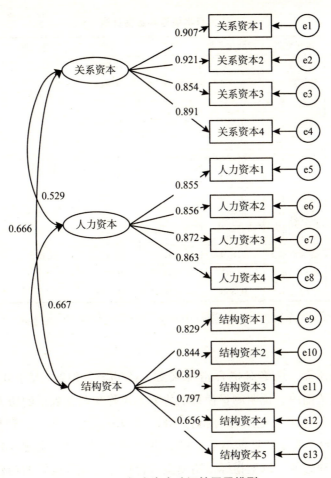

图 6-1　智力资本验证性因子模型

②模型的识别。由 $t$ 检验基本判断原则，本模型的验证性因子模型有 13 个题项测量指标，因此存在 $q(q+1)/2 = 91$，模型估计 13 个因子负荷，就有 13 个测量指标的误差方差及 3 个因子间产生的相关系数，一共需要估计的参数为 29，$t = 29 < 91$，充分符合了本模型进行识别的必要条件。

③参数估计。在 AMOS 软件中进行计算，最终智力资本验证性因子分析模型各参数如表 6-12 所示。

表 6-12                      智力资本模型参数估计表

| 潜变量 | 测量变量 | 标准化系数 | T 值 | $R^2$ | 构建信度 | AVE |
|---|---|---|---|---|---|---|
| 关系资本 | 关系资本 1 | 0.907 | — | 0.823 | 0.925 | 0.714 |
| | 关系资本 2 | 0.921 | 26.548*** | 0.848 | | |
| | 关系资本 3 | 0.854 | 22.178*** | 0.729 | | |
| | 关系资本 4 | 0.891 | 24.462*** | 0.794 | | |
| 人力资本 | 人力资本 1 | 0.855 | — | 0.731 | 0.920 | 0.742 |
| | 人力资本 2 | 0.856 | 19.287*** | 0.733 | | |
| | 人力资本 3 | 0.872 | 19.892*** | 0.760 | | |
| | 人力资本 4 | 0.863 | 19.534*** | 0.745 | | |
| 结构资本 | 结构资本 1 | 0.829 | — | 0.687 | 0.893 | 0.675 |
| | 结构资本 2 | 0.844 | 17.387*** | 0.712 | | |
| | 结构资本 3 | 0.819 | 16.691*** | 0.671 | | |
| | 结构资本 4 | 0.797 | 16.087*** | 0.635 | | |
| | 结构资本 5 | 0.656 | 12.445*** | 0.430 | | |

注：未列出 t 值的是参照指标，为限制估计参数。*** 表示 $P < 0.001$，** 表示 $P < 0.01$，* 表示 $P < 0.05$。

④模型评价。从绝对拟合指标来看，$\chi^2/df = 2.812$，大于 0 且小于 3，处于理想值范围内，说明测量模型的协方差矩阵和调查数据的协方差矩阵间存在显著性的差异；绝对拟合指标 GFI = 0.928，大于 0.9 的理想值；RMSEA 为 0.009，大于 0 且远小于 0.08；此外相对拟合优度指数 CFI = 0.956，大于 0.9 的理想值，以上指标说明模型拟合较好，具有良好的构建效度，如表 6-13 所示。

表 6-13                      智力资本模型拟合优度指标

| 指标 | $\chi^2/df$ | GFI | CFI | RMSEA |
|---|---|---|---|---|
| 指标值 | 2.812 | 0.928 | 0.956 | 0.009 |

对于模型的聚合效度，其中关系资本、结构资本和人力资本三个潜变量的 AVE 值分别为 0.714、0.742、0.675，皆大于 0.5，表示测量变量相对比测量误差而言，可以解释的方差总量更多，充分说明该模型有很好的聚合效度。

对于区分效度，如表 6-14 所示，经计算其卡方值之差皆在较高置信水平下显著，所以因子之间具有良好的区分效度。

表 6 - 14 智力资本模型区分效度

| 因子配对 | 未限制模式 | | 限制模式 | | $\chi^2$ 值之差及显著性 | | |
|---|---|---|---|---|---|---|---|
| | $\chi^2$ 值 | df | $\chi^2$ 值 | df | $\chi^2$ 值 | df | P 值 |
| 关系资本—结构资本 | 85.111 | 216 | 150.945 | 217 | 65.834 *** | 1 | 0.000 |
| 关系资本—人力资本 | 78.139 | 223 | 134.411 | 224 | 53.272 *** | 1 | 0.000 |
| 结构资本—人力资本 | 36.285 | 221 | 64.153 | 222 | 27.868 *** | 1 | 0.000 |

注：*** 表示 P < 0.001，** 表示 P < 0.01，* 表示 P < 0.05。

（2）企业绩效的检验性因子分析

①模型的设定。本章中企业绩效由 2 个测量变量组成，其测量变量与潜变量关系模型如图 6 - 2 所示。

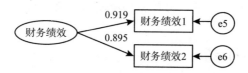

图 6 - 2 企业绩效验证性因子模型

②模型的识别。由 $t$ 检验基本判断原则，本模型验证性因子模型有 2 个题项测量指标，存在 $q(q+1)/2 = 3$，需估计 3 个因子负荷，所以 3 个测量指标的误差方差和 3 个因子间产生的相关系数，一共需要估计的参数为 4，$t = 4 < 6$，充分符合了本模型进行识别的必要条件。

③参数估计。在 AMOS 软件中进行计算，最终企业绩效验证性因子分析模型各参数如表 6 - 15 所示。

表 6 - 15 企业成长模型参数估计表

| 潜变量 | 测量变量 | 标准化系数 | T 值 | $R^2$ | 构建信度 | AVE |
|---|---|---|---|---|---|---|
| 财务绩效 | 财务绩效 1 | 0.919 | — | 0.836 | 0.906 | 0.719 |
| | 财务绩效 2 | 0.895 | 23.037 *** | 0.803 | | |

注：未列出 t 值的是参照指标，为限制估计参数。*** 表示 P < 0.001，** 表示 P < 0.01，* 表示 P < 0.05。

④模型的评价。从绝对拟合指标来看，$\chi^2/\mathrm{df} = 1.730$，大于 0 且小于 3，处于理想值范围内，说明测量模型的协方差矩阵和调查数据的协方差矩阵间存在显著性的差异；绝对拟合指标 GFI = 0.988，大于 0.9 的理想值；RMSEA 的值为 0.057，大于 0 且远小于 0.08；此外相对拟合优度指数 CFI = 0.996，大于 0.9 的理想值，以上指标说明模型拟合较好，具有良好的构建效度，如表 6 – 16 所示。

表 6 – 16　　　　　　　　　企业绩效模型拟合优度

| 检验指标 | $\chi^2/\mathrm{df}$ | GFI | CFI | RMSEA |
|---|---|---|---|---|
| 指标值 | 1.708 | 0.986 | 0.989 | 0.057 |

对模型的效度评价，从模型估计参数表中可知企业成长模型的 AVE 值分别为 0.702、0.719、0.737，都大于 0.5，表示测量变量相对比测量误差而言，可以解释的方差总量更多，充分说明该模型有较好的聚合效度。

### 6.4.3　样本分析结果

表 6 – 17 是各个变量的相关系数矩阵。本章我们分别验证了智力资本及其三个构成部分对绩效的作用，我们将变量的相关系数都汇总到表 6 – 17 中。但是，智力资本与其三个组成部分并不同时出现在同一个回归模型中，所以并没有报告它们之间的相关系数。从表 6 – 14 可以发现，在 0.01 水平上，企业局限与智力资本及其三个维度人力资本、结构资本和关系资本存在着显著正相关。值得注意的是，所有变量之间的相关系数均小于 0.75，这反映了模型各变量之间并没有高度相关的情况，因此也说明多重共线性问题并不显著。

表 6 – 17　　　　　　　　　变量相关系数矩阵

| 变量/相关性 | 1 | 2 | 3 | 4 | 5 | 6 | 7 | 8 |
|---|---|---|---|---|---|---|---|---|
| 1 智力资本 | 1 | | | | | | | |
| 2 人力资本 | — | 1 | | | | | | |
| 3 结构资本 | — | 0.801 *** | 1 | | | | | |
| 4 关系资本 | — | 0.501 *** | 0.558 *** | 1 | | | | |
| 5 企业绩效 | 0.473 * | 0.465 *** | 0.471 *** | 0.238 *** | 1 | | | |

| 变量/相关性 | 1 | 2 | 3 | 4 | 5 | 6 | 7 | 8 |
|---|---|---|---|---|---|---|---|---|
| 6 年限 | 0.372 *** | 0.302 *** | 0.379 *** | 0.441 *** | 0.143 * | 1 | | |
| 7 员工数量 | 0.251 * | 0.402 *** | 0.349 *** | 0.461 *** | 0.173 * | 0.575 * | 1 | |
| 8 资产规模 | 0.327 *** | 0.521 *** | 0.639 *** | 0.446 *** | 0.368 * | 0.634 * | 0.56 | 1 |
| 9 地域 | 0.498 *** | 0.568 *** | 0.404 *** | 0.440 *** | 0.356 * | 0.699 * | 0.674 | 0.711 |
| Mean | 3.47 | 3.52 | 3.798 | 3.90 | 6.52 | 3.49 | 36 | 2.10 |
| S. D. | 0.96 | 0.95 | 0.58 | 1.08 | 0.95 | 0.57 | 15.25 | 1.202 |

注：*** 表示 $P < 0.001$，** 表示 $P < 0.01$，* 表示 $P < 0.05$，本研究相关关系检验采用了 Pearson 分析法。

表 6-18 报告了回归分析结果。结果表明，本章所涉及的 4 个回归模型的 F 值和 $R^2$ 检验表明，所有线性回归模型的拟合程度都非常好。智力资本对文化企业绩效存在显著的正向作用（0.244，$P < 0.001$），H1a 获得通过。同时人力资本、结构资本和关系资本都分别对文化企业绩效存在显著的正向作用，H1b、H1c、H1d 也都获得通过。在智力资本的三个组成部分中，人力资本对绩效的回归系数值最高（0.362），其次是关系资本（0.341），结构资本对绩效的回归系数最小。因而我们可以推断，当前文化企业最重要的智力资本是人才，最后是产业链的关系资源，而对于目前而言结构资本对文化企业绩效的作用最细微。

表 6-18 回归分析结果

| 模型 | 模型 1 | 模型 2 | 模型 3 | 模型 4 |
|---|---|---|---|---|
| 控制变量 | | | | |
| 年限 | 0.121 ** | 0.108 | 0.113 ** | 0.106 ** |
| 员工数 | 0.065 | 0.124 | 0.075 | 0.038 |
| 资产规模 | 0.105 | 0.223 ** | 0.161 | 0.241 |
| 地域 | 0.134 *** | 0.059 | 0.124 ** | 0.295 *** |
| 自变量 | | | | |
| 智力资本 | 0.244 ** | | | |
| 人力资本 | | 0.362 *** | | |
| 结构资本 | | | 0.201 ** | |
| 关系资本 | | | | 0.341 ** |
| F 值 | 22.942 ** | 29.013 *** | 22.371 *** | 17.753 *** |
| $R^2$ | 0.313 | 0.303 | 0.271 | 0.262 |
| adjR$^2$ | 0.309 | 0.284 | 0.222 | 0.255 |

注：*** 表示显著性水平为 0.001，** 表示显著性水平为 0.01，* 表示显著性水平为 0.05。

# 6.5　网络嵌入与资源整合

文化企业要建立以创新创意为核心的竞争优势，就必须整合智力资本一类的战略性资源。而要整合智力资本，就需要分阶段地从外部整合网络中选择性的吸收特定类型的资源。通过实证分析，我们全部证实了我们的假设，并在假设的基础上进一步发现了如下一些特征：

第一，智力资本对企业绩效存在正向的作用，这说明对于文化企业而言，智力资本正如我们所料是与绩效息息相关的战略性资源。因此，文化企业外部整合网络中的各种关联关系、各种资源与力量的转化和传输，都可以看作是智力资本的整合与流转过程。

第二，人力资本对绩效的作用是智力资本三个构成部分中最大的。这说明对于目前的文化企业而言，人力资本是目前对绩效作用最为直接的一项，也是文化企业通过外部整合最希望获得的战略性资源。围绕人才的平台建设以及人才激励机制被很多文化企业认为是当前最重要的战略措施，而对稀缺性文化创意人才的引进，也成为文化企业竞争力提升的重要标志。

第三，关系资本对绩效的作用处于智力资本三个构成部分中的居中位置。事实上这一结果让我感到欣喜。因为这至少说明目前文化企业不都是靠人际关系生存的，文化企业普遍仍然是依靠内容创意创新立足于市场。我们发现由于文化产业的"半产业"特征，要整合人力资源的其中一个途径就是建立好的关系资本，通过社会关系能够更高效地整合一些非完全市场化流动的人才。这些可能都导致关系资本对文化企业绩效的影响。

第四，结构资本是智力资本三个构成部分对绩效作用最微弱的。这一结果说明了文化企业目前对结构资本的关注度尚处于一个比较低的水平，尽管2015年整个国家曾经领略到 IP 的力量。但是包括无形资产和非无形资产两个部分的结构资本总体却还没有被企业发现其重要性。

文化企业对智力资本认知的偏颇可能导致企业在外部整合过程中的偏颇。目前多数企业的想法仍然是"我引进个什么，然后立马产生效益"。这种想法要么最终导致企业对智力资本整体战略评估、规划和控制缺乏系统性，要么则可能是花了九牛二虎之力整合来了一些好的人才或 IP，但是却自身缺乏对这些人才或 IP 本质价值的认知，更没有系统、灵活地释放人才或 IP 市场价值的组织机制与竞争战略，最终导致对智力资本整合的失效，就如同《九层妖塔》（单从票房的意义上将它看成是一种失败的事件）一样。

## 本章参考文献

［1］Bontis N. Assessing knowledge assets：A review of the models used to measure intellectual capital［J］. International Journal of Management Reviews，2001，（3）：41 – 60.

［2］Hudson W. J. Intellectual Capital：How to Build and Enhanced［M］. Toronto，Canada：John Wiley and Sons，1997.

［3］Knight D. J. Performance Measures for Increasing Intellectual Capital［J］. Strategy & Leadership，1999，27（2）：22 – 27.

［4］Davenport T H，Prusak L. Working knowledge：How organizations manage what they know［M］. Boston：Harvard BusinessSchool Press，1998.

［5］Boudreau J W，Ramstad P M. Measuring Intellectual Capital：Learning from Financial History［J］. Human Resource Management，1997，36（3）：343 – 356.

［6］Ulrich D. Intellectual Capital Competence Commitment［J］. Sloan Management Review，1998，39（2）：15 – 26.

［7］Serenko A，Bontis N. Meta-review of know ledge management and IC literature：Citation impact and research productivity rankings［J］. Knowledge and Process Management，2004，11（3）：185 – 198.

［8］Burgman R，Roos G. The importance of intellectual capital reporting：evidence and implications［J］. Journal of Intellectual Capital，2007，8（1）：7 – 51.

［9］Pablos P O. Evidence of Intellectual Capital Measurement from Asia，Europe and the Middle East［J］. Journal of Intellectual Capital，2002，3（3）：287 – 302.

［10］Truls E. J. Engström，Petter Westnes，Siren Furdal Westnes. Evaluating intellectual capital in the hotel industry［J］. Journal of Intellectual Capital，2003，4（3）：287 – 303.

［11］Sullivan P H. Value-driven Intellectual Capital：How to convert Intangible Corporate Assets into Market Value［M］. Toronto，Canada：John Wiley and Sons，2000.

［12］Roos J，et al. Intellectual Capital：Navigating in the New Business Landscape［M］. NYU Press，1998.

［13］Edvinsson，L. Developing intellectual capital at Skandia［J］. Long Range Planning，1997，30（3）：266 – 373.

［14］Bassi L J，Van Buren M E. Valuing investments in intellectual capital［J］. International Journal of Technology Management，1999，18（5/6/7/8）：414 – 432.

［15］Kale，P.，Singh，H. and Pertmutter，H. Learning and protection of proprietary assets in strategic alliances: building relational capital [J]. Strategic Managemet Journal, 2000, 21: 217 - 237.

[16] 郑美群，蔡莉，周明霞. 高技术企业绩效评价指标体系的构建研究 [J]. 科学学与科学技术管理, 2004, 25 (7): 68 - 72.

[17] 蒋天颖，王俊江. 智力资本、组织学习与企业创新绩效的关系分析 [J]. 科研管理, 2009, 30 (4): 44 - 50.

[18] Kamath G B. The intellectual capital performance of the Indian banking sector [J]. Circulation, 2007, 8 (1): 96 - 123.

[19] 景莉. 智力资本投资与产权归属——减少企业智力资本投资风险的探讨 [J]. 经济师, 2006, (7): 16 - 17.

[20] 李平. 基于生命周期理论的企业智力资本开发策略 [J]. 统计与决策, 2006, (22): 171 - 173.

[21] Bontis, N. There's a price on your head: managing intellectual capital strategically [J]. Business Quarterly, 1996, 60 (4): 40 - 41.

[22] Yu - Shan Chen, Ming - Ji James Lin, Ching - Hsun Chang. The Influence of Intellectual Capital on New Product Development Performance - The Manufacturing Companies of Taiwan as an Example [J]. Total Quality Management & Business Excellence, 2006, 17 (10): 1323 - 1339.

[23] Chen J, Xie H Y, Zhu Z H. Measuring Intellectual Capital: a New Model and Empirical Study [J]. Journal of Intellectual Capital, 2004, 5 (1): 195 - 212.

[24] 武博，闫帅. 知识型企业智力资本对知识创新绩效的影响研究——兼论组织学习能力的中介作用 [J]. 求索, 2011, (9): 84 - 86.

[25] Edvinsson, L., Malone, M. S. Intellectual Capital: Realizing your company's true value byfinding its hidden brainpower [M]. New York: Harper Collins. 1997.

[26] Kimberly J R. Organizational Size and the Structuralist Perspective: A Review, Critique, and Proposal [J]. Administrative Science Quarterly, 1976, 22 (4): 571 - 597.

[27] 张洪兴，耿新. 企业家社会资本如何影响经营绩效——基于动态能力中介效应的分析 [J]. 山东大学学报: 哲学社会科学版, 2011, (4): 106 - 113.

[28] 张瑾. 民营企业家人力资本与企业成长绩效实证研究 [D]. 山东大学, 2009.

[29] 吴明隆. SPSS 统计应用实务——问卷分析与应用统计 [M]. 北京: 科学出版社发行处, 2003.

[30] Cronbach L J. Cronbach Alpha and the Internal Structure of Tests [J]. Psychometrika, 1951, 16 (3): 297 - 334.

[31] Kline R. B. Principles and Practice of Structural, Equation Modeling [M]. New York: Guilford, 1998.

# 7

# 整合网络下文化企业的竞争策略

## 7.1 文化企业竞争与超网络

竞争是企业经营与发展中必然的一种现象，而企业竞争的策略与手段往往受到技术、社会等多个方面因素的制约。在文化产业中，也许竞争态势更是复杂。一般来说，有稀缺资源就有竞争，但笔者曾经问过好几个不同文化企业的高管，他们都矢口否认行业内的竞争。"合作大于竞争""现阶段主要是要一起把蛋糕做大"，这些是他们几乎统一的回应。但这并不能说明文化产业就没有竞争，假如真的没有竞争，那么万达就不会在 2016 年花高价收购美国传奇影业了。因此我们非常感兴趣：文化产业竞争到底是一种什么样的格局呢？

回顾前几章我们对我国文化产业格局的探讨，很容易发现：文化企业被两股力量分割在不同的细分市场中。一股力量是文化事业的行政体制，它们与市场对立，与市场一起形成了对文化专业资源自有流动的障碍；另一股力量是媒介渠道分割，对于内容产品而言，媒介分割几乎等同于市场的分割，造成文化内容产品在以不同媒介为载体的市场中难以自由流通。

但是这两股力量正开始被制约和削弱。一方面的原因是全面深化改革和推进文化产业良性发展，我们应该看到，市场化配置文化资源应该是未来的趋势。习近平同志提出"文艺不能只为市场服务"，而反过来，成熟和完善的市场是完全可以为文艺服务的。所以发展完善文化市场几乎是提升一个国家文化软实力和文化国际竞争力的必然途径。另一方面的原因是互联网等信息技术的发展，直接促进了文化专业知识与技能的传播，导致文化专业资源突破既有体制进行跨界、跨体制流动；同时互联网新媒体、自媒体等新兴传媒方式的诞生也在迫使媒介渠道的整合。最终市场的选择与技术的进步将推动文化产业市场的进一步融合。但不幸的是，我们目前这个阶段，刚好就正处在融合的过程之中。笔者之所以说它"不幸"，是因为在这种"转轨期"，对于中国尚在萌芽中的文化企业而言，确实是个不小的挑战。

这种挑战具体表现在：一方面，企业跨媒介、跨文化领域的进入与整合行为开始逐渐增多，由此产生的竞争现象也逐渐凸显，并加速原有各文化细分行业寡头企业之间的整合；另一方面，互联网时代催生了一批竞争力明显、经营灵活的中小文化企业，这些中小企业因为技术优势，往往颠覆原有的商业模式，并对许多传统的寡头企业构成明显的竞争威胁。上述迹象表明，当前文化企业的竞争呈现竞争对手"动态"的特征，即企业难以预先确定竞争对手，许多其他行业的企业（Albers & Heuermann，2013）[1]，或者是难以捕捉其行动情况的中小企业（甚至是初创企业）都可能在特定的情况下变成竞争对手，并对焦点企业（Focal Firm）构成竞争威胁。这也就是为什么笔者的朋友们都跟笔者说"合作大于竞争"的缘故：确实这个行当里目前谁都不好得罪！

非常明显，目前文化企业嵌入在一张庞大而复杂的产业网络之中。原本狭义的企业网络被定义为企业与销售商、供应商、承包商及其他商业合作者之间的商业关系的集合（Veronique，2003）[2]。企业网络反映了企业在特定市场和行业结构下与其他各相关方之间的拓扑学关系（Barrat et al.，2004）[3]。从这个意义上说，企业网络可以按照不同的视角与标准，被划分为不同的子网络，每种子网络都可能代表企业某一个或一类资源与外部关联方的动态关联，这符合超网络的基本特征。超网络指一个整体网络中存在多个子网络组成的网络，该概念最早由谢费尔（Sheffi，1985）[4]提出。国内学者王志平、王众托（2008）等认为超网络具有多层次、多级、链接多维度等特征（王志平、王众托，2008）[5]。

虽然超网络属于复杂网络理论研究的范畴，但是企业动态竞争与战略理论的不少学者也还是不自觉地都按照不同的标准将企业网络分为不同的类型，比如供应链网络（Buyer – Supplier Network）（Nishiguchi，1994；Ozer & Zhang，2015）[6-7]、战略网络（Strategic Metwork）（Jarillo，1988）[8]、社会关系网络（Social Network）（Chellappa & Saraf，2010）[9]、技术创新或知识网络（Mohannak，2007）[10]，等等。每一种网络中的连线都代表不同的关联关系，而不同类型的网络中，围绕在焦点企业周围的"节点"也可能有所不同。根据企业资源的不同类型，我们可以将文化企业的网络划分为三大类：行业内的商业网络、跨行业的商业网络及社会资源或制度关联网络。

行业内的商业网络主要指焦点企业所在行业中，包括横向和纵向的企业网络。横向的企业网络包括同一产业链环节上的其他同类企业，例如某一区域产业集群或合作制造网络（Ozer & Zhang，2015）[7]，或者是战略群 Business Groups（Manikandan & Ramachandran，2015）[11]。它们之间价值链活动具有趋同性，因而竞争性的关联往往多于合作性的关联。纵向的企业网络指供应链上下游的企业网络，包括供应商、销售商等（Nishiguchi，1994）[6]。由于处于供应的不同生产环节，它们之间常常形成商业往来的关联关系，合作多于竞争。

跨行业的商业网络主要指企业跨出行业以外的各种商业往来，包括企业因多元化的业务发展所产生的投资、生产、销售等不同环节的商业关联（Basile，2011）[12]，以及企业因建立主业竞争优势而在研发、设计、关键零配件的关联行业、广告、信息咨询等价值环节所形成的与企业主业以外的其他行业企业所产生的商业关系（Lee & Kim，2010；Elodie Gardet & Caroline Mothe，2012）[13-14]。

社会资源或制度关联网络主要指企业在一定的空间范围内经营的过程中，与各种非企业的社会组织、机构和政府部门之间的关联集合（Chellappa & Saraf，2010；Acquaah，2012）[9,15]。这一网络中包含媒体、行业协会、政府职能部门、高校或科研机构等。值得注意的是，前两种企业网络中，绝大多数节点都是企业，而社会资源或制度网络中，除焦点企业以外的其他节点都是非营利性机构。社会资源或制度关联网络的形态与结构直接决定于宏观经济制度，在市场化制度发展相对完善的国家和地区，政府及其所代表的政策只是该网络中的一个组成部分而非主要和中心节点；在市场化制度发展相对滞后的国家和地区，政府则很可能是该网络中的重要节点，甚至与其他非营利性机构都存在主导性的关系，并在网络中处于中心的位置。企业与政府各部门之间存在不同的关联与互动，这种关联关系形成的社会网络在发展中国家更突显出其重要性（Acquaah，2012；曾萍、宋铁波，2012）[15-16]。在中国等发展中国家，政府和制度并不单纯扮演环境要素，企业更可能通过各种方式，影响政策的制定与改革演化（Manikandan & Ramachandran，2015）[11]。

同时，在不同区域地方政府的博弈之中，企业既受其影响也可以利用这种影响进行政府间的博弈（皮建才，2008）[17]。

因为文化企业嵌入在包含上述三个子网络在内的超网络结构下，因此其竞争策略的选择就肯定不能按照波特等人从某一个维度的链条逻辑下所提出的竞争战略理论来制定。我们首先需要弄清楚，在这样一个超网络下，文化企业有哪些竞争策略可以选择，而在不同子网络中的关联程度对企业的动态竞争策略的实施又起到什么样的作用，这是解释和指导当前文化企业动态竞争决策的重要问题。

# 7.2　超网络嵌入下的文化企业竞争策略

## 7.2.1　超网络下的企业竞争策略

在超网络下，文化企业的动态竞争环境突出表现在两个方面：

第一，企业无法事先明确界定自己的（潜在）竞争对手。在超网络下，竞争对手不一定是企业同行业内、产业链环节相近、产品同质或构成替代关系的企业，更可能是供应链上下游的合作商、曾经的合作研发机构、基于创新（包括技术与商业模式）的初创企业或者跨行业进入者，甚至企业的竞争对手还包括政府部门、第三方机构等非营利性的组织。总之，一切在明显限制或者威胁企业在超网络下的生存与优势建立的相关方，都是企业竞争互动的对象。

第二，企业的竞争范围未必出现在单纯围绕市场占有率的范畴中。超网络下，企业竞争威胁产生的范畴并不一定来自于产品市场，也有可能是资本市场（或投资人信心）以及社会公共关系等方面。这样，企业的竞争回应也就不止在某一行业内部，而是调动其所嵌入的超网络下多种类的资源。

在这两个特征下，文化企业的所有行为一方面会弱化竞争的针对性，因为无论有没有明显的竞争对手，企业的行动都需要顾及网络中的其他组织；另一方面企业的竞争战略不会单纯以构建行业竞争优势为导向，而是倾向于构建网络结构性优势为导向，在供应链网络、跨行业知识与创新网络，以及社会网络中寻求"安全"的、"不败"的地位。企业竞争的目标会是多重的，包含与目前明确的竞争对手之间的制衡（Edwards，1955）[18]，并抑制新竞争对手的出现，以及尽量构建企业网络的竞争优势，利用超网络下的各种组织或资源对抗（潜在）竞争对手。因此，企业的所有战略决策与行动就是要在超网络下通过限制、约束甚至引导网络中的其他机构，而减少他们转变成为企业竞争对手的可能性，并在有竞争对手出现时能够尽可能地与网络中的其他组织建立竞争性的联盟以对抗和反击竞争对手。

因此在超网络下，企业的竞争策略可以划分为三类：①对峙型策略。对峙型策略是在超网络下意图与明确的竞争对手形成制衡的一应策略，包括在市场的多点布局（Gimeno，1999）[19]或共通性（Chen，1996）[20]上，也包括在各种资源的相似性（Chen，1996）[20]上。②壁垒型策略。壁垒型策略主要指企业以限制或遏制新的竞争对手产生的各种行为（Santos & Eisenhardt，2009）[21]，包括限制其他行业的大型企业跨行业进入，以及遏制中小企业或技术/产品替代性企业构成竞争威胁。壁垒型策略主要方式有建立和不断提高行业进入的技术或产品标准、控制专业性的传媒或市场渠道、控制关键和核心技术创新、构建全行业的生态圈等。③共生型策略。共生型策略主要是指企业在三种网络中建立共同进步与发展的合作策略，包括建立本行业的创业投资基金、与政府和高校建立强纽带的合作关系、与行业相关的其他行业中知名企业达成技术合作与产品合作（Coproduction）（Skaggs & Huffman，2003）[22]，等等。

需要说明的是，上述三种竞争策略主要的区分标准是企业决策者的竞争意图，不同的竞争意图下，也许会发动相同或相似的竞争行动，但是由于不同的意图，企业对相似竞争行为的执行会有细节的差异（Marcel et al.，2010）[23]。总体上，本研究认为超网络下企业三种类型的竞争策略对绩效都有正向的促进作用。

**H1a：企业对峙型策略对企业绩效有正向作用。**

**H1b：企业壁垒型策略对企业绩效有正向作用。**

**H1c：企业共生型策略对企业绩效有正向作用。**

### 7.2.2　超网络关联对企业竞争策略的影响

嵌入在超网络下，文化企业在不同层次上的网络关联程度能够影响甚至决定企业对三种竞争策略的选择。

第一，行业内商业网络关联程度高的企业，对行业内已出现的、明确的竞争对手有足够的了解与互动（Heggestad & Rhoades，1978）[24]，因而能够更容易发动以形成制衡目标的竞争行动（Chen & Miller，1994）[25]，且这种行为的范畴也更容易在超网络中扩散，而不只局限于行业内商业网络这一个层次。跨行业的网络主要以两种方式形成关联：资本与知识（Basile，2011；Lee & Kim，2010；Elodie Gardet & Caroline Mothe，2012）[12-14]，但是无论是用哪种方式，尽管跨行业网络关联的主要价值并非让焦点企业与其现有的竞争对手形成制衡，但是在价值链环节上的"多点接触"（Multi - Point Contact）与制衡肯定是跨行业网络关联下企业竞争行为的一种必然结果。企业的社会资源与社会网络是一个非常复杂的概念（Veronique，2003）[2]，这其中与政府或制度的关联对企业的竞争优势与竞争策略选择存在决定性的影响（皮圣雷、蓝海林，2014）[26]。但是，与政府的沟通容易使企业背离市场行为（曾萍、宋铁波，2012）[16]，从而忽略在行业内市场竞争中与竞争对手的制衡与对抗。

**H2a：三个子网络关联对对峙型竞争策略的影响程度不一：行业内商业网络关联对对峙型竞争策略的影响最强，跨行业网络关联次之，而政府关系网络关联则最小。**

第二，行业内商业网络中关联（Vosselman，2012）[27]关系频繁的企业能够更巧妙、更有效地建立行业的壁垒，尤其在抑制跨界进入方面，这种壁垒往往不仅存在于行业内的市场壁垒，而且还可能存在于制度、技术创新、信息传媒渠道等多个方面（Caves & Ghemawat，1992）[28]。但是在跨行业网络中，资本与知识的流动性会促使企业用更开放的态度对其所嵌入的超网络，因此跨行业的网络关联会抑制企业发动以建立壁垒为意图的竞争行为。而过去的研究表明，企业与政府之间的互动往往更有利于构建市场壁垒（Alshamali et al.，2008；Chang & Wu，2014）[29,30]。

**H2b：三个子网络关联对壁垒型竞争策略的影响程度不一：行业内商业网络关联对壁垒型竞争策略的影响最强，跨行业网络关联次之，而政府关系网络关联则最小。**

第三，行业内商业网络中的关联较难促使企业发动以"共同进步"为意图的竞争行为，因而企业在网络中的关联关系同时也意味着企业的知识溢出（Kandampully，2002；Tortoriello，2015）[31-32]，很多隐藏自身的竞争意图被视为是一种甩掉跟随者的策略（D'Aveni，1994）[33]，并且在当今很多行业差异化仍然是主要的竞争策略。尤其跨界知识的整合对企业技术创新能力与创新优势的建立扮演越来越重要的角色。因此跨行业网络关联所形成的资本与知识流动与交互，则一定是促进行业升级与技术进步的重要驱动因素（Kaplan & Vakili，2015）[34]。在当前各国政府积极刺激和引导经济复苏与产业转型的时期，企业加强与政府部门的沟通更可能形成对产业创新与升级有所帮助的竞争策略（Li & Atuahene－Gima，2001）[35]。

**H2c：三个子网络关联对共生型竞争策略的影响程度不一：跨行业网络关联对共生型竞争策略的影响最强，政府关系网络关联次之，而行业内商业网络关联则最小。**

### 7.2.3 超网络嵌入、竞争策略与绩效

在当前的竞争状况下，文化企业需要科学有效地整合组织内部与外部的资源，才能在竞争对手动态的环境下生存与发展。嵌入在超网络的情境下，企业动态竞争决策的重点在于如何根据自身在超网络下的关联情况，选择恰当的竞争策略，以便在竞争对手动态的环境中实现绩效的增长。

文化企业对峙型竞争策略试图与行业内现有的明确竞争对手形成竞争优势与能力的制衡，从而对现有竞争优势进一步巩固（Baum & Kron，1996）[36]。在超网络结构下，对峙型策略实施的范围并不仅仅局限于行业内的产品市场范围，而更会涉及跨行业的创新关联与政府部门之间的沟通等。可以说，企业越是强化与供应链上下游、跨行业资本与知识的整合及政府等社会资源的互动与沟通，在企业网络上的市场和资源位置（Gnyawali & Madhavan，2001）[37]更加稳固，就越容易与竞争对手形成市场共通性与资源相似性的对峙（Chen，1996）[20]。而竞争制衡则会促进企业与行业内竞争对手之间的"共谋"（Edward，1955）[18]，包括在价格策略、市场进入壁垒以及创新方向等方面，从而获得高额利润。

在行业内部市场增长率和市场利润率较高时，有效建立行业壁垒，限制后进入者的发展是有效地增加收益的办法（Boddewyn & Brewer，1994）[38]。而企业在超网络下的关联性则是文化企业构建壁垒的基础，有效的壁垒往往都是全行业链条（Nishiguchi，1994）[6]、市场和非市场资源（Boddewyn & Brewer，1994）[38]综合形成的。壁垒型竞争策略不仅有拦截新进入者的功能，还有阻隔甚至误导跟随者的作用（D'Aveni，1998）[39]，包括强化技术

或商业信息保密、故意释放误导性信息等。其实要实现误导最好的方式就是形成多样化的网络关联，使竞争对手不知道企业的真实战略方向。但无论出于何种考虑，只要企业在超网络下形成关联足够强，会更容易通过实施壁垒型竞争策略而获得收益。

文化企业的创新被证明是一件必须依靠外部资源的过程（Arora et al.，2014；Chen，2011）[40-41]，在企业围绕技术或模式创新的过程中，整合外部资源的方式与途径有许多种，包括外包、合作、引入（或收购）等。而企业创新实现收益的过程中更需要获得不同层次网络中各个相关方的支持或合法性认同（Kandampully，2002；Helmersa & Rogers，2011）[31,42]。企业的共生型策略正是以创新和升级为主要导向的竞争策略，这种竞争策略，无论短期或者长期，都需要依托适宜的企业网络，而且是超网络下的各种资源。企业在超网络下的关联性能够有效地支撑企业共生型策略的实施，并迅速释放共生型策略所整合的创新型资源的市场价值（Steven Muegge，2013；Kumar et al.，2015）[43-44]。

**H3a**：企业网络中的对峙型竞争策略在超网络关联与绩效之间构成中介作用。

**H3b**：企业网络中的壁垒型竞争策略在超网络关联与绩效之间构成中介作用。

**H3c**：企业网络中的共生型竞争策略在超网络关联与绩效之间构成中介作用。

# 7.3  问卷设计

与第 6 章一样，我们也是选择动漫企业作为本章实证研究的样本对象。

第一，因变量。本研究将企业绩效作为因变量。本研究根据万通和苏雅萨普塔在企业竞争战略或动态竞争研究中对企业绩效的测度方法（Wanto & Suryasaputra，2014）[45]。本研究选择市场占有率、主营业务收入、企业利润三个题项，每一个题项都设计 5 分量表，询问受访企业上年的绩效与其他企业的对比情况，从非常低于平均水平到非常高于平均水平。

第二，自变量。考虑到中国市场分割与文化产业的现状以及动漫产业自身的特点，本研究将动漫企业的网络分为三种：一是内容生产网络，包括动漫企业与上游供应商的关联、与渠道发行机构的关联、与版权授予相关第三方机构的关联、与合作研发机构的关联等；二是跨行业延伸网络，包括与动漫衍生制造商的关联、与不同行业企业的关联；三是政府关系网络，包括与中央各相关部委及其直属机构的关联，以及与地方政府相关部门的关联。本研究按照 5 分量表设计一个或两个题项测量受访企业过去一年内每一个具体关联的强弱程度。本研究将回收的问卷按照三种不同层次的网络分别将数值加总，形成了行业内商业网络、跨行业商业网络及政府关系网络三个变量。

第三，中介变量。本研究将企业的竞争策略作为中介变量。学者们往往在前人的基础上，结合所研究的行业特点，划分竞争行为的类型。本研究将在前人（Miller & Chen，1994；谢洪明等，2003）[25-46]的基础上，并结合动漫行业的特点将企业竞争行为分为八种：投资或并购、联盟或合作、开发或引入新制作技术、推出和发行新产品、进入新渠道、调整动漫创造与制作团队、变动价格、开展公共关系性活动。本研究分别测量企业上一年实施每一类竞争行动的意图，包括与现有竞争对手形成对峙或制衡（对峙）、提高行业或市场的进入壁垒或诱导潜在竞争对手（壁垒），以及企业为构建战略同盟和创新升级而打造生态圈（共生）等。每一种竞争行为的每一种竞争意图的程度都用 5 分量表表示从完全没考虑到完全出于该意图的不同等级。

第四，控制变量。本研究基于前人的研究（Miller & Chen，1994）[25]，选择将成立的时间、企业人数、总产值及上一年动漫产品生产规模（包括动漫视频的总时长与漫画的总幅数）等四个指标作为控制变量。

# 7.4 分析结果

## 7.4.1 测量模型检验

由表 7-1 可知，本章各主要变量的测量量表的 Cronbach's Alpha 值都大于 0.7，表明变量的信度较好，可以接受。

通过方差分析（如表 7-2 所示），三个子网络的组间方差都显著地大于组内方差，因而说明文化企业超网络中的三个主要子网络相互独立，在某种程度上证明企业存在不同层次、相互独立的子网络关联。

表 7 - 1 　　　　　　　　　　　调查问卷分量表信度水平

|  | Cronbach's Alpha | 项数 | 信度水平 |
|---|---|---|---|
| 行业内网络关联 | 0.779 | 10 | 比较好 |
| 政府关系关联 | 0.702 | 2 | 比较好 |
| 跨行业网络关联 | 0.703 | 6 | 比较好 |
| 对峙型策略 | 0.711 | 8 | 比较好 |
| 壁垒型策略 | 0.718 | 8 | 比较好 |
| 共生型策略 | 0.732 | 8 | 比较好 |
| 企业绩效 | 0.745 | 3 | 比较好 |

表 7 - 2 　　　　　　　　　　三种企业网络关联的方差分析

|  |  | Sum of Squares | df | Mean Square | F | Sig. |
|---|---|---|---|---|---|---|
| 业内商业网络 | Between Groups | 178.862 | 12 | 14.905 | 7.551 | 0.000 |
|  | Within Groups | 416.516 | 211 | 1.974 |  |  |
|  | Total | 595.378 | 223 |  |  |  |
| 跨行业商业网络 | Between Groups | 215.242 | 12 | 17.937 | 6.937 | 0.000 |
|  | Within Groups | 542.955 | 210 | 2.585 |  |  |
|  | Total | 758.197 | 222 |  |  |  |
| 政府关系网络 | Between Groups | 91.241 | 12 | 7.603 | 3.930 | 0.000 |
|  | Within Groups | 406.310 | 210 | 1.935 |  |  |
|  | Total | 497.552 | 222 |  |  |  |

## 7.4.2　样本回归分析

本研究基于巴龙等（Baron et al.，1986[47]）关于中介效应验证步骤，建立分步的多元线性回归模型，应用 SPSS16.0 对搜集到的数据进行多元统计分析，并汇总得到表 7 - 4。根据表 7 - 4 可知，本研究所有的回归模型的 $R^2$ 值和 F 值检验都为显著，回归模型的拟合程度基本都可以接受。

其中 M0 表明，企业三种竞争策略（对峙型策略、壁垒型策略和共生型策略）对企业绩效都存在显著的正向影响，因此 H1a、H1b 和 H1c 全部通过。M2 表明，行业内网络关联和跨行业网络关联对对峙型竞争策略构成显著的正向影响，且行业内网络关联的影响程度（0.451，$p < 0.001$）较跨行业网络关联的影响程度高（0.185，$p < 0.01$）。而政府关系网络关联则对对峙型竞争策略存在不显著的负向影响（ -0.087，$p > 0.05$）。因此，H2a 通过。

表7-3

变量描述统计结果

| | 均值 | 方差 | 1 | 2 | 3 | 4 | 5 | 6 | 7 | 8 | 9 | 10 |
|---|---|---|---|---|---|---|---|---|---|---|---|---|
| 财务绩效均值1 | 3.1060 | 0.52534 | 1.000 | | | | | | | | | |
| 年限2 | 4.4821 | 1.58175 | 0.102 | 1.000 | | | | | | | | |
| 产值3 | 4.4018 | 2.06382 | -0.014 | 0.470** | 1.000 | | | | | | | |
| 人数4 | 3.8750 | 2.22753 | -0.047 | 0.607** | 0.675** | 1.000 | | | | | | |
| 生产规模5 | 2.0625 | 1.53746 | -0.007 | 0.149* | 0.217** | 0.184** | 1.000 | | | | | |
| 对峙性策略6 | 0.5478 | 0.13652 | 0.278** | -0.068 | 0.001 | 0.042 | -0.048 | 1.000 | | | | |
| 壁垒性策略7 | 0.6585 | 0.12379 | 0.201** | 0.033 | 0.159* | 0.218** | 0.076 | 0.380** | 1.000 | | | |
| 共生性策略8 | 0.5459 | 0.15516 | 0.402** | 0.055 | -0.049 | -0.055 | 0.042 | 0.255* | -0.168* | 1.000 | | |
| 内容生产网络9 | 9.9393 | 1.63397 | 0.382** | 0.089 | 0.031 | 0.097 | 0.065 | 0.402** | 0.064 | 0.471** | 1.000 | |
| 衍生网络10 | 9.0213 | 1.84805 | 0.277** | -0.007 | 0.031 | -0.010 | -0.136* | 0.185** | -0.100 | 0.593** | 0.374** | 1.000 |
| 政府关系网络11 | 6.9552 | 1.49707 | 0.169* | 0.278** | 0.153* | 0.183** | 0.124 | 0.134* | -0.086 | 0.469** | 0.552** | 0.310** |

注：① **. Regression is significant at the 0.01 level (2 - tailed).
② *. Regression is significant at the 0.05 level (2 - tailed).

表7-4 回归分析结果汇总表

| | P(M0) | P(M1) | 对峙策略(M2) | 壁垒策略(M3) | 共生策略(M4) | P(M5) | P(M6) | P(M7) |
|---|---|---|---|---|---|---|---|---|
| 控制变量 | | | | | | | | |
| Constant | (5.995)*** | (5.782)*** | (2.187)* | (8.138)*** | (-1.545) | (5.318)*** | (3.027)** | (6.490)** |
| 年限 | 0.161* | 0.175* | -0.116 | 0.029 | -0.025 | 0.207** | 0.167* | 0.183* |
| 产值 | 0.013 | 0.028 | -0.015 | 0.024 | -0.003 | 0.032 | 0.021 | 0.029 |
| 人数 | -0.137 | -0.122 | 0.137 | 0.137 | -0.031 | -0.160 | -0.160 | -0.111 |
| 生产规模 | -0.017 | 0.000 | -0.046 | 0.067 | -0.017 | 0.012 | -0.019 | 0.006 |
| 自变量 | | | | | | | | |
| 行业内网络 | | 0.407*** | 0.451*** | 0.307*** | 0.134* | 0.282** | 0.322*** | 0.361*** |
| 跨行业网络 | | 0.257*** | 0.185** | 0.047 | 0.462*** | 0.206** | 0.244*** | 0.096 |
| 政府关系网络 | | -0.145* | -0.087 | -0.242*** | 0.251*** | -0.120 | -0.077 | -0.233** |
| 中介变量 | | | | | | | | |
| 对峙策略 | 0.175* | | | | | 0.279*** | | |
| 壁垒策略 | 0.271*** | | | | | | 0.278*** | |
| 共生策略 | 0.369*** | | | | | | | 0.350*** |
| R square | 0.338 | 0.236 | 0.264 | 0.136 | 0.344 | 0.290 | 0.304 | 0.401 |
| F | 17.296*** | 10.771*** | 12.100*** | 3.923*** | 6.228*** | 12.299*** | 13.049*** | 12.899*** |

注：① ***. Regression is significant at the 0.001 level (2 - tailed).
② **. Regression is significant at the 0.01 level (2 - tailed).
③ *. Regression is significant at the 0.05 level (2 - tailed).

M3 表明，行业内网络关联对壁垒型竞争策略构成显著的正向影响（0.307，p<0.01）；跨行业网络关联对壁垒型竞争策略构成正向影响不显著（0.047，p>0.05）；政府关系网络关联则对壁垒型竞争策略存在显著的负向影响（−0.242，p<0.001），与原有的假设并不一致，因此 H2b 部分通过。M4 表明，行业内网络关联对壁垒型竞争策略构成显著的正向影响（0.143，p<0.05）；跨行业网络关联对壁垒型竞争策略构成正向影响不显著（0.462，p>0.001）；政府关系网络关联则对壁垒型竞争策略存在显著的负向影响（0.251，p<0.01），因此 H2c 通过。

结合 M1 到 M7，根据巴龙对中介效应的判断标准，本研究的分析结果表明三种竞争策略在企业超网络关联与绩效之间构成中介作用（Baron et al.，1986[47]）。具体而言：①对峙型策略在行业内网络关联、跨行业网络关联与绩效之间构成部分中介作用，而在政府关系网络关联与绩效之间不构成中介作用；②壁垒型策略在行业内网络关联、政府关系网络关联与绩效之间构成部分中介作用，而在跨行业网络关联与绩效之间不构成中介作用；③共生行策略在行业内网络关联、政府关系网络关联与绩效之间构成部分中介作用，而在跨行业网络关联与绩效之间更存在完全中介作用。因此，H3a、H3b 部分成立，H3c 成立。

## 7.5  超网络中的文化企业资源与能力

### 7.5.1  对结果的讨论

通过本章的实证研究，我们在揭示文化企业超网络嵌入下竞争策略选择的基础上，还在动态竞争理论领域有一些进步和突破，具体包括如下两个方面：

**1）超网络下的动态竞争策略（Strategies）**

企业网络是企业在特定的制度环境、产业结构和技术条件下与周围各类企业、非盈利结构等之间的关联所构成的一个关系拓扑结构（Barrat et al.，2004）[3]。自薇洛妮克（Veronique，2003）之后，学者们发现网络的结构性对企业的战略行为、创新行为和竞争优势等都有很强的解释力度（Gnyawali & Madhavan，2001）[37]。因此，在资源基础观（Penrose，1959）[48]的基础上，企业网络的研究开始逐渐丰富，但是学者们大多将企业嵌入的网络视为一个二维的拓扑网络，其中各个结点以及结点之间的关联都属于同一类型，并忽视其中不同类型关联之间的相对独立特性。本研究通过实证验证，发现企业所嵌入的网络至少可以划分为行业内商业网络、跨行业商业网络及政府关联网络三个层次，而每一层次网络的关联都相互独立。因此可以说，企业所嵌入的网络是一个超网络结构。这种结构如果用拓扑图来表达，至少应该是三维甚至更多维的。而不同层次的网络关联虽然可以相互影响，但相互间却是相对独立的，不同层次网络中的结点也有不同，有的网络中与焦点企业发生关联的"结点"甚至不是企业，而这种网络中资源的配置方式及各结点的行为决策模式也许不是按照市场机制来进行的（Chellappa & Saraf，2010）[9]。

在超网络下，企业的竞争对手并不确定，可能出现在不同层次的网络中，且竞争对手的角色本身也是临时性的。因此，在超网络下企业动态竞争决策的首要问题是回答企业可以或应该建立哪些竞争优势，以指导企业动态竞争行为决策。本研究提出并验证了企业在超网络下至少存在三种竞争策略的选择（对峙型竞争策略、壁垒型竞争策略及共生型竞争策略），且这三种竞争策略对企业的绩效增加都有显著的正向作用。本研究的结果在波特（Porter）的基础上进一步推进了对企业竞争优势的认识。在聚焦某一个行业中围绕产品竞争时，企业的竞争优势总体来说分为成本优势与差异性优势（Porter，1980）[49]。而在超网络之下，企业需要同时面对在某一行业中围绕产品的竞争（Gimeno，1999）[19]，在不同行业中围绕股权、技术与知识的竞争（Kapoor & Furr，2015）[50]，以及在特定的制度环境下围绕企业合法性的各种制度资源的竞争（Boyce，2000）[51]等。任何一种战略性资源的稀缺都会造成企业与其所嵌入的网络中某一个或多个相关方之间演化为竞争关系。在这样的情境下，仅仅从高差异与低成本的优势出发，企业难以形成恰当的竞争策略选择。而本研究的三种竞争策略对应了三种在超网络嵌入下的竞争优势：业内既有竞争优势、应对跨界进入的防御优势，以及企业创新与升级的生态圈优势。企业在超网络视角下的竞争优势在某种程度上也是企业在网络情境下动态竞争的竞争认知与意图（Cognition and Intention）（Livengood & Reger，2010）[52]。

**2）超网络关联下的企业动态竞争策略选择**

近年来竞争网络的研究多是在陈哲明（Chen，1996）的基础上，推广市场共通性与资源相似性两个理论概念，形成企业在某一个单一网络中市场位置（Market Position）和资源位置（Resource Position）等要素（Gnyawali & Madhavan，2001）[37]，以刻画和分析企业在网络中的动态竞争特征及竞争行为的机理。但是，贾瓦理（Gnyawali）和马德哈万（Madhavan，2001）等人的研究多将网络看作是企业的一种外部环境，而着重探讨企业在这种网路下面对某一（类）特定竞争对手的竞争行为，包括进攻、反击及策略组合等（Gnyawali & Madhavan，2001）[37]。嵌入在网络中，企业与企业每一种竞争行为（action）也都是通过该网络发动的，并构成该网络中的某些关联。

陈明哲（Chen）和米勒（Miller）在 2015 年 *Strategic Management Journal* 的 6 月刊上发表了一篇论文，提出对动态竞争的重新界定，并从"关系视角"（Relational）重新构建了动态竞争的理论框架，旨在将企业的所有相关方都纳入到动态竞争策略的分析模型中，从企业与各相关方的长期关系的优化、共赢的视角，考虑和制定企业的动态竞争策略。虽然"关系视角"的概念框架对企业与相关方之间关联的界定过于笼统，因而缺乏对企业竞争实践的指导能力，但陈明哲（Chen）和米勒（Miller）的理论打开了动态竞争理论全新的研究视野与研究范围，揭示了企业的动态竞争决策事实上并非只考虑市场竞争的单一维度，而具有多个层次、多个时间区间的多重考虑（Chen & Miller，2015）[53]。本研究以中国动漫企业为例，在提出企业超网络的基础上，进一步丰富陈明哲（Chen）和米勒（Miller）的观点，企业在不同层次网络中的关联关系，对企业竞争策略的选择及竞争策略的发挥都有着不同的影响：行业内商业网络关联关系能够有效地支撑企业选择对峙型、壁垒型和共生型竞争策略并增加企业绩效；而跨行业商业网络关联关系则能够有效地支撑企业选择对峙型和共生型竞争策略并增加企业绩效，而不支持企业选择壁垒型策略；政府关联网络关系则能够有效地支撑企业选择壁垒型、共生型价值策略并增加企业绩效，而不支持企业选择对峙型策略。

## 7.5.2 文化企业动态竞争：基于结构视角还是资源视角？

在本章的研究里，我们大胆地推进了学术界对企业动态竞争的理解，结合我国文化企业的特点，提出企业是嵌入在一个超网络下的假说，并通过实证验证了这一假说（虽然对这一验证并不全面）。继而，我们基于前人的研究总结了企业在网络中的竞争策略，第一次将动态竞争的竞争行为与企业竞争战略之间建立了逻辑连接。最终，我们发现了文化企业嵌入在不同的子网络中，会有不同的竞争策略选择。同时，行业内商业网络是文化企业超网络中起主导性作用的子网络，在该网络中的关联程度将直接决定企业竞争策略的选择。

但是，这并不能让我们满意。因为本章和上一章的研究对照起来给我们留下了一个富有想象力的课题：文化企业的动态竞争策略，到底是基于结构视角，还是基于资源视角？到底是文化企业嵌入在超网络下的关联程度与企业竞争策略的契合最终导致绩效增长，还是文化企业对外部超网络下智力资本的整合增强了企业创新能力从而实现绩效增长？这两个逻辑看似并不排斥，却分别对应了战略管理理论的两个重要研究视角：产业组织观和资源基础观。

产业组织观其余产业组织理论，盛于波特五力模型。而今天，我们基于超网络嵌入特征对企业战略行为选择的影响机理，跟波特理论的 S－C－P 范式如出一辙。资源基础观起于潘洛斯（Penross，1959），盛于核心竞争力理论。我们在第 6 章关于文化企业智力资本的研究其实就是在研究锻造文化企业核心竞争力的基础资源。事实上，这两派理论从来都不是互斥的，只是少有人整合它们：一个的逻辑起点是企业的外部环境，而另一个的逻辑起点是企业的内部能力。我们试图通过超网络嵌入作为一个"楔子"，看能否找到突破口，搭建起文化企业竞争战略的外部和内部框架。

## 本章参考文献

[1] Albers S, Heuermann C. Competitive Dynamics across Industries：An Analysis of Inter-industry Competition in German Passenger Transportation [J]. Schmalenbach Business Review, 2013, 65 (4)：431 –453.

[2] Veronique Schutjens and Erik Stam. Then Evolution and Nature of Young Firm Networks：A Longitudinal Perspective [J]. Small Business Economies, 2003, 21 (2)：115 – 148.

[3] Barrat A, Barthelemy M, Vespignani V. Weighted evolving networks：coupling topology and weight dynamics [M]. Physical Review, 2004.

［4］Sheffi. Y. , Urban Transportation Networks：Equilibrium Analysis with Mathematical Programming Methods ［M］. N J：Printice – Hall, 1985.

［5］王志平, 王众托. 超网络理论及其应用 ［M］. 科学出版社, 2008.

［6］Nishiguchi, T. Strategic Industrial Sourcing ［M］. Oxford University Press, New York, NY. 1994.

［7］Ozer, M. and W. Zhang, The Effects of Geographic and Network Ties on Exploitative and Exploratory Product Innovation ［J］. Strategic Management Journal, 2015. 36 （7）：1105 – 1114.

［8］Jarillo, J. C. On strategic networks ［J］. Strategic Management Journal, 1988, 9 （1）：31 –41.

［9］Chellappa, R. K. and N. Saraf. Alliances, Rivalry, and Firm Performance in Enterprise Systems Software Markets：A Social Network Approach ［J］. Information Systems Research, 2010. 21 （4）：849 –871.

［10］Mohannak. Innovation networks and capability building in the Australian high-technology SMEs ［J］. European Journal of Innovation, 2007. 10 （2）, 236 –251.

［11］Manikandan and Ramachandran. Beyond institutional voids – Business groups, incomplete markets, and organizational form ［J］. Strategic Management Journal, 2015, 36 （2）：598 –617.

［12］Basile, A. Networking System and Innovation Outputs：The Role of Science and Technology Parks ［J］. International Journal of Business and Management, 2011. 6 （5）：3 – 15.

［13］Lee, S. and M. Kim. Inter-technology networks to support innovation strategy：An analysis of Korea's new growth engines ［J］. Innovation：management, policy & practice, 2010. 12 （1）：88 – 104.

［14］Elodie Gardet and Caroline Mothe. SME dependence and coordination in innovation networks ［J］. Journal of Small Business and Enterprise Development, 2012, 19 （2）：263 – 280.

［15］Moses Acquaah. Social Networking Relationships, Firm-specific Managerial Experience and Firm Performance in A Transition Economy：A Comparative Analysis of Family Owned and Nonfamily Firms ［J］. Strategic Management Journal, 2012, 33：1215 – 1228.

［16］曾萍, 宋铁波. 政治关系与组织绩效的关系研究 ［J］. 管理学报, 2012, 9 （3）：364 –370.

［17］皮建才. 中国地方政府间竞争下的区域市场整合 ［J］. 经济研究, 2008, 3：115 –124.

［18］Edwards, C. , D. . Conglomerate Bigness as a Source of Power. In Business Concentration and Price Policy [C]. Conference of the University-national Bureau Committee for Economic Research. Princeton, NJ: Princeton University Press, 1955: 331 – 352.

[19] Gimeno, Woo. Multimarket contact, economies of scope, and firm performance [J]. Academy of Management Journal, 1999, 42: 239 – 259.

[20] Chen MJ. Competitor analysis and interfirm rivalry: toward a theoretical integration [J]. Academy of Management Review, 1996, 21 (1): 100 – 134.

[21] Santos, F. , K. Eisenhardt. Constructing markets and shaping boundaries: Entrepreneurial power in nascent fields [J]. Acad. Management J, 2009, 52 (4): 643 – 671.

[22] Skaggs, B. C. , T. R. Huffman. A customer interaction approach to strategy and production complexity alignment in service firms [J]. Acad. Management J, 2003, 46 (6): 775 – 786.

[23] Marcel & Barr and Duhaime. The Influence of Executive Cognition on Competitive Dynamics [J] Strategic Management Journal, 2010. 32: 115 – 138.

[24] Heggestad, A. A. , & Rhoades, S. A. Multimarket interdependence and local competition in baking [J]. Review of Economics and Statistics, 1978, 60: 523 – 532.

[25] Chen, M. , J. , & Miller, D. Competitive Attack, Retaliation and Performance: An Expectancy-valence Framework [J]. Strategic Management of Journal, 1994, 15: 85 – 102.

[26] 皮圣雷，蓝海林. 中国横向整合企业竞争策略组合与组织协调性：转型期制度情境的调节作用 [J]. 管理世界, 2014 (4): 81 – 89.

[27] Ed Vosselman. Approaching control in interfirm transactional relationships Contrasting and connecting a transaction cost economics perspective with an actor-network theory perspective [J]. Qualitative Research in Accounting & Management, 2012, 9 (1): 4 – 20.

[28] Caves, R. , & Ghemawat, P. Identifying Mobility Barriers [J]. Strategic Management Journal, 1992, 13: 1 – 12.

[29] Alshamali, M. , M. Alfadly and N. I. Abumustafa, Financial and social barriers to bank merger and acquisition [J]. Journal of Derivatives & Hedge Fundes, 2008. 14 (3/4): 160 – 197.

[30] Chang, S. and B. Wu. Institutional Barriers And Industry Dynamics [J]. Strategic Management Journal, 2014. 35: 1103 – 1123.

[31] Kandampully, J. Innovation as the core competency of a service organisation: The role of technology, knowledge and networks [J]. European Journal of Innovation Management, 2002, 5 (1): 18 – 26.

[32] Tortoriello, M. The Social Underpinning of Absorptive Capacity: The Moderrating Effects of Structural Holes on Innovation Generation Based on External Knowledge [J]. Strategic Management Journal, 2015. 36 (5): 586 – 597.

[33] D'Aveni. Hypercompetition: Managing the Dynamics of Strategic Maneuvering [M].

New York: Free Press, 1994.

[34] Kaplan and Vakili. The Double-edged Sword of Recombination in Breakthrough Innovation [J]. Strategic Management Journal, 2015. 36 (10): 1435 – 1457.

[35] Li and Atuahene – Gima, Product innovation strategy and the performance of new technology ventures in China [J]. Academy of Management Journal, 2001. 44 (6): 1123 – 1134.

[36] Baum, J., A., & Kron, H., J.. Competitive Dynamics of Interfirm Rivalry [J]. Academy of Management Journal, 1996, 39 (2): 255 – 291.

[37] Devi R. Gnyawali and Ravindranath Madhavan, Cooperative Networks and Competitive Dynamics: A Structural Embeddedness Perspective [J]. Academy of Management Review, 2001. 26 (3): 431 – 445.

[38] Boddewyn, J. and Brewer, T. International business political behavior: new theoretical directions [J]. Academy of Management Review, 1994, 19: 119 – 43.

[39] D'Aveni. Waking Up to the New Era of Hypercompetition [J]. Washington Quarterly, 1998, 21 (1): 183 – 195.

[40] Arora, A., S. Belenzon and L. A. Rios. Make, Buy, Organize: The Interplay Between Research, External Knowledge, and Firm Structure [J]. Strategic Management Journal, 2014. 35: 317 – 337.

[41] Chen, H. The Relationship between Technology Industrial Cluster and Innovation in Taiwan [J]. Asia Pacific Management Review, 2011. 16 (3): 277 – 288.

[42] Helmersa, C. and M. Rogers. Does patenting help high-tech start-ups? [J]. Research Policy, 2011. 40: 1016 – 1027.

[43] Steven Muegge. Platforms, Communities, and Business Ecosystems: Lessons Learned about Technology Entrepreneurship in an Interconnected World [J]. Technology Innovation Management Review, 2013, (2): 5 – 15.

[44] Kumar, P., M. Dass and S. Kumar, From competitive advantage to nodal advantage: Ecosystem structure and the new five forces that affect prosperity [J]. Business Horizons, 2015: 469 – 481.

[45] Wanto, H. S. and R. Suryasaputra, The Effect of Organizational Culture and Organizational Learning towards the Competitive Strategy and Company Performance [J]. Information Management and Business Review, 2014. 4 (9): 467 – 476.

[46] 谢洪明, 蓝海林, 叶广宇, 杜党勇. 动态竞争: 中国主要彩电企业的实证研究 [J]. 管理世界, 2003 (4): 77 – 128.

[47] Baron R. M., Kenny D. A.. The moderator-mediator variable distinction in social psychological research: Conceptual, strategic, and statistical considerations [J]. Journal of Person-

ality and Social Psychology, 1986, 51 (6): 1173 – 1182.

[48] Penrose E. T. The Theory of the Growth of the Firm [M]. Oxford: Basil Blackwell, 1959.

[49] Porter. Competitive strategy [M]. New York: Free Press, 1980.

[50] Kapoor and Furr. Complementarities and Competition: Unpacking the Drives of Entrants' Technology Choices in The Solar Photovoltaic Industry [J]. Strategic Management Journal, 2015. 36 (3): 416 – 436.

[51] Boyce, J. R. Interest Group Competition over Policy Outcomes: Dynamics, Strategic Behavior, and Social Costs [J]. Public Choice, 2000. 102 (3 – 4): 313 – 339.

[52] Livengood, R. S. and R. K. Reger, That's Our Turf! Identity Domains and Competitive Dynamics [J]. Academy of Management Review, 2010. 35 (1): 48 – 66.

[53] Chen, M. and D. Miller, Reconceptualizing Compatitive Dynamics: A Multidimensional Framework [J]. Strategic Management Journal, 2015, 36 (6): 758 – 775.

# 8

## 整合网络下文化企业智力资本与竞争策略

### 8.1  文化企业在网络中的创新与竞争

通过前两章的讨论，我们对文化企业构建核心专长和竞争优势的路径有了大体的了解。文化企业核心优势的建立以智力资本为基础，而提高智力资本的主要方式是通过外部整合。在构建外部整合的网络中，文化企业特有的竞争格局也形成了，在特有的竞争格局下，企业应基于不同的子网络关联关系程度，采取对峙、壁垒和共生等三种竞争策略，以获得在整合网络中的优势与主动。但问题是，竞争策略的选择与实施，与企业核心优势的建立有关联吗？

我们经常看到一些文化企业，为了获得竞争优势和超额利润，在竞争中忘记了自己的主业。比如一些广告公司和设计公司，为了获得订单或者锁定订单，而在产业链条上下游整合一些非设计、非创意性的环节，比如工程监理、建筑材料销售甚至是批量加工生产。这些获得在短期内让文化企业活下来，但是长期来看却无疑分散了企业对智力资本的整合与提升。事实上，当一个文化企业开始接触关联性的生产环节时，企业的智力资本，包括人力资本、结构资本和关系资本，就开始变得并不完全与文化创意活动相关，最后就连你自己也不知道自己到底算不算一个文化企业了。因此对于文化企业而言，通过外部整合网络提升智力资本并在网络中获取竞争优势需要通过一种特定的模式来加以协调。不然，单纯基于网络嵌入而制定的竞争策略与单纯基于内部能力考量而形成的智力资本整合将很难被统一到一起。

我们对文化企业智力资本与企业绩效的关系虽然在第 6 章做了论证，但是智力资本仅仅是一种资源，需要某些特定的行为将资源转化为绩效。我们还在第 7 章论证了文化企业超网络嵌入下竞争策略与绩效的关系，但是我们不能保证基于外部整合网络嵌入的竞争策略就能够有效地放大智力资本的战略作用。如果在具体的竞争策略执行中，文化企业选择抑制智力资本提升，那么最终企业动态的竞争行为很可能形成某种"路径依赖"，并阻碍企业创新优势的构建。本章我们将讨论文化企业如何在外部整合网络中有效地通过实施动态竞争策略强化企业智力资本对企业成长绩效的促进作用。

## 8.2　文化企业智力资本与企业成长：
## 竞争策略的中介效应

根据第 6 章、第 7 章的讨论，我们知道，智力资本只是企业的一种资源。资源如果不加以利用是无法形成竞争力和效益的。文化企业在既有的智力资本前提下，采取什么样的竞争策略，才能发挥智力资本的作用，建立和巩固竞争优势，在当前文化企业看来就显得尤为重要。我们认为，企业智力资本将可以支撑并可以通过三种竞争策略实现对绩效的促进作用。通过智力资本的整合，文化企业可通过加快文化创意与产品创新来与竞争对手形成竞争对峙。同样，对智力资本中关系资本的整合也可以采用对峙竞争型策略。文化企业智力资本中的结构资本和关系资本往往都是企业与跨行业的其他组织之间的某种合作或联盟所形成的，对企业发动共生型的竞争策略有非常好的作用。文化企业要阻隔跨行业进入的威胁，最佳的方式就是提高自身的行业标准、知识产权数量等，这些都属于结构资本的范畴，因此结构资本也能够促进壁垒型竞争策略的实施。

基于上述分析与讨论，本研究提出如下假设：

**H1**：对峙型策略在智力资本与企业成长之间构成中介效应。

**H2**：壁垒型策略在智力资本与企业成长之间构成中介效应。

**H3**：共生型策略在智力资本与企业成长之间构成中介效应。

# 8.3 问卷设计

## 8.3.1 变量选择

### 1）自变量

本章将智力资本作为自变量。本章中智力资本的量表与第 6 章一致。

### 2）中介变量

本章将竞争策略作为中介变量。本章中竞争策略的量表与第 7 章一致。

### 3）因变量

本章我们选择企业成长作为因变量。许多学者都对企业成长的内涵有过不同的论述，本研究结合企业成长理论，对企业成长作出如下操作性定义：企业成长是企业资源和能力及其能效提升的过程，企业成长反映企业财务收益、创新绩效和竞争优势三个方面的成果。我们在前人的测量指标（张瑾，2009；马淑文，2011；李海超、衷文蓉，2013）[1-3]基础上，将文化企业成长绩效划分为三个维度测量：创新绩效、财务绩效和竞争绩效。其中，创新绩效设计了 4 个题项，财务绩效设计了 2 个题项，而竞争绩效设计了 2 个题项，如表 8 - 1 所示。

表 8 - 1　　　　　　　　　　企业成长测量量表

| 维度 | 编号 | 题项内容 | 来源 |
|---|---|---|---|
| 创新绩效 | EG11 | 在行业中，我司新产品、新服务的开发数量增长情况 | 张　瑾，2009；马淑文，2011；李海超、衷文蓉，2013 |
| | EG12 | 在行业中，我司新产品、新服务的开发速度增长情况 | |
| | EG13 | 与行业平均水平相比，本企业新产品市场份额的增长速度 | |
| | EG14 | 与行业平均水平相比，本企业新产品销售收入的增长速度 | |

| 维度 | 编号 | 题项内容 | 来源 |
|------|------|---------|------|
| 财务绩效 | EG21 | 企业利润率高于行业平均水平 | 张 瑾，2009； |
| | EG22 | 企业净资产收益率高于行业平均水平 | 马淑文，2011； |
| 竞争绩效 | EG31 | 企业主体业务的市场份额在同行业中处于前列 | 李海超、衷文蓉，2013 |
| | EG32 | 企业销售增长率高于行业平均水平 | |

**4）控制变量**

与前两章一样，我们选取企业所在成立年数、员工人数、总资产及地域为控制变量。

### 8.3.2 小样本测试

**1）项目分析**

我们对每一个题项进行了项目分析，结果如表 8 - 2 所示。其中壁垒型策略的第 6 题项和第 8 题项未通过，共生型策略的第 4 题项未通过。这两个变量的对应题项将在正式问卷中被删除。其余量表题项保留不变。

表 8 - 2　　　　　　　　　量表各题项项目分析结果

| 变量 | 二级变量（维度） | 量表题项 | 高低组临界比（C. R.） | 各题项与总分相关 | 判断结果 |
|------|------|------|------|------|------|
| 竞争策略 | 对峙型 | CS11 | 7. 832 *** | 0. 646 *** | 保留 |
| | | CS12 | 8. 369 *** | 0. 834 *** | 保留 |
| | | CS13 | 7. 369 ** | 0. 792 ** | 保留 |
| | | CS14 | 8. 596 *** | 0. 768 *** | 保留 |
| | | CS15 | 10. 022 *** | 0. 811 *** | 保留 |
| | | CS16 | 9. 254 *** | 0. 625 *** | 保留 |
| | | CS17 | 7. 259 ** | 0. 632 ** | 保留 |
| | | CS18 | 8. 521 *** | 0. 766 *** | 保留 |
| | 壁垒型 | CS21 | 9. 352 *** | 0. 646 *** | 保留 |
| | | CS22 | 7. 348 *** | 0. 834 *** | 保留 |
| | | CS23 | 7. 663 ** | 0. 792 ** | 保留 |
| | | CS24 | 6. 492 *** | 0. 768 *** | 保留 |

| 变量 | 二级变量<br>（维度） | 量表题项 | 高低组临界比<br>（C. R.） | 各题项与<br>总分相关 | 判断结果 |
|---|---|---|---|---|---|
| 竞争策略 | 壁垒型 | CS25 | 9. 121 *** | 0. 811 *** | 保留 |
| | | CS26 | 3. 252 | 0. 231 | 删除 |
| | | CS27 | 7. 165 ** | 0. 787 ** | 保留 |
| | | CS28 | 4. 106 | 0. 271 | 删除 |
| | 共生型 | CS31 | 7. 419 *** | 0. 698 *** | 保留 |
| | | CS32 | 8. 125 *** | 0. 894 *** | 保留 |
| | | CS33 | 7. 291 ** | 0. 684 ** | 保留 |
| | | CS34 | 8. 339 *** | 0. 751 *** | 删除 |
| | | CS35 | 2. 174 | 0. 317 | 保留 |
| | | CS36 | 7. 534 *** | 0. 757 *** | 保留 |
| | | CS37 | 8. 411 ** | 0. 616 ** | 保留 |
| | | CS38 | 7. 99 *** | 0. 811 *** | 保留 |
| 智力资本 | 人力资本 | IC11 | 10. 823 *** | 0. 812 *** | 保留 |
| | | IC12 | 7. 651 ** | 0. 536 *** | 保留 |
| | | IC13 | 7. 417 *** | 0. 625 *** | 保留 |
| | | IC14 | 8. 395 *** | 0. 676 *** | 保留 |
| | 结构资本 | IC21 | 4. 626 *** | 0. 538 *** | 保留 |
| | | IC22 | 3. 966 ** | 0. 465 *** | 保留 |
| | | IC23 | 6. 672 *** | 0. 518 *** | 保留 |
| | | IC24 | 7. 585 *** | 0. 638 *** | 保留 |
| | | IC25 | 8. 892 *** | 0. 803 *** | 保留 |
| | 关系资本 | IC31 | 5. 264 *** | 0. 587 *** | 保留 |
| | | IC32 | 12. 126 *** | 0. 796 *** | 保留 |
| | | IC33 | 10. 524 *** | 0. 762 *** | 保留 |
| | | IC34 | 6. 559 *** | 0. 503 *** | 保留 |
| 企业成长 | 创新绩效 | EG11 | 4. 582 ** | 0. 405 *** | 保留 |
| | | EG12 | 4. 137 *** | 0. 434 *** | 保留 |
| | | EG13 | 8. 918 *** | 0. 632 *** | 保留 |
| | | EG14 | 11. 042 *** | 0. 805 *** | 保留 |
| | 财务绩效 | EG21 | 8. 048 *** | 0. 585 *** | 保留 |
| | | EG22 | 4. 537 *** | 0. 439 *** | 保留 |
| | 竞争绩效 | EG31 | 9. 253 *** | 0. 658 *** | 保留 |
| | | EG32 | 10. 250 *** | 0. 761 *** | 保留 |

注： ** P < 0. 01， *** P < 0. 001。

### 2）验证性因子分析

我们对小样本的所有量表进行 CFA 分析，结果如表 8 - 3 所示，CFI 大于 0.9 表示具有较好的结构效度，RMSEA 小于 0.08。因此，可以判定所假设模型与量表构建效度拟合较好，所以，本研究所构建的四个量表结构良好，效度符合研究的需要。

表 8 - 3            CFA 分析结果

| 量表名称 | $x^2$ 值 | P 值 | 误差均方根（RMSEA） | 赋范拟合指数（NFI） | 比较拟合指数（CFI） |
|---|---|---|---|---|---|
| 智力资本量表 | 797.1 | 0.000 | 0.058 | 0.914 | 0.943 |
| 对峙型策略量表 | 831.5 | 0.003 | 0.073 | 0.873 | 0.964 |
| 壁垒型策略量表 | 771.7 | 0.001 | 0.058 | 0.914 | 0.972 |
| 共生型策略量表 | 821.4 | 0.001 | 0.077 | 0.816 | 0.837 |
| 企业成长量表 | 767.5 | 0.002 | 0.071 | 0.902 | 0.917 |

### 3）信度检验

在 SPSS16.0 中，使用 Cronbach α 系数 α 对各维度进行分析。结果我们发现删除题项 SC26、SC28 和 SC34 之后，所有题项的 CITC 值都处于可接受范围，同时题项的 Cronbach α 系数也都大于 0.8，即效果为很好，如表 8 - 4 所示。

表 8 - 4     量表 CITC 值及内部一致性信度 Cronbach α 系数检验

| 变量 | 维度 | 题项 | CITC 值 | 题项删除后的 α 值 |
|---|---|---|---|---|
| 竞争策略 | 对峙型 | CS11 | 0.506 | 0.852 |
| | | CS12 | 0.613 | 0.866 |
| | | CS13 | 0.717 | 0.898 |
| | | CS14 | 0.595 | 0.931 |
| | | CS15 | 0.571 | 0.892 |
| | | CS16 | 0.657 | 0.884 |
| | | CS17 | 0.519 | 0.905 |
| | | CS18 | 0.532 | 0.871 |
| | | 分维 α 系数 | | 0.987 |

续表

| 变量 | 维度 | 题项 | CITC 值 | 题项删除后的 α 值 |
|---|---|---|---|---|
| 竞争策略 | 壁垒型 | CS21 | 0.563 | 0.907 |
| | | CS22 | 0.652 | 0.896 |
| | | CS23 | 0.636 | 0.851 |
| | | CS24 | 0.704 | 0.921 |
| | | CS25 | 0.663 | 0.894 |
| | | CS27 | 0.714 | 0.853 |
| | | 分维 α 系数 | | 0.978 |
| | 共生型 | CS31 | 0.651 | 0.862 |
| | | CS32 | 0.639 | 0.872 |
| | | CS33 | 0.561 | 0.813 |
| | | CS34 | 0.623 | 0.888 |
| | | CS35 | 0.634 | 0.877 |
| | | CS37 | 0.601 | 0.861 |
| | | CS38 | 0.496 | 0.850 |
| | | 分维 α 系数 | | 0.860 |
| 智力资本（IC） | 人力资本（IC1） | IC11 | 0.672 | 0.891 |
| | | IC12 | 0.538 | 0.900 |
| | | IC13 | 0.525 | 0.881 |
| | | IC14 | 0.531 | 0.890 |
| | | 分维 α 系数 | | 0.921 |
| | 结构资本（IC3） | IC21 | 0.498 | 0.867 |
| | | IC22 | 0.511 | 0.894 |
| | | IC23 | 0.563 | 0.882 |
| | | IC24 | 0.682 | 0.890 |
| | | IC25 | 0.706 | 0.869 |
| | | 分维 α 系数 | | 0.914 |
| | 关系资本（IC2） | IC31 | 0.450 | 0.894 |
| | | IC32 | 0.505 | 0.893 |
| | | IC33 | 0.605 | 0.888 |
| | | IC34 | 0.679 | 0.887 |
| | | 分维 α 系数 | | 0.908 |
| | | 整体 α 系数 | | 0.911 |

续表

| 变量 | 维度 | 题项 | CITC 值 | 题项删除后的 α 值 |
|---|---|---|---|---|
| 企业成长（EG） | 创新绩效（EG1） | EG11 | 0.520 | 0.893 |
| | | EG12 | 0.485 | 0.894 |
| | | EG13 | 0.586 | 0.900 |
| | | EG14 | 0.711 | 0.881 |
| | | 分维 α 系数 | | 0.902 |
| | 财务绩效（EG2） | EG21 | 0.556 | 0.894 |
| | | EG22 | 0.419 | 0.861 |
| | | 分维 α 系数 | | 0.897 |
| | 竞争绩效（EG3） | EG31 | 0.534 | 0.882 |
| | | EG32 | 0.420 | 0.890 |
| | | 分维 α 系数 | | 0.925 |
| | | 整体 α 系数 | | 0.927 |

# 8.4 分析结果

## 8.4.1 样本描述

我们对正式的问卷样本中各个题项进行了描述统计，最终通过偏态和峰度指标表明，我们正式问卷中的所有题项都满足整态分布，如表 8 - 5 所示。

表 8 - 5　　　　　　　　　　调查样本描述性统计

| 调查变量 | 样本量 | 极小值 | 极大值 | 均值 | 标准差 | 偏态 | | 峰度 | |
|---|---|---|---|---|---|---|---|---|---|
| | 统计量 | 统计量 | 统计量 | 统计量 | 统计量 | 统计量 | 标准差 | 统计量 | 标准差 |
| 对峙型 1 | 224 | 2 | 5 | 3.84 | 0.725 | -1.264 | 0.163 | 4.563 | 0.324 |
| 对峙型 2 | 224 | 1 | 5 | 3.67 | 0.767 | -0.738 | 0.163 | 0.498 | 0.324 |
| 对峙型 3 | 224 | 1 | 5 | 3.27 | 0.815 | 0.234 | 0.163 | 1.674 | 0.324 |
| 对峙型 4 | 223 | 1 | 5 | 3.68 | 0.619 | -1.254 | 0.163 | 6.356 | 0.324 |
| 对峙型 5 | 224 | 1 | 5 | 4.10 | 0.911 | -0.786 | 0.163 | -0.603 | 0.324 |
| 对峙型 6 | 224 | 1 | 5 | 3.53 | 0.823 | -0.962 | 0.163 | 0.474 | 0.324 |
| 对峙型 7 | 224 | 1 | 5 | 3.34 | 0.782 | 0.571 | 0.163 | -0.373 | 0.324 |
| 对峙型 8 | 224 | 2 | 5 | 3.14 | 0.725 | 0.499 | 0.163 | -0.489 | 0.324 |

续表

| 调查变量 | 样本量 | 极小值 | 极大值 | 均值 | 标准差 | 偏态 | | 峰度 | |
|---|---|---|---|---|---|---|---|---|---|
| | 统计量 | 统计量 | 统计量 | 统计量 | 统计量 | 统计量 | 标准差 | 统计量 | 标准差 |
| 壁垒型1 | 224 | 2 | 5 | 3.68 | 0.735 | −1.145 | 0.163 | 4.127 | 0.324 |
| 壁垒型2 | 224 | 2 | 5 | 3.88 | 0.876 | −0.853 | 0.163 | 0.519 | 0.324 |
| 壁垒型3 | 224 | 2 | 5 | 3.17 | 0.821 | 0.254 | 0.163 | 1.561 | 0.324 |
| 壁垒型4 | 223 | 1 | 5 | 4.04 | 0.599 | −1.434 | 0.163 | 4.897 | 0.324 |
| 壁垒型5 | 224 | 2 | 5 | 4.19 | 0.981 | −0.776 | 0.163 | −0.593 | 0.324 |
| 壁垒型7 | 224 | 2 | 5 | 3.54 | 0.728 | 0.181 | 0.163 | −0.423 | 0.324 |
| 共生型1 | 224 | 1 | 5 | 3.89 | 0.705 | −1.534 | 0.163 | 4.133 | 0.324 |
| 共生型2 | 224 | 1 | 5 | 4.38 | 0.796 | −0.518 | 0.163 | 0.508 | 0.324 |
| 共生型3 | 224 | 1 | 5 | 3.97 | 0.821 | 0.204 | 0.163 | 1.344 | 0.324 |
| 共生型5 | 224 | 2 | 5 | 4.59 | 0.981 | −0.776 | 0.163 | −0.593 | 0.324 |
| 共生型6 | 224 | 2 | 5 | 3.65 | 0.813 | −0.962 | 0.163 | 0.445 | 0.324 |
| 共生型7 | 224 | 2 | 5 | 3.37 | 0.728 | 0.181 | 0.163 | −0.423 | 0.324 |
| 共生型8 | 224 | 1 | 5 | 3.58 | 0.727 | 0.489 | 0.163 | −0.439 | 0.324 |
| 人力资本1 | 224 | 1 | 5 | 3.65 | 0.705 | 0.740 | 0.163 | 0.995 | 0.324 |
| 人力资本2 | 224 | 2 | 5 | 4.07 | 0.649 | −0.786 | 0.163 | 1.861 | 0.324 |
| 人力资本3 | 224 | 1 | 5 | 4.04 | 0.798 | −0.626 | 0.163 | 0.391 | 0.324 |
| 人力资本4 | 224 | 2 | 5 | 3.62 | 0.840 | 0.191 | 0.163 | −0.764 | 0.324 |
| 结构资本1 | 224 | 2 | 5 | 4.01 | 0.599 | −0.532 | 0.163 | 1.550 | 0.324 |
| 结构资本2 | 224 | 2 | 5 | 3.84 | 0.829 | −0.125 | 0.163 | −0.847 | 0.324 |
| 结构资本3 | 223 | 1 | 5 | 3.61 | 0.812 | 0.291 | 0.163 | −0.481 | 0.324 |
| 结构资本4 | 224 | 2 | 5 | 3.76 | 0.701 | −0.076 | 0.163 | −0.351 | 0.324 |
| 结构资本5 | 223 | 1 | 5 | 3.75 | 0.814 | −0.708 | 0.163 | 0.391 | 0.324 |
| 关系资本1 | 224 | 2 | 5 | 3.93 | 0.961 | −0.419 | 0.163 | −0.779 | 0.324 |
| 关系资本2 | 224 | 2 | 5 | 3.86 | 0.742 | −0.314 | 0.163 | −0.216 | 0.324 |
| 关系资本3 | 224 | 2 | 5 | 3.56 | 0.816 | 0.380 | 0.163 | −0.673 | 0.324 |
| 关系资本4 | 223 | 1 | 5 | 4.01 | 0.670 | −1.211 | 0.163 | 3.506 | 0.324 |
| 企业成长1 | 224 | 1 | 5 | 3.13 | 0.640 | 0.604 | 0.163 | 2.439 | 0.324 |
| 企业成长2 | 224 | 1 | 5 | 2.97 | 0.695 | 0.429 | 0.163 | 0.831 | 0.324 |
| 企业成长3 | 224 | 2 | 5 | 3.18 | 0.677 | −0.012 | 0.163 | 1.094 | 0.324 |
| 企业成长4 | 224 | 1 | 5 | 3.52 | 0.748 | 0.625 | 0.163 | 0.895 | 0.327 |
| 企业成长5 | 224 | 1 | 5 | 3.17 | 0.625 | 0.391 | 0.163 | 0.768 | 0.324 |
| 企业成长6 | 224 | 2 | 5 | 3.30 | 0.823 | −0.352 | 0.163 | −0.547 | 0.324 |
| 企业成长7 | 224 | 1 | 5 | 2.95 | 0.669 | 0.536 | 0.163 | 0.796 | 0.324 |
| 企业成长8 | 224 | 1 | 5 | 3.43 | 0.704 | −0.529 | 0.163 | −0.352 | 0.324 |

## 8.4.2 测量模型检验

### 1）信度分析

本章中笔者的所有量表 Cronbach α 系数最终被检验为很好或非常好，如表 8 - 6 所示。

表 8 - 6                     调查问卷分量表信度水平

| 量表名称 | Cronbach α 系数 | 项数 | 信度水平 |
|---|---|---|---|
| 智力资本 | 0.922 | 13 | 非常好 |
| 对峙型策略 | 0.971 | 8 | 非常好 |
| 壁垒型策略 | 0.979 | 6 | 非常好 |
| 共生型策略 | 0.859 | 7 | 很好 |
| 企业成长 | 0.912 | 8 | 非常好 |

### 2）探索性因子分析

由于我们在本章中，要尝试将多个变量之间建立中介效应。因此，我们就有必要对其中一些我们在本书中新建的量表进行探索性因子分析，以确定量表的信效度。由表 8 - 7、表 8 - 8 所示，三个量表之间相互独立，且因素分析也表明三个量表中各个题项的解释性都比较好。

表 8 - 7         创业导向探索性因素分析的 KMO 和 Bartlett 检验

| 适切性检验指标 | | 对峙型策略 | 壁垒型策略 | 共生型策略 |
|---|---|---|---|---|
| KMO 抽样适当性检验 | | 0.712 | 0.819 | 0.867 |
| Bartlett 球形检验 | 647.067 | 647 | 105 | 1265 |
| | df | 15 | 3 | 36 |
| | Sig. | 0.000 | 0.000 | 0.000 |

表 8 – 8　　　　　　　创业导向探索性因素分析的因素负荷矩阵

|  | 测量题项 | 因素 1 | 共同性 |
|---|---|---|---|
| 对峙型 | SC11 | 0.711 | 0.541 |
|  | SC12 | 0.721 | 0.628 |
|  | SC13 | 0.739 | 0.581 |
|  | SC14 | 0.776 | 0.578 |
|  | SC15 | 0.759 | 0.651 |
|  | SC16 | 0.765 | 0.633 |
|  | SC17 | 0.733 | 0.605 |
|  | SC18 | 0.790 | 0.532 |
|  | 特征值 | 3.102 | — |
|  | 解释方差变异量% | 51.701 | — |
|  | 累积解释方差变异量% | 51.701 | — |
|  | 测量题项 | 因素 1 | 共同性 |
| 壁垒型 | SC21 | 0.726 | 0.716 |
|  | SC22 | 0.745 | 0.705 |
|  | SC23 | 0.766 | 0.736 |
|  | SC24 | 0.775 | 0.725 |
|  | SC25 | 0.786 | 0.746 |
|  | SC27 | 0.750 | 0.755 |
|  | 特征值 | 1.802 | — |
|  | 解释方差变异量% | 60.59 | — |
|  | 累积解释方差变异量% | 60.59 | — |
|  | 测量题项 | 因素 1 | 共同性 |
| 共生型 | SC31 | 0.715 | 0.611 |
|  | SC32 | 0.731 | 0.674 |
|  | SC33 | 0.716 | 0.642 |
|  | SC35 | 0.722 | 0.641 |
|  | SC36 | 0.758 | 0.658 |
|  | SC37 | 0.738 | 0.768 |
|  | SC38 | 0.790 | 0.783 |
|  | 特征值 | 4.927 | — |
|  | 解释方差变异量% | 54.741 | — |
|  | 累积解释方差变异量% | 54.741 | — |

注：特征值、解释方差变异量均为旋转后的取值。

### 3）验证性因子分析

（1）对峙型策略的验证性因子分析

①模型的设定。本章中，对峙型竞争策略总共有 8 个题项，我们在 AMOS 软件中建立对峙型竞争策略的模型，如图 8－1 所示。

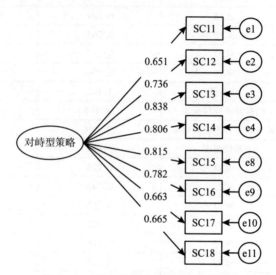

**图 8－1　对峙型策略验证性因子模型**

②各参数估计。在 AMOS 软件中进行计算，最终创业导向验证性因素分析模型各参数如表 8－9 所示，对峙型策略量表及其各个题项的因子都被验证通过。

表 8－9　　　　　　　　　　　　对峙型策略模型参数估计表

| 潜变量 | 测量变量 | 标准化系数 | T 值 | $R^2$ | 构建信度 | AVE |
|---|---|---|---|---|---|---|
| 对峙型策略 | CS11 | 0.651 | 9.874 ** | 0.424 | 0.894 | 0.724 |
| | CS12 | 0.736 | 11.138 *** | 0.542 | | |
| | CS13 | 0.838 | 12.270 *** | 0.702 | | |
| | CS14 | 0.806 | 11.939 *** | 0.650 | | |
| | CS15 | 0.809 | 13.451 ** | 0.654 | | |
| | CS16 | 0.896 | 18.708 *** | 0.803 | | |
| | CS17 | 0.802 | 16.114 *** | 0.643 | | |
| | CS18 | 0.802 | 17.154 *** | 0.647 | | |

注：未列出 t 值的是参照性指标，为限制估计参数。*** 表示 P＜0.001，** 表示 P＜0.01，* 表示 P＜0.05。

③对模型评价。本章我们区分效度检验，主要通过在限制模式和未限制模式下计算的因子之间卡方差值进行判断，看卡方值差异是否显著，显著则说明因子间有理想区分效度。从绝对拟合指标来看，$\chi^2/df = 2.830$，大于 0 且小于 3，处于理想值范围内，说明测量模型与样本数据的协方差矩阵之间差异显著；绝对拟合指标 GFI = 0.912，大于 0.9 的理想值；RMSEA 大于 0 且远小于 0.08；此外相对拟合优度指数 CFI = 0.952，大于 0.9 的理想值，以上指标说明模型拟合较好，具有良好的构建效度（见表 8 - 10）。

表 8 - 10                              对峙型策略模型拟合优度指标

| 指标 | $\chi^2/df$ | GFI | CFI | RMSEA |
| --- | --- | --- | --- | --- |
| 指标值 | 2.830 | 0.912 | 0.952 | 0.045 |

（2）壁垒型策略的验证性因子分析

①模型的设定。本章中，壁垒型竞争策略总共有 6 个题项，我们在 AMOS 软件中建立壁垒型竞争策略的模型，如图 8 - 2 所示。

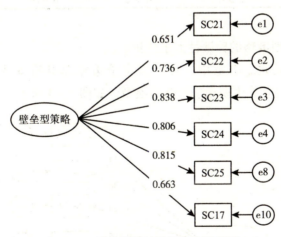

图 8 - 2　壁垒型策略验证性因子模型

②各参数估计。在 AMOS 软件中进行计算，最终壁垒型策略量表验证性因素分析模型各参数如表 8 - 11 所示，壁垒型策略量表及其各个题项的因子都被验证通过。

③对模型评价。从绝对拟合指标来看，$\chi^2/df = 2.830$，大于 0 且小于 3，处于理想值范围内，说明测量模型与样本数据的协方差矩阵之间差异显著；

表 8 – 11 壁垒型策略模型参数估计表

| 潜变量 | 测量变量 | 标准化系数 | T 值 | R² | 构建信度 | AVE |
|---|---|---|---|---|---|---|
| 壁垒性策略 | CS21 | 0.651 | 10.563 *** | 0.424 | 0.929 | 0.724 |
| | CS22 | 0.736 | 11.138 *** | 0.542 | | |
| | CS23 | 0.838 | 12.270 *** | 0.702 | | |
| | CS24 | 0.806 | 11.939 *** | 0.650 | | |
| | CS25 | 0.809 | 14.372 *** | 0.654 | | |
| | CS27 | 0.802 | 16.114 *** | 0.643 | | |

注：未列出 t 值的是参照性指标，为限制估计参数。*** 表示 P < 0.001，** 表示 P < 0.01，* 表示 P < 0.05。

绝对拟合指标 GFI = 0.912，大于 0.9 的理想值；RMSEA 大于 0 且远小于 0.08；此外相对拟合优度指数 CFI = 0.952，大于 0.9 的理想值，以上指标说明模型拟合较好，具有良好的构建效度。

表 8 – 12 壁垒型策略模型拟合优度指标

| 指标 | $\chi^2/df$ | GFI | CFI | RMSEA |
|---|---|---|---|---|
| 指标值 | 2.830 | 0.912 | 0.952 | 0.045 |

（3）共生型策略的验证性因子分析

①模型的设定。本章中，共生型竞争策略总共有 6 个题项，我们在 AMOS 软件中建立共生型竞争策略的模型，如图 8 – 3 所示。

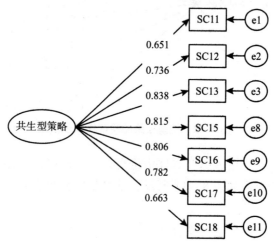

图 8 – 3 共生型策略验证性因子模型

②各参数估计。在 AMOS 软件中进行计算,最终壁垒型策略量表验证性因素分析模型各参数如表 8 – 13 所示,壁垒型策略量表及其各个题项的因子都被验证通过。

表 8 – 13                            创业导向模型参数估计表

| 潜变量 | 测量变量 | 标准化系数 | T 值 | $R^2$ | 构建信度 | AVE |
|---|---|---|---|---|---|---|
| 共生型策略 | CS11 | 0.651 | 10.119*** | 0.424 | 0.894 | 0.586 |
| | CS12 | 0.736 | 11.138*** | 0.542 | | |
| | CS13 | 0.838 | 12.270*** | 0.702 | | |
| | CS15 | 0.806 | 11.939*** | 0.650 | | |
| | CS16 | 0.809 | 14.315*** | 0.654 | | |
| | CS17 | 0.896 | 18.708*** | 0.803 | | |
| | CS18 | 0.802 | 16.114*** | 0.643 | | |

注:未列出 t 值的是参照性指标,为限制估计参数。*** 表示 $P < 0.001$,** 表示 $P < 0.01$,* 表示 $P < 0.05$。

③对模型评价。从绝对拟合指标来看,$\chi^2/df = 2.830$,大于 0 且小于 3,处于理想值范围内,说明测量模型与样本数据的协方差矩阵之间差异显著;绝对拟合指标 GFI = 0.912,大于 0.9 的理想值;RMSEA 大于 0 且远小于 0.08;此外相对拟合优度指数 CFI = 0.952,大于 0.9 的理想值,以上指标说明模型拟合较好,具有良好的构建效度(见表 8 – 14)。

表 8 – 14                     创业导向模型拟合优度指标

| 指标 | $\chi^2/df$ | GFI | CFI | RMSEA |
|---|---|---|---|---|
| 指标值 | 2.830 | 0.912 | 0.952 | 0.045 |

(4)企业成长的检验性因子分析

①模型的设定。企业成长为多维度模型,包含创新绩效、财务绩效和竞争绩效,创新绩效有 4 个测量变量,财务绩效和竞争绩效都是 2 个测量变量,其测量变量与潜变量关系模型如图 8 – 4 所示。

②参数估计。在 AMOS 软件中进行计算,最终壁垒型策略量表验证性因素分析模型各参数如表 8 – 15 所示,壁垒型策略量表及其各个题项的因子都被验证通过。

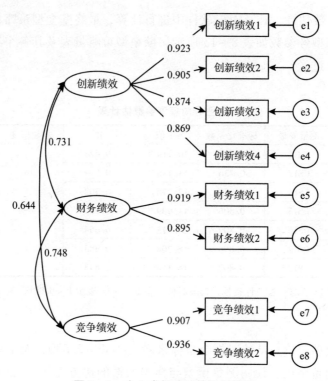

图 8 – 4　企业成长验证性因子模型

表 8 – 15　　　　　　　　企业成长模型参数估计表

| 潜变量 | 测量变量 | 标准化系数 | T 值 | $R^2$ | 构建信度 | AVE |
|---|---|---|---|---|---|---|
| 创新绩效 | 创新绩效 1 | 0.923 | — | 0.864 | 0.918 | 0.702 |
| | 创新绩效 2 | 0.905 | 23.426 *** | 0.829 | | |
| | 创新绩效 3 | 0.874 | 22.481 *** | 0.791 | | |
| | 创新绩效 4 | 0.869 | 22.365 *** | 0.785 | | |
| 财务绩效 | 财务绩效 1 | 0.919 | — | 0.836 | 0.906 | 0.719 |
| | 财务绩效 2 | 0.895 | 23.037 *** | 0.803 | | |
| 竞争绩效 | 竞争绩效 1 | 0.907 | — | 0.831 | 0.912 | 0.737 |
| | 竞争绩效 2 | 0.936 | 24.159 *** | 0.875 | | |

　　注：未列出 t 值的是参照指标，为限制估计参数。*** 表示 P < 0.001，** 表示 P < 0.01，* 表示 P < 0.05。

　　③模型的评价。从绝对拟合指标来看，$\chi^2/df = 1.730$，大于 0 且小于 3，处于理想值范围内，说明测量模型的协方差矩阵和调查数据的协方差矩阵间

存在显著性的差异；绝对拟合指标 GFI = 0.988，大于 0.9 的理想值；RM-
SEA 的值为 0.057，大于 0 且远小于 0.08；此外相对拟合优度指数 CFI =
0.996，大于 0.9 的理想值，以上指标说明模型拟合较好，具有良好的构建
效度（见表 8 - 16）。

表 8 - 16　　　　　　　　　企业成长模型拟合优度

| 检验指标 | $\chi^2/\text{df}$ | GFI | CFI | RMSEA |
|---|---|---|---|---|
| 指标值 | 1.708 | 0.986 | 0.989 | 0.057 |

对模型的效度评价，从模型估计参数表中可知企业成长模型的 AVE 值
分别为 0.702、0.719、0.737，都大于 0.5，表示测量变量相对比测量误差
而言，可以解释的方差总量更多，充分说明该模型有较好的聚合效度。

对于区分效度，如表 8 - 17 所示，经计算其卡方值之差皆在较高置信水
平下显著，所以因子之间具有良好的区分效度。

表 8 - 17　　　　　　　　　企业成长模型区分效度

| 因子配对 | 未限制模式 | | 限制模式 | | $\chi^2$ 值之差及显著性 | | |
|---|---|---|---|---|---|---|---|
| | $\chi^2$ 值 | df | $\chi^2$ 值 | df | $\chi^2$ 值 | df | P 值 |
| 创新绩效—财务绩效 | 66.254 | 217 | 105.257 | 218 | 39.003 *** | 1 | 0.000 |
| 创新绩效—竞争绩效 | 52.265 | 223 | 96.560 | 224 | 44.295 *** | 1 | 0.000 |
| 财务绩效—竞争绩效 | 61.368 | 221 | 112.241 | 222 | 50.873 *** | 1 | 0.000 |

注：*** 表示 $P < 0.001$，** 表示 $P < 0.01$，* 表示 $P < 0.05$。

### 8.4.3　模型验证

本章基于巴龙等（Baron et al.，1986）关于中介效应验证步骤，建立分
步的多元线性回归模型，应用 SPSS16.0 对搜集到的数据进行多元统计分析，
并汇总得到表 8 - 19。根据表 8 - 19 可知，本研究所有的回归模型的 $R^2$ 值和
F 值检验都为显著，回归模型的拟合程度基本都可以接受。

而 M2 - 4 表明，智力资本对文化企业的不同竞争策略存在不同的影响
机理：对对峙型策略构成不显著的正向作用，对壁垒型策略则构成显著的负
向作用，而对共生型策略构成显著的正向作用。这说明，文化企业智力资本

的有助于企业发动共生型的竞争策略，而抑制企业壁垒型的竞争策略，而对
对峙型竞争策略的作用则尚不明显。进一步地，根据 M5-7 可知，三种竞
争策略在模型中都显著地影响因变量。因此，可以判定，壁垒型策略和共生
型策略在智力资本与绩效之间构成中介作用：壁垒型策略在智力资本与绩效
之间构成完全中介作用，而共生型策略在智力资本与绩效之间则构成不完全
中介作用，H2，H3 获得接受，而 H1 不接受。这一结果说明，文化企业智
力资本可能通过两种竞争策略以对绩效构成不同的作用，一方面智力资本可
以通过共生型策略极大提高企业绩效，而另一方面智力资本也可能通过壁垒
型策略间接地对绩效产生削弱的作用。

表 8-18                    各研究变量相关系数矩阵

|  | 1 | 2 | 3 | 4 | 5 | 6 | 7 | 8 |
|---|---|---|---|---|---|---|---|---|
| 年限 1 | 1 | | | | | | | |
| 产值 2 | 0.304** | 1 | | | | | | |
| 人数 3 | 0.289** | 0.554** | 1 | | | | | |
| 生产规模 4 | 0.065 | 0.364** | 0.435** | 1 | | | | |
| 智力资本 5 | 0.149* | 0.193** | 0.548** | 0.321** | 1 | | | |
| 壁垒型策略 6 | 0.283** | 0.377** | 0.475** | 0.268** | 0.535** | 1 | | |
| 对峙型策略 7 | 0.426** | 0.669** | 0.283** | 0.149* | 0.400** | 0.476** | 1 | |
| 共生型策略 8 | 0.445* | 0.445* | 0.377** | 0.193** | 0.653** | 0.702** | 0.550** | 1 |
| 企业成长 9 | 0.655** | 0.666** | 0.408** | 0.202** | 0.435** | 0.684** | 0.426** | 0.669** |

注：*** 表示 P<0.001，** 表示 P<0.01。

表 8-19                    中介效应回归分析结果汇总表

| | P（M0） | P（M1） | 对峙型策略（M2） | 壁垒型策略（M3） | 共生型策略（M4） | P（M5） | P（M6） | P（M7） |
|---|---|---|---|---|---|---|---|---|
| Constant 控制变量 | (5.782)*** | (5.995)*** | (2.187)* | (8.138)*** | (-1.545) | (5.318)*** | (3.027)** | (6.490)** |
| 年限 | 0.175* | 0.161* | -0.116 | 0.029 | -0.025 | 0.207** | 0.167* | 0.183* |
| 产值 | 0.028 | 0.013 | -0.015 | 0.024 | -0.003 | 0.032 | 0.021 | 0.029 |
| 人数 | -0.122 | -0.137 | 0.137 | 0.137 | -0.031 | -0.160 | -0.160 | -0.111 |
| 生产规模 自变量 | 0.000 | -0.017 | -0.046 | 0.067 | -0.017 | 0.012 | -0.019 | 0.006 |
| 智力资本 中介变量 | 0.257*** | | -0.087 | -0.242*** | 0.251*** | -0.120 | -0.077 | -0.233** |

续表

| | P（M0） | P（M1） | 对峙型策略（M2） | 壁垒型策略（M3） | 共生型策略（M4） | P（M5） | P（M6） | P（M7） |
|---|---|---|---|---|---|---|---|---|
| 对峙策略 | | 0.175 * | | | | 0.279 *** | | |
| 壁垒策略 | | 0.271 *** | | | | | 0.278 *** | |
| 共生策略 | | 0.369 *** | | | | | | 0.350 *** |
| R square | 0.236 | 0.338 | 0.264 | 0.136 | 0.344 | 0.290 | 0.304 | 0.401 |
| F | 10.771 *** | 17.296 *** | 12.100 *** | 3.923 *** | 6.228 *** | 12.299 *** | 13.049 *** | 12.899 *** |

注：*** 表示显著性水平 $P < 0.001$，** 表示显著性水平 $P < 0.01$，* 表示显著性水平 $P < 0.05$。

## 8.5 管理启示：从资源到行为的动态匹配

这一章的分析中，我们试图将第 6 章和第 7 章的结论整合到一起。我们建立了从资源到行为的逻辑模型，并最终验证了部分假设。从实证分析结果来看，要有效发挥智力资本的价值，文化企业多需要采取壁垒型策略和共生型的竞争策略，才有可能促进企业基于智力资本来构建优势。在第 7 章我们讨论过，文化企业采用对峙型竞争策略对绩效的促进作用最小，而壁垒型和共生型竞争策略对绩效的促进作用相对更大。因此，我们就可以这样断定，即壁垒型和共生型的竞争策略能够更好地发挥企业在整合智力资本在创新能力上的价值，并最终实现企业成长绩效的增长。

根据这一章的分析结果，并结合第 4 章和第 6 章相关内容，我们可以进一步细化不同战略选择的文化企业在整合外部智力资本的同时，应采取不同类型的竞争策略，如表 8 - 20 所示。

一是专注本地市场内以专业创意能力为核心优势的企业，它们在外部整合网络中侧重整合内容创作型和产品化相关的人才和人力资源，并强调结构性资本中无形资产和非无形资产的整合。在整合网络中，它们适宜的竞争策略应该是：第一，通过内容创新和创意能力，结合企业在区域市场中的关系资本，锁定区域内的主要客户，从而建立市场壁垒；第二，通过无形资产和非无形资产等结构资产的整合，与区域市场中的各个产业链相关方建立协同创新体系，形成某种合作联盟机制，通过这样的方式构建区域市场内企业网络资源的最大化整合。

二是专注本地市场内以媒介渠道能力为核心优势的企业，它们在外部整合网络中一般侧重整合内容创意、推广/营销等方面的专业人才，并侧重整合结构性无形资产。在整合网络中，它们适宜的竞争策略是：第一，通过整合品牌化的无形资产以及推广等方面的专业人才，再加上本地关系资源，实施本地传媒渠道市场中的壁垒型的策略，形成区域媒介渠道中的品牌与团队优势；第二，通过内容创意型人才的整合，再辅之以本地社会资源整合，构建基于本地媒体的协同创新和合作网络，形成共生型策略。

三是专注本地市场内以一般性资源为核心优势的企业，它们在外部整合网络中一般侧重整合产业化、推广/营销等方面的专业人才，并强调对无形资产的结构资本进行整合。在整合网络中，它们适宜的竞争策略是：第一，以产业化、推广/营销等方面的专业人才结合本地关系资本，构建区域市场壁垒；第二，以无形资产等结构资本结合本地关系资本，构建面向产业化、市场化的合作与联盟共生体系。

四是专注跨区域市场内以专业创意能力为核心优势的企业，它们在外部整合网络中侧重整合内容创作型和产品化相关的人才和人力资源，并强调结构性资本中无形资产和非无形资产的整合。在整合网络中，它们适宜的竞争策略应该是：第一，通过内容创新和创意能力，结合企业在某一创意领域的行业性关系资本，锁定业内的某些细分市场或重要客户，从而建立在专业领域某一细分市场的壁垒；第二，通过无形资产等结构资产的整合，与在某一创意领域或细分市场中各相关方建立协同创新体系，形成某种合作联盟机制，通过这样的方式构建跨区市场的企业网络资源的最大化整合。

五是专注跨区域市场内以媒介渠道能力为核心优势的企业，它们在外部整合网络中一般侧重整合内容创意、推广/营销等方面的专业人才，并侧重整合结构性无形资产。在整合网络中，它们适宜的竞争策略是：第一，通过整合品牌化的无形资产以及推广等方面的专业人才，再加在某一创意领域的行业性关系资本，实施某一细分市场领域中传媒渠道内的壁垒型的策略，构建媒介渠道中的品牌与团队优势；第二，通过内容创意型人才的整合，再辅之以某一细分市场领域中各创意创新相关主体社会资源的整合，构建基于跨区域文化细分市场内专业媒体的协同创新和合作网络，形成共生型策略。

六是专注跨区域市场内以一般性资源为核心优势的企业，它们在外部整合网络中一般侧重整合产业化、推广/营销等方面的专业人才，并强调对无形资产的结构资本进行整合。在整合网络中，它们适宜的竞争策略是：第一，以产业化、推广/营销等方面的专业人才结合跨区域的社会关系资本，构建跨区域市场壁垒；第二，以无形资产等结构资本结合跨区域的关系资本，构建面向产业化、市场化的合作与联盟共生体系。

表 8 – 20　　　　　不同经营战略的文化企业对智力资本与竞争的组合

| 本地创新平台 | 本地创新/传播平台 | 本地产业平台 |
|---|---|---|
| 1. 人力资本 + 本地关系资本 = 壁垒型策略<br>2. 结构资本 + 本地关系资本 = 共生型策略 | 1. 无形资产 + 传播人才 + 本地关系资本 = 壁垒型策略<br>2. 创意人才 + 本地关系资本 = 共生型策略 | 1. 人力资本 + 本地关系资本 = 壁垒型策略<br>2. 无形资产 + 本地关系资本 = 共生型策略 |
| 跨区域创新平台 | 跨区域创新/传播平台 | 跨区域产业平台 |
| 1. 人力资本 + 行业关系资本 = 壁垒型策略<br>2. 结构资本 + 行业关系资本 = 共生型策略 | 1. 无形资产 + 传播人才 + 行业关系资本 = 壁垒型策略<br>2. 创意人才 + 行业关系资本 = 共生型策略 | 1. 人力资本 + 跨区域关系资本 = 壁垒型策略<br>2. 无形资产 + 跨区域关系资本 = 共生型策略 |

另外，从进入并整合不同媒介渠道的战略选择来看，我们也可以基于本章的研究结果，形成在不同类型媒介渠道中传播文化产品或服务的企业在外部智力资本整合与竞争策略匹配之间的对应关系，如表 8 – 21 所示。

一是选择本地单一媒介渠道的企业，它们侧重对本地关系资本、内容创意型/产品化型人才，以及结构性无形资产的整合。因而，在本地的单一媒介渠道以内，这种文化企业适宜的竞争策略是：第一，通过创意/产品化方面的人才整合，加上本地社会关系，在单一媒介中构建创意能力的技术壁垒；第二，通过无形资产等结构资本，依托单一媒介渠道，形成或融入本地产业结构中的协同创新网络。

二是选择本地跨媒介渠道传播的企业，它们侧重对本地关系资本、内容创意型/产品化型人才，以及结构性无形资产的整合。因而，在本地的跨媒介渠道体系内，这种文化企业适宜的竞争策略是：第一，通过产业化及其推广方面的人才整合，加上本地社会关系，在跨媒介中构建传媒能力的技术壁垒；第二，通过非无形资产等结构资本，依托多媒介平台，形成或融入本地文化创意产业结构中的协同创新网络。

三是选择整合本地非市场化媒介渠道的企业，对本地关系资本、内容创意型人才，以及结构性无形资产的整合。因而，在本地的跨媒介渠道体系内，这种文化企业适宜的竞争策略是：第一，通过无形资产等结构资本，加上本地社会关系，在媒介中构建创新能力的技术壁垒；第二，整合内容创意人才，依托特有的媒介平台，形成或融入本地文化创意产业结构中的协同创新网络。

四是选择跨区域单一媒介渠道的企业，它们侧重对行业关系资本、内容创意/产品化型人才，以及结构性无形资产的整合。因而，在跨区域的单一媒介渠道以内，这种文化企业适宜的竞争策略是：第一，通过创意/产品化方面的人才整合，加上行业关系资本，在单一媒介中构建创意能力的技术壁垒；第二，通过无形资产等结构资本，依托单一媒介渠道，形成或融入某一文化细分行业中的协同创新网络。

五是选择跨区域跨媒介渠道传播的企业，对行业关系资本、产业化及推广/营销型人才，以及结构性非无形资产的整合。因而，在跨区域的跨媒介渠道体系内，这种文化企业适宜的竞争策略是：第一，通过产业化及其推广方面的人才整合，加上行业中的关系资本，在跨媒介中构建传媒能力的技术壁垒；第二，通过非无形资产等结构资本，依托多媒介平台，形成或融入某一文化细分行业中的协同创新网络。

六是选择整合跨区域非市场化媒介渠道的企业，对行业性关系资本、内容创意型人才，以及结构性无形资产的整合。因而，在本地的跨媒介渠道体系内，这种文化企业适宜的竞争策略是：第一，通过无形资产等结构资本，加上行业性关系资本，在媒介中构建创新能力的技术壁垒；第二，整合内容创意人才，依托特有的媒介平台，形成或融入某一文化细分行业中的协同创新网络。

表 8-21　　　　　　　　不同媒介渠道企业对智力资本与竞争的组合

| 本地单一媒介 | 本地跨媒介 | 本地非市场化媒介 |
| --- | --- | --- |
| 1. 人力资本＋本地关系资本＝壁垒型策略<br>2. 无形资产＋本地关系资本＝共生型策略 | 1. 人力资本＋本地关系资本＝壁垒型策略<br>2. 无形资产＋本地关系资本＝共生型策略 | 1. 无形资产＋本地关系资本＝壁垒型策略<br>2. 人力资本＋本地关系资本＝共生型策略 |
| 跨区域单一媒介 | 跨区域跨媒介 | 跨区域非市场化媒介 |
| 1. 人力资本＋行业关系资本＝壁垒型策略<br>2. 无形资产＋行业关系资本＝共生型策略 | 1. 人力资本＋行业关系资本＝壁垒型策略<br>2. 无形资产＋行业关系资本＝共生型策略 | 1. 无形资产＋行业关系资本＝壁垒型策略<br>2. 人力资本＋行业关系资本＝共生型策略 |

毫无疑问，无论是从何种战略选择开始，文化企业都有可能在不同的战略之间动态转化，一般而言，从一般性要素资源整合向媒介渠道或者创意性专业资源整合转移，从本地市场与关系资源整合向跨区域的行业关系资本转移。在这个过程中，文化企业需要很好地协调人力资本和结构资本与关系资本之间的组合关系，从而在转移中实施发挥壁垒型和共生型竞争策略。

## 本章参考文献

［1］张瑾. 民营企业家人力资本与企业成长绩效实证研究［D］. 山东大学，2009.

［2］马淑文. 家族社会资本、创业导向与初创期企业成长绩效关系研究［J］. 商业经济与管理，2011（2）：51 – 57.

［3］李海超，衷文蓉. 我国区域创新系统中高新技术企业成长力评价研究［J］. 科技进步与对策，2013，30（2）：130 – 133.

# 9

# 网络嵌入与文化企业的组织合法性

## 9.1 网络嵌入下的创新与优势

在前一章中，我们探讨了文化企业嵌入在一个外部整合超网络下，如何将外部智力资本的整合与自身竞争策略的实施相结合，并最终实现对成长绩效的增长。我们通过比较规范的实证研究过程，建立并验证了壁垒型策略和共生型策略分别在智力资本和企业成长之间的中介效应。看上去，我们在本书中要讨论的主要问题都探讨完了。但是从企业的角度想想，我们建立文化创意的创新优势，难道就这么简单？通过前面的探讨，我们理清了一个事实，即文化企业建立创新优势并不是一蹴而就的。它必经过兼收并蓄的整合，搜罗和整合各种相关的文化创意智力资本，要在嵌入的网络下建立创新能力，然后根据自身嵌入在超网络下的关联性程度，选择合适的竞争策略作为方式，将智力资本的"炮弹"填入动态策略的"炮管"，才能最终有利于企业成长。那么在这样一个过程中，问题来了：是不是所有的创新都能顺利地获得市场与社会的接受与欢迎？

说到创新优势，其实，无论是文化创意创新还是技术创新，在当一个"新"——新技术、新产品、新服务、新模式出现的时候，周围的人往往都抱着一种怀疑、固守的态度。所以，笔者想对于创新者，对于任何一个计划用创新建立优势的企业而言，其实创新优势建立过程中最大的敌人并不是行业内的竞争对手，而是整个社会。对任何一个行业、任何一个社会群体或社会结构，最盼望的是创新，最害怕的也是创新。创新意味着一种未来的可能性，但谁能保证在这个未来中笔者能过得比现在好呢？所以当某种"新"的东西刚出现的时候，人们总用怀疑、拒绝的眼光看待它们，就好像几百年前欧洲人第一次见到番茄一样。

很多人说创新总会被人们接受。而商业并不能容忍这个"总会"。到底是多久呢？是一天、一个月还是一年？技术创新有相对严谨的科学实验程序，能够保证和制约创新的副作用，就这样，社会和消费者尚需要时日去接受一件创新，何况是个文化内容上的创新？所以如何让社会和消费者接受创新是文化企业在建立创新优势过程中一个必须考虑的问题。在这里，我们引入"组织合法性"来探讨这个问题。

合法性的概念非常抽象和宽泛，它来自于政治学和法学，后来管理学家们发现组织行为受到周围包括政府、公众、行业协会、员工、法律、文化等多个非市场因素（我们也统称 Stakeholder，意为"相关方"）的影响，于是引入合法性的基本概念，提出组织合法性，用来描述企业组织满足各个相关方的某些制度、规范、法律、道德和文化等方面的要求。这些要求并不止对企业的产品是否合法合规作出明确界定，也影响企业经营的风格、道德等方面的形象。比如汶川地震时万科王石在公司内部的讲话，就曾一度使企业遭到网友的口诛笔伐。

对于传统企业，产品、销售渠道等都有相对独立和固定的模式，合法性对于企业的作用还只是一个"从旁影响"。而对于文化企业，产业结构呈现网状结构，每一个企业都并没有相对长期和固定的产业链位置，说白了谁都可以也可能被替代。那么合法性就很可能成为文化企业致命的要素。而文化创意行为及其产品，又正好每每挑动人们的某些神经。于是对于文化企业而言，智力资本整合、外部整合网络的建立都是相对可控的，而要获得社会、政府、市场等各个相关方的合法性，就是一个"主要看气质"的事情！再加上，我国在文化产业中合法性往往带有一些不确定性，例如电视剧《武媚娘传奇》，按规定每一部电视剧在播出之前都要经过广电总局的内容审定，经过审查确认既不反党反革命，又非三俗的才能获得播出许可。但是恰恰是在规定的程序顺利结束以后，电视剧播出一个星期左右，因部分观众的投诉而强行处理部分画面，最终有了网民们戏称的"大头娘娘小头皇帝"。这说明，文化企业嵌入在这个网络中，其获得合法性的程序与标准事实都存在一些不确定性，且因合法性而产生的行政干预伴随整个文化创意产品发行播出的全过程，从事前、事中到事后，文化产品都有受到合法性"审判"的可能，有时还会重复"审判"，更有可能推翻企业之前的合法性，这种复杂的环境让企业感到无所适从。本章中，我们尤其关注在复杂的合法性条件下，文化企业如何适应性地调整自身对智力资本的整合以及竞争策略，以便适应合法性的要求。

## 9.2　多重制度环境下的组织合法性

组织合法性的本质是一种社会认知和心理认同，是任何组织的存在都需要的一种认知层面的社会支持（Aldrich & Ruef，2006）[1]。由第 3 章的分析，我们知道我国文化企业正处于相对独立的两个制度要求之下，一个以中央各文化主管部委规范文化产业中某一领域或某一特定事务的相关行政文件和法规为代表，这些制度文件为文化产业中的全行业的企业资质、产品标准、发行或传播的程序等建构了一定的合法性标准，并且与国内外新闻传媒结构、相关学术与研发机构，以及文化类的民间组织等一同构成了对我国文化产业行业性的合法性体系，因而我们将这类合法性要求称为行业合法性要求。另一个是以地方政府的规划、政策或行政命令为代表，这些文件或行政手段构成了有效地扶持和引导文化产业向着有利于本地经济发展和区域利益集团的方向发展，他们与区域内既有的商业生态圈和社会文化认知共同形成了区域特色的合法性要求，一家文化企业如果要立足于某一个区域市场，甚至如果要在某一区域内得以顺利经营，都需要满足该地区特有的合法性，我们把这一类称为本地合法性要求。行业合法性对文化企业产品及创新创意技术手段提出了一系列的要求，而区域合法性则要求文化企业的经营活动满足区域制度的一些需要与偏好。

组织合法性作为制度理论一个重要观点，是制度环境要素映射在企业组织身上的一个重要特征。而制度环境又是由认知、规范以及强制等三大支柱要素构成（Scott，2001）[2]的。其中，强制往往是企业必须服从的，如果不服从，就会受到制度的惩罚；规范有点像充分条件，不满足不会给企业带来灭顶之灾，但是满足了规范要求的企业会被制度视为更有竞争力；而认知对企业的影响则时小时大，有时制度环境对企业过分的热情甚至会害了一个企业。20 世纪 90 年代后期，河南华林集团就曾经有点儿被地方政府和当地社会过分推崇而最终走向末路。但是有时，认知对企业的经营可以说又有着举足轻重的作用，比如举报《武媚娘传奇》的"观众"们，最终甚至推翻了广电总局对一部电视剧的最初评审决议！

所以我们可以进一步细化文化企业本地和行业合法性的内涵。本地合法性特指企业组织所在地区域社会相关方及市场空间中各相关方对企业组织的合法性认知。其中制度强制包含了企业必须遵循的一些地区性法规和行政规定（比如在有的城市，为了保护江景，当地政府规定不得在沿江的高楼张贴广告牌）；而制度规范指的是企业在当地需要遵循的一些地方性的行业、市场和社会规范，比如在少数民族地区，有些形象或颜色不能用于某一类特定产品的设计等；而制度认知则指的是企业在本地区对文化企业、文化产品的水平、质量以及企业信誉度的界定方法，比如采取过分暴露的画面做广告，在某些地区会对产品品质和信誉产生不良影响，而在另外一些地区则并不会有不良影响等。

相应地，行业合法性特指文化企业组织在国内全行业范围内获得国家或全行业相关方的合法性认知。其中制度强制包括中央各文化产业主管部委相应的管理规定、审批规范等；制度规范指的是行业性对企业水平的认定、能力的认可等；制度认知指的是在文化细分行业或领域中，各相关方（包括政府部门、协会学会、文化机构与团体等）对某一企业在该行业内创新能力、产品质量与水平的认知程度。

文化企业组织合法性的特点就在于，本地合法性与行业合法性的相对独立性。有的文化企业依靠本地社会关系，在没有获得足够行业合法性的前提下也可以照样在某些区域内经营得很好，并建立区域市场优势，这种例子在今天的动漫行业就可能存在。我国动漫制作企业需要获得国家相关部委定期审批，审批不通过就没有制作动漫作品的资质，自然发行播出渠道也就不会发行和播出。这就限制了广大动漫创意人才自主创业的空间。但是，还是有一些小微动漫工作室，他们可能并没有获得国家相关部委的资质认定，也即是说没有满足行业合法性，但是他们却在自己周围的关系圈中建立了良好的客户关系网络，为客户提供一些不需要正规发行或播出的动漫产品或服务。例如一些地方政府部门通过政府采购招标一些小的动漫公司制作法律法规（例如新版交规）宣传画册、传单等，又例如一些企业委托一些动漫公司创作一些动漫形象用于公司或产品品牌推广等。如果我们把互联网中的一些网络名人的网友（或粉丝）群体也看作是一个"区域性的"市场的话，那么网络歌手（例如花粥）等一些文艺机构或工作室也是在满足行业合法性程度较低，但"本地"合法性较高的前提下开展其业务。另外，也有的企业不能很好地满足区域合法性，但能够很好地获得行业合法性，也能够获得优势。

当然，如果我国有效地推行文化产业统一市场机制的建立健全，那么随着行业规范的强化与推进，一些本地合法性所能构筑的市场壁垒将逐渐被削弱。但是在短期内，根据我们在第3章中的分析和探讨，当前阶段我国文化产业区域性制度分割及中央与地方制度环境的差异性仍然比较突出。最佳的情况当然是本地与行业合法性兼而有之，但企业满足合法性需要一个过程，所以处于成长阶段的我国文化企业普遍面临合法性的选择：要么在当前阶段先专注满足本地合法性，要么先满足行业合法性。

上述讨论整理得到表9-1。

表9-1                    不同媒介渠道企业对智力资本的外部整合

|  | 制度强制 | 制度规范 | 制度认知 |
|---|---|---|---|
| 本地合法性 | 本地所有行政法规、命令等 | 本地区的文化创意产品或行业规范、准则等 | 本地区对文化企业、文化产品水平、信誉度的认定等 |
| 行业合法性 | 行业性、全国性的资质、审批、规范等 | 行业性对企业水平的认定、能力的认可 | 行业内创新能力、产品质量与水平的认知程度 |

# 9.3　组织合法性对网络嵌入中文化企业竞争战略的影响

## 9.3.1　合法性企业绩效的机制

基于合法性视角的战略决策行为也是学者们研究的焦点。罗伯特·E·霍斯基森（Robert E. Hoskisson）等人（2000）的研究观察到新兴产业中制度安排对资源分配的重要性，认为制度可以解释新兴经济和发达经济之间的战略差异，学者们进一步研究发现，其原因为制度安排对决策者行为有决定性的作用（Hoskisson, et al., 2000；蓝海林, 2007）[3-4]。陈怀超和范建红（2014）在对中国178家跨国公司的进入战略选择进行研究时发现，其进入他国的战略选择（如并购/绿地，独资/合资）受国家间制度距离的影响，若制度距离远则会选择并购、合资，若制度距离近则可能选绿地及独资，虽然其选择也受环境适应性的影响，但战略选择就是出于能否合法性视角的考虑（陈怀超、范建红，2014）[5]。

另外，学者们在研究合法性对企业行为与决策的影响时发现，国家制度、文化以及政府政策，各种资金法规制度等构成了企业合法性的制度基础，影响到企业从外部环境中得到普遍性资源的难易程度（Newman，2000；Zahra et al.，2000；Hitt et al.，2004）[6-8]。凯普伦（Capron）和马洛吉兰（Guillen）等学者研究发现，企业股东和雇员相关博弈及资源配置等受到相关当地法律、文化、认知等合法性因素的影响（Capron & Guillen，2009）[9]。有研究还论证了高管（团队）的合法性对IPO及价值影响（Cohen & Dean，2005）[10]、对投资决策及资源投入（Higgins & Gulati，2006）[11]等的影响；现实中，高合法性企业，更能得到相关政府部门的战略性资源，或获得消费者的更多消费收入及投资者的更多资金支持等。

合法性对企业绩效与成长作用的研究一直是学者们的关注焦点。学术界主要从企业生存、财务绩效和非财务绩效等方面揭示合法性的作用机理。

首先，合法性对组织生存具有重要影响。合法性是组织存在的前提条件（Ruef & Scott，1998；Singh & House，1986）[12-13]。迈耶（Meyer）和罗文（Rowan）认为合法性能提高组织的生存率（Meyer & Rowan，1977）[14]。认证和组织间关系来测量的合法性能提高非盈利组织的生存率（Baum & Oliver，1991；Singh et al.，1986）[15,13]。组织生态学也支持这种观点，发现合法性（以产业中组织的密集度来测量）提高了大范围组织的存活率（Hannan & Carroll，1992）[16]。吴剑峰、李自杰和武亚军（2009）对中关村园区3717个企业观测值数据研究发现，竞争密度与外资企业生存负相关，但企业合法性要素（同类企业数量、企业年龄和附属企业集团）可缓解外资企业竞争压力，提升其生存和发展的机会[17]。

其次，合法性对财务绩效的影响。有学者提出企业和产业的合法性提升了高新技术企业在资本市场的价值（Deeds，Mang & Frandsen，2004）[18]；有学者认为媒体正面评价提升了企业合法性，因此影响企业IPO值（Pollock & Rindova，2003）[19]。邓新明等学者（2008）认为，企业经营的实用合法性对短期绩效有促进作用，而道德合法性与认知合法性对企业长期绩效有促进作用（邓新明、田志龙和陈煜，2008）[20]。赵钟宇（2011）、杜运周和刘运莲（2012）结合我国企业情景研究发现，通过企业合法性的中介作用可提升新企业的绩效水平（赵钟宇，2011；杜运周、刘运莲，2012）[21-22]。

第三，合法性对非财务绩效的影响。合法性是组织获得相关方资源持续流入和支持的前提条件（Pfeffer & Salancik，1978）[23]，影响了组织间的资源竞争，对能否获得利益相关者的支持具有决定性作用（Choi & Shepherd，2005）[24]，以及合法性会对组织声誉的影响（Doh，Howton，Howton & Siege，2010；King & Whetten，2008）[25-26]和提高企业成长绩效（杜运周、任兵、陈忠卫和张玉利，2008）[27]的作用机理等。本研究系统梳理了近年来国内学者关于将组织合法性作为调节变量（或中介变量）进行研究的相关重要文献，其中大部分都论证了对结果变量——企业绩效、企业成长、竞争优势、创业成功等产生促进作用。

尽管学者们的研究结论多认为，合法性对于企业创新、获取资源、提升绩效、促进成长等方面都有影响，但在文化行业现实中我们依然发现，不少合法性高的文化企业（知名企业及大型文化公司）在推出新产品（作品）难以保证全部能实现市场成功的事实，这就导致不少已经成功具有高合法性的文化企业在创新时都热衷于优先考虑"拍续集"这一"小幅度"创新方式，以保证市场性，而不是优先考虑冒风险彻底创新推出新作品（产品）。可见，高合法性并不必然保证企业持续创新都能成功，甚至某种程度压制了企业进行大幅冒险创新的动力，因此可能限制企业对智力资本的新投入及开发力度。

我们认为，合法性作为企业外部环境中的一个特殊要素，其对文化企业经营战略及构建竞争优势的影响一定是在文化企业整合战略性资源并实施竞争策略的过程中的。根据我们前三章的讨论，我们可以这样假设组织合法性对文化企业的影响机理，即组织合法性可能在文化企业整合智力资本并以此为基础发动动态策略的过程中，对企业竞争策略的选择与实施构成影响，同时也对在企业决策了特定的竞争策略的执行并最终实现企业成长的过程构成影响。由于我国文化企业的组织合法性可以被分解为两个部分，其中行业合法性对企业资源整合和创意能力的形成与提升具有更加直接的影响，而本地合法性则对企业特定竞争策略实施的效果具有更直接的影响。所以我们假设行业合法性的影响更多地存在于企业整合文化创意相关智力资本并用以构建动态竞争策略的过程中，而本地合法性的影响则更多地存在于企业特定动态竞争策略的执行及实现绩效的过程中。

*202*

### 9.3.2 行业合法性对文化企业的影响

行业合法性决定了企业在专业领域的知名度、专业形象与特色。比如一家电影公司，如果其制作的电影能参加国内国际的电影节并获奖，那么这家电影公司能够很容易地获得专业人士的尊重，并有许多好的创意、好的电影剧本会倾向向这样的公司靠拢。在获得行业合法性之后，文化企业可以利用企业网络将自身的非无形资产类的结构资本（比如一些业务管理流程、操作规程、质量标准等）转化为行业标准或规范，从而建立市场壁垒。人才整合与无形资产的整合能够帮助文化企业快速提高市场控制力，并且能够通过建立长期战略合作与同样具有高度行业合法性的机构、企业构成协同创新的合作关系。从而有效地将关系资本和人力资本转换为共生型的竞争策略。

如果一家企业或其产品没有获得行业合法性，比如网络动漫作品《尸兄》，是因为没有满足行业性的管制合法性，最终面临被下线的命运。那么可想而知，《尸兄》的团队在智力资本的整合上将面临各种问题，而接下来这个团队在竞争策略的选择上也就被限制了空间。

当前在我国文化产业中，行业合法性有时候并不是一个整体概念。比如2012～2014年国内连续上映的《笔仙》系列电影，其发行商——北京永旭良辰文化发展有限公司从成立到现今发行的电影就主要是这个系列①。而且这家公司所有发行的电影在各大网站上的评分都不高（4～5分），因此我们基本可以这样判断这家公司：他们虽然通过外部整合网络也参与制作了一两部知名电影，但是自身在电影创意、制作方面相关智力资本的积累较弱。但是这家公司具有某种特殊的"行业合法性"，使得他们总能够参与制作一些"政治性"非常强的电影，如2011年的《建党伟业》、2016年的《我的战争》。依托这一特有的合法性，这家公司虽然智力资本的积累较差，但也可以经营得很不错，至少他们已经成功建立了国内笔仙题材电影的市场壁垒，同时还能够时不时地参与一些"主流"题材电影的制作。所以行业合法性程

---

① 对北京永旭良辰文化发展有限公司相关电影作品的信息来源为：http://movie.mtime.com/company/96743/distributors.html，其中显示发行3部电影，制作6部电影。发行的3部电影包括《爱谁谁》（2011）、《笔仙2》（2013）和《笔仙3》（2014）。而制作的电影中除了这3部发行的电影以外，其他电影如《笔仙》（2012）、《建党伟业》（2011）等都是与其他电影公司联合制作，并由其他电影公司发行。所以我们推测，该公司到目前为止发行的略微有票房的电影作品就是《笔仙》系列。

度高的时候，文化企业还可能通过行业合法性弥补智力资本的不足并有效发动竞争策略，获得竞争优势。

因此我们提出如下的假设：

**H1a**：行业合法性在智力资本与壁垒型策略之间存在调节作用。

**H1b**：行业合法性在智力资本与共生型策略之间存在调节作用。

### 9.3.3　本地合法性对文化企业的影响

本地合法性代表了文化企业立足于某一区域内满足地方政府、市场与社会需求的程度。对于选择区域市场的文化企业而言，本地合法性将是他们有效地建立优势的关键优势，满足本地合法性甚至比满足行业合法性还要重要。广州的红砖厂文化创意产业园区，在前几年就曾有拆迁的风波，最后地方政府作出让步，才有了现在"部分保留"的现状。由此我们可以看到本地合法性的重要性，即便是红砖厂中的那些获得了行业合法性的企业，也仍然需要对本地合法性有所顾忌。

这里再举一个例子，在广州市郊，有一个民营的电影特效制作基地，该基地拥有国内首屈一指的特效摄影棚，全套专业电影录制设施总投资约5000万元。该摄影棚曾经承担了《东邪西毒》2009版大部分增加片段的录制工作。记得冯小刚有一次做节目时感慨，中国电影缺电影工业一环，而这家民营企业刚好弥补了中国电影工业的短板。2014年初时笔者去调研，企业的老总说他们与村委会的土地租赁合同即将到期，村委会有意向收回土地使用权转向盈利性更高的地产类业务。于是他们当时正在做两手准备，一方面向地方政府争取政策留在原地，另一方面也在准备撤出广州。但如果撤出，那么基地前期的几乎所有设施投入将全部打水漂，这是一个残酷的现实。如果他们早先能够争取到地方政府的关注，并获得一些地方政府的政策甚至财政补贴或奖励，那么也许村委会就不敢轻易解除租赁合同了。据笔者跟他们的交谈来看，企业老总算是老电影人了，但是他对地方政府的政绩诉求、对村委会的利益考虑、对广州都市圈的社会宣传都或多或少缺乏一些意识。所以，最终因为本地合法性没有获取，他们前期的所有行动都未能为企业带来预期的成长绩效。

本地合法性有时的作用甚至可以替代行业合法性。因为本地合法性将直接决定企业绩效的高低。这方面万达连锁影院就非常聪明，在中国众多的电影连锁影院中，万达影城应该是最注重跟本地银行信用卡结算合作的影城之一。万达影城给笔者最深刻的印象就是他们的售票柜台会经常向客人推荐一些"刷某某信用卡打几折优惠"或者"刷某某信用卡有积分"的优惠活动。这些优惠活动并不是万达与某某银行总行业之间的战略合作，而往往是连锁影城在所在城市或省份与国内各大银行的当地支行之间的合作。这样的合作越多，说明这家连锁机构越好地融入了该区域内的商业生态圈，也侧面说明这家连锁机构很好地获得了一些本地市场的合法性。所以我们认为，无论是选择区域市场还是选择跨区域市场的文化企业，都需要通过获取本地合法性来有效地保障竞争策略实施的效果，也就是有效地确保企业成长绩效按照企业的预期发展。

因此，我们提出如下的假设：

**H2a**：**本地合法性在壁垒型策略与企业成长之间存在调节作用。**

**H2b**：**本地合法性在共生型策略与企业成长之间存在调节作用。**

# 9.4 问卷设计

## 9.4.1 变量选择

根据第 4 章的研究概念框架，主要变量中的创业导向、智力资本和组织合法性等概念，都尚没有统一的定义，这一情况为后续的实证研究带来困难，因此在正式的研究设计之前，有必要对这些主要的变量建立一个操作性定义。

### 1）自变量

本章选择智力资本和三个竞争策略作为自变量。本章中智力资本的量表与第 6 章、第 7 章一致。

### 2）调节变量

组织合法性是组织制度理论的核心概念，西方学界的系统研究始于 1995 年（Scott，1995；Suchman，1995；Deephouse & Suchman，2008）[28-30]，目

前，"合法性"一词在国内学界虽然已经得到广泛应用，但实际上对其内涵的把握尚流于表面。本研究在系统梳理西方关于"合法性"概念界定和测量维度划分的相关研究的基础上（Meyer，1977；DiMaggio & Powell，1983；Singh et al.，1986）[14,31,13]，主要参照阿奇博尔德（Archibald）对斯考特（Scott）和萨奇曼（Suchman）研究进行修正后的成果（Archibald，2004）[32]，将组织合法性的测量维度划分为强制合法性、规范合法性和认知合法性；但进一步结合本研究对象的本地特征、行业特征，主要依据企业相关评价主体的不同对测量维度的具体表述进行修改，将其清晰划分为"制度合法性"和"市场合法性"，更贴近文化企业面临的实际环境情况。

"本地合法性和行业合法性"维度划分与传统的"强制合法性、规范合法性、文化与认知合法性"在具体内涵上具有一致性，主要是视角不同。本地合法性主要用于度量企业对本地政府相关的法律法规、制度规范、法定行业标准等具有政治、行业意义的规定性的遵循、符合和满足程度及获得的认可；市场合法性则包含了消费合法性、渠道合法性、产品道德合法性和组织文化认知合法性等更多市场相关群体的合法性评价，行业合法性是对企业商品及服务、价值取向和所在区域的市场价值及社会价值取向的吻合性，将企业及相关商品、服务和市场各相关方的认同一致性的度量。作为文化企业，市场合法性也包含对产品的文化内涵与文化市场需求契合程度的测度。在本研究量表中以两个维度八个条目对以上阐述的内容进行具体的测度，如表9-2所示。

表9-2　　　　　　　　　　　　　组织合法性测量量表

| 维度 | 编号 | 题项内容 |
|---|---|---|
| 本地合法性 | OL11 | 当地政府部门对我公司遵守法律法规、政策、社会道德及价值观等方面的评价很高，政府部门常来考察、调研或走访 |
| | OL12 | 我公司在申报政府相关专项基金、项目或者评奖及获得政府各种资源支持方面成功把握性高 |
| | OL13 | 我们公司的技术流程和组织结构采用了通行标准，符合行业统一的规范，获得不少认证 |
| | OL14 | 我们公司在社会上有广泛的认可度和影响力 |

| 维度 | 编号 | 题项内容 |
|------|------|----------|
| 行业合法性 | OL21 | 我们公司的作品、产品、服务或项目获得了消费者极大地认可和支持,并在行业领域内具有广泛认可度和销售量 |
| | OL22 | 我们公司的供应商、经销商等对我们的商业行为非常认可,并坚定与我们合作,甚至强化合作 |
| | OL23 | 股东对目前公司的经营情况十分满意,外部投资者也想投资我们公司,金融机构有意愿向我们提供资金支持 |
| | OL24 | 我们公司的创业者很受社会的推崇和尊重,多数员工为公司感到自豪 |

### 3)因变量

与第 8 章一样,我们选择企业成长作为因变量。

### 4)控制变量

我们选取企业所成立年数、员工人数、生产规模、产值为控制变量。

## 9.4.2 测量模型检验

### 1)信度分析

根据分量表的信度水平,分步计算各分量表的 Cronbach α 系数,如表 9-3 所示,创业导向的 Cronbach α 系数大于 0.8,表示信度良好;智力资本、组织合法性和企业成长绩效的 Cronbach α 系数大于 0.9,表示信度水平非常高。经过检验,总的来说,本研究无论是内生潜变量的测量量表还是外生潜变量的测量量表,都具有较好的信度水平,因此问卷具有很好的可靠性和稳定性,如表 9-3 所示。

表 9-3 调查问卷分量表信度水平

| 量表名称 | Cronbach α 系数 | 项数 | 信度水平 |
|----------|------------------|------|----------|
| 智力资本 | 0.922 | 13 | 非常好 |
| 对峙型策略 | 0.971 | 8 | 非常好 |
| 壁垒型策略 | 0.979 | 6 | 非常好 |
| 共生型策略 | 0.859 | 7 | 很好 |

| 量表名称 | Cronbach α 系数 | 项数 | 信度水平 |
|---|---|---|---|
| 本地合法性 | 0.937 | 4 | 非常好 |
| 行业合法性 | 0.867 | 4 | 很好 |
| 企业成长 | 0.912 | 8 | 非常好 |

### 2) 探索性因子分析

由于我们在这章中，要尝试在多个变量之间建立中介效应。因此，我们就有必要对其中一些在本书中新建的量表进行探索性因子分析，以确定量表的信效度。通过 Bartlett 球形检验和因素负荷矩阵（见表 9 - 4、表 9 - 5），三个量表之间相互独立，且因素分析也表明两个量表中各个题项的解释性都比较好。

表 9 - 4　　　　组织合法性探索性因素分析的 KMO 和 Bartlett 检验

| 适切性检验指标 | | 本地合法性 | 行业合法性 |
|---|---|---|---|
| KMO 抽样适当性检验 | | 0.712 | 0.819 |
| Bartlett 球形检验 | 647.067 | 647 | 105 |
| | df | 15 | 3 |
| | Sig. | 0.000 | 0.000 |

表 9 - 5　　　　组织合法性探索性因素分析的因素负荷矩阵

| 潜变量 | 测量题项 | 因素 1 | 共同性 |
|---|---|---|---|
| 本地合法性 | RL1 | 0.775 | 0.651 |
| | RL2 | 0.795 | 0.688 |
| | RL3 | 0.725 | 0.585 |
| | RL4 | 0.695 | 0.541 |
| | 特征值 | 3.102 | — |
| | 解释方差变异量% | 51.701 | — |
| | 累积解释方差变异量% | 51.701 | — |

| 潜变量 | 测量题项 | 因素1 | 共同性 |
|---|---|---|---|
| 行业合法性 | IL1 | 0.863 | 0.633 |
| | IL2 | 0.766 | 0.766 |
| | IL3 | 0.745 | 0.745 |
| | IL4 | 0.823 | 0.823 |
| | 特征值 | 1.802 | — |
| | 解释方差变异量% | 60.59 | — |
| | 累积解释方差变异量% | 60.59 | — |

注：特征值、解释方差变异量均为旋转后的取值。

### 3) 合法性验证性因子分析

①模型设定。组织合法性由两个潜变量构成，分别是行业合法性和本地合法性；行业合法性和本地合法性各有4个测量变量，其测量变量与潜变量关系模型如图9-1所示。

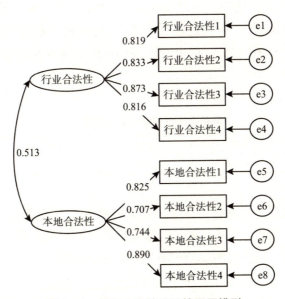

**图9-1 组织合法性验证性因子模型**

②参数估计。在 AMOS 软件中进行计算，最终创业导向验证性因素分析模型各参数如表9-6所示。

表9-6 组织合法性模型参数估计表

| 潜变量 | 测量变量 | 标准化系数 | T值 | $R^2$ | 构建信度 | AVE |
|---|---|---|---|---|---|---|
| 行业合法性 | 行业合法性1 | 0.819 | 13.653*** | 0.671 | 0.902 | 0.698 |
| | 行业合法性2 | 0.833 | 16.878*** | 0.694 | | |
| | 行业合法性3 | 0.873 | 17.904*** | 0.761 | | |
| | 行业合法性4 | 0.816 | 16.425*** | 0.666 | | |
| 本地合法性 | 本地合法性1 | 0.825 | 15.733** | 0.681 | 0.872 | 0.632 |
| | 本地合法性2 | 0.707 | 13.454*** | 0.500 | | |
| | 本地合法性3 | 0.744 | 14.358*** | 0.554 | | |
| | 本地合法性4 | 0.890 | 17.373*** | 0.792 | | |

注：未列出 t 值的是参照指标，为限制估计参数。*** 表示 P < 0.001，** 表示 P < 0.01，* 表示 P < 0.05。

③模型的评价。从绝对拟合指标来看，$\chi^2/df = 2.654$，大于 0 且小于 3，处于理想值范围内，说明测量模型的协方差矩阵和调查数据的协方差矩阵间存在显著性的差异；绝对拟合指标 GFI = 0.963，大于 0.9 的理想值；RMSEA 的值为 0.016 大于 0 且远小于 0.08；此外相对拟合优度指数 CFI = 0.954，大于 0.9 的理想值，以上指标说明组织合法性模型拟合较好，具有良好的构建效度，如表 9-7 所示。

表9-7 组织合法性模型拟合优度指标

| $\chi^2/df$ | GFI | RMR | CFI | RMSEA |
|---|---|---|---|---|
| 2.654 | 0.963 | 0.064 | 0.954 | 0.016 |

对于聚合效度，行业合法性和本地合法性两个潜变量的 AVE 值分别为 0.698、0.632，皆大于 0.5，表示测量变量相对比测量误差而言，可以解释的方差总量更多，充分说明本模型有很好的聚合效度。

对于区分效度，行业合法性和本地合法性的限制卡方值和非限制卡方值之差的 p 值为 0.000，小于 0.01，说明组织合法性测量模型具有较为理想的区分效度，如表 9-8 所示。

| 表 9 - 8 | | | | | 组织合法性模型区分效度 | | |

| 因子配对 | 未限制模式 | | 限制模式 | | $\chi^2$ 值之差及显著性 | | |
|---|---|---|---|---|---|---|---|
| | $\chi^2$ 值 | df | $\chi^2$ 值 | df | $\chi^2$ 值 | df | P 值 |
| 行业合法性—<br>本地合法性 | 53.043 | 217 | 100.799 | 218 | 49.756 *** | 1 | 0.000 |

注: *** 表示 $P < 0.001$, ** 表示 $P < 0.01$, * 表示 $P < 0.05$。

# 9.5  分析结果

表 9 - 9 进一步报告了调节效应的回归分析结果。其中,M1 表明,区域合法性对企业三种竞争策略都构成不同的调节作用:区域合法性对企业对峙型策略和壁垒型策略都有正向的调节作用,而对共生型策略则有负向的调节作用。因此 H2a、H2b 都获得接受。这样的结果说明文化企业如果满足地方政府的合法性要求,则更容易通过发动对峙型策略和壁垒型策略获得成长绩效,而通过共生型策略则可能难以获得好的成长绩效。

M2、M3 表明,行业合法性在智力资本分别与三种竞争策略之间构成不同的调节作用,而在智力资本与壁垒型策略存在显著正向的交叉作用,在智力资本与共生型策略之间构成显著正向的调节作用。因此 M1a、M1b 获得接受。这一结果表明,文化企业在满足行业的规范与规程的基础上,其智力资本能够有效地帮助企业发动壁垒型策略与共生型策略。其中,原本智力资本对企业壁垒型策略具有的抑制性作用,在行业合法性的调节下可能转变为促进性的作用,也就是说当满足了文化产业的行业要求、行业性规范以及获得行业性认可之后,企业的智力资本能够有效地提高竞争性进入的壁垒,以巩固其现有的竞争优势,使其潜在竞争对手难以对其构成威胁。

| 表 9 - 9 | | | | 调节效应回归结果 | | |

| | P | P (M1) | B | C | B (M2) | C (M3) |
|---|---|---|---|---|---|---|
| 常数 | (11.593) *** | (12.781) *** | (3.197) *** | (4.253) *** | (3.302) *** | (2.282) *** |
| 控制变量 | | | | | | |
| 年限 | 0.461 ** | 0.567 | 0.592 * | - 0.269 * | 0.243 * | - 0.374 |
| 产值 | 0.047 | 0.144 | 0.738 * | 0.396 | 0.379 | 0.261 |

续表

| | P | P（M1） | B | C | B（M2） | C（M3） |
|---|---|---|---|---|---|---|
| 人数 | 0.292 | 0.070 | 0.69 | 0.482 *** | 0.491 | 0.47 *** |
| 生产规模 | 0.372 | 0.252 | 0.221 * | −1.191 | 0.146 *** | −1.121 |
| 自变量 | | | | | | |
| 智力资本 IC | | | −0.18 | 0.391 | −0.085 | 0.252 |
| 壁垒策略 B | 0.284 *** | 0.302 *** | | | | |
| 共生策略 C | 0.209 *** | 0.214 *** | | | | |
| 调节变量 | | | | | | |
| 区域合法性 RL | 0.114 | 0.069 | | | | |
| 行业合法性 IL | | | 0.158 | −0.388 | 0.067 | −0.448 |
| 交叉项 | | | | | | |
| IC * IL | | | | | 0.242 ** | 1.096 *** |
| B * RL | | 0.194 ** | | | | |
| C * RL | | −1.597 ** | | | | |
| F | 5.831 *** | 5.973 *** | 7.335 *** | 6.696 *** | 5.973 *** | 4.362 *** |
| $R^2$ | 0.524 | 0.431 | 0.181 | 0.408 | 0.176 | 0.376 |
| $\Delta R^2$ | | 0.093 | | | 0.05 | 0.032 |

注：*** 表示显著性水平 $P < 0.001$，** 表示显著性水平 $P < 0.01$，* 表示显著性水平 $P < 0.05$。

# 9.6 合法性下智力资本与竞争策略的匹配模型

本章我们探讨了文化企业组织合法性对企业智力资本—竞争策略—企业成长这一逻辑链条中的调节作用。通过这一实证分析，我们可以在上一章的基础上进一步细分和完善文化企业智力资本与竞争的匹配模型。

首先，行业合法性的调节作用显示，文化企业如果获得了好的行业合法性，将有助于基于智力资本发动壁垒和共生型竞争策略。如图 9 - 2 和图 9 - 3 所示，在没有行业合法性的调节之前，智力资本原本并不能很好地转化为壁垒型策略，也对共生型策略的促进作用非常有限；而在获得行业合法性的条件下，企业智力资本就能有效地转化为壁垒型策略，也能更有效地转化为共生型的竞争策略。因此，文化企业获取行业合法性对他们从外部整合智力资本具有很好的促进作用，对智力资本的整合以及发挥市场价值也很有帮助。

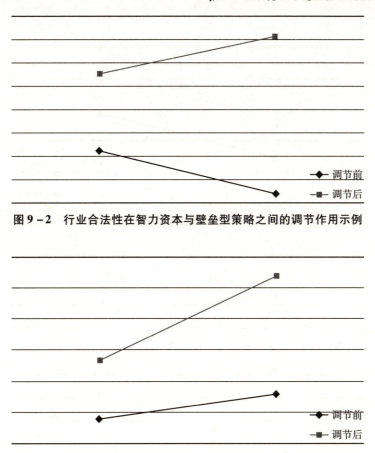

图 9 - 2 　行业合法性在智力资本与壁垒型策略之间的调节作用示例

图 9 - 3 　行业合法性在智力资本与共生型策略之间的调节作用示例

　　其次，本地合法性的调节作用显示，文化企业如果获得了本地合法性，将有助于壁垒型策略对企业成长绩效的作用，而抑制共生型策略对企业成长绩效的作用。如图 9 - 4 和图 9 - 5 所示，在没有本地合法性的调节时，壁垒型策略和共生型策略原本都对企业成长绩效有正向的促进作用；但是受到本地合法性的调节作用影响后，壁垒型策略对企业成长绩效的作用更加明显，而共生型策略对成长绩效的作用趋势则被扭转为负向的。因此，本地合法性不能有效地支撑企业共生型竞争策略的实施，而有助于企业建立壁垒型竞争策略。

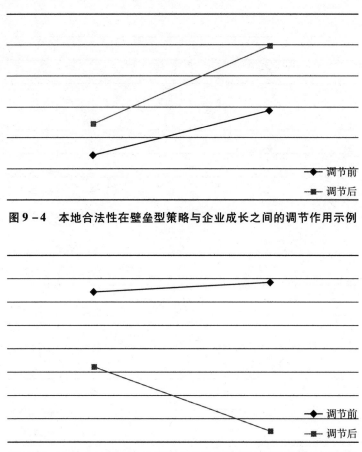

图 9 - 4　本地合法性在壁垒型策略与企业成长之间的调节作用示例

图 9 - 5　本地合法性在共生型策略与企业成长之间的调节作用示例

这一研究结果有这样几个方面的意义：

第一，针对我国文化企业在行业合法性与本地合法性之间的选择问题，我们给出了这样的逻辑：行业合法性有助于资源整合与能力提升，但本地合法性更有助于发挥能力实现绩效。如果企业目前处于有市场有客户但缺乏持续创新能力，那么行业合法性将是企业需要重点关注的；相反如果企业目前很有创新能力，但缺乏市场活力，则需要先注重对本地合法性的获取。

第二，针对我国文化企业在智力资本与竞争策略的匹配问题上，行业合法性有助于智力资本与壁垒型和共生型策略的匹配，但是对于选择本地市场的企业未必有非常显著的效果；本地合法性其实对包括本地市场和跨区域市场的企业都构成影响，但只对所有壁垒型策略有帮助，而对共生型策略却存在抑制作用。所以在表8－18、表8－19的基础上，我们可以进一步深化这个匹配组合，得到表9－10、表9－11。根据表9－10、表9－11可知，对于选择了跨区域市场或跨区域媒介渠道的文化企业而言，才需要考虑行业合法性智力资本与竞争策略的匹配组合；而对于本地合法性而言，每一类企业都必须考虑智力资本与竞争策略的匹配组合。同时，跨区域市场或跨区域媒介渠道的企业才需要考虑选择并实施共生型竞争策略，而选择区域市场或区域媒介渠道企业，其实并不能真正很好地实施共生型竞争策略。

**表9－10　　不同合法性下各种战略的文化企业智力资本与竞争的组合**

| 潜变量 | 本地创新平台 | 本地创新/传播平台 | 本地产业平台 |
|---|---|---|---|
| 行业合法性 | / | / | / |
| 本地合法性 | 人力资本＋本地关系资本＝壁垒型策略 | 无形资产＋传播人才＋本地关系资本＝壁垒型策略 | 人力资本＋本地关系资本＝壁垒型策略 |
| 潜变量 | 跨区域创新平台 | 跨区域创新/传播平台 | 跨区域产业平台 |
| 行业合法性 | （1）人力资本＋行业关系资本＝壁垒型策略（2）结构资本＋行业关系资本＝共生型策略 | （1）无形资产＋传播人才＋行业关系资本＝壁垒型策略（2）创意人才＋行业关系资本＝共生型策略 | （1）人力资本＋行业关系资本＝壁垒型策略（2）无形资产＋跨区域关系资本＝共生型策略 |
| 本地合法性 | 人力资本＋区域关系资本＝壁垒型策略 | 无形资产＋传播人才＋区域关系资本＝壁垒型策略 | 人力资本＋区域关系资本＝壁垒型策略 |

**表9－11　　不同合法性下各种媒介渠道中企业智力资本与竞争的组合**

| 潜变量 | 本地单一媒介 | 本地跨媒介 | 本地非市场化媒介 |
|---|---|---|---|
| 行业合法性 | / | / | / |
| 本地合法性 | 人力资本＋本地关系资本＝壁垒型策略 | 人力资本＋本地关系资本＝壁垒型策略 | 无形资产＋本地关系资本＝壁垒型策略 |
| 潜变量 | 跨区域单一媒介 | 跨区域跨媒介 | 跨区域非市场化媒介 |
| 行业合法性 | （1）人力资本＋行业关系资本＝壁垒型策略（2）无形资产＋行业关系资本＝共生型策略 | （1）人力资本＋行业关系资本＝壁垒型策略（2）无形资产＋行业关系资本＝共生型策略 | （1）无形资产＋行业关系资本＝壁垒型策略（2）人力资本＋行业关系资本＝共生型策略 |
| 本地合法性 | 人力资本＋区域关系资本＝壁垒型策略 | 人力资本＋区域关系资本＝壁垒型策略 | 无形资产＋区域关系资本＝壁垒型策略 |

第三，行业合法性与本地合法性对我国文化企业的影响分别处于文化企业整合战略性资源和发挥资源优势的两个环节。如果全国统一的文化创意市场机制无法建立，那么这种市场区域分散且合法性体系存在冲突的制度环境将对文化企业做强核心优势和提升国际竞争力毫无帮助。文化事业与文化产业的制度转轨方向与路径的模糊，已经显著制约了文化企业在核心优势上的积累与提升。涉及文化产业各种专业性要素资源的"供给侧改革"亟待开展。如果在下一阶段能够有效地整合国内文化市场，建立健全文化产业范畴内的主要文化市场机制，那么中国文化企业将能有效地依托人口基数、消费能力、大数据和认知盈余在内的各种国家规模优势，迅速提升国际竞争力。这种"爆发"将是难以估量的！

## 本章参考文献

［1］Aldrich H E, Ruef M. Organizations Evolving［J］. Sage London Aldrich He Entrepreneurship in Smelser N Swedberg, 2006, 79（4）: 1521 - 1523.

［2］Scott, W. R.. Institutions and Organizations［M］. Thousand Oaks, CA, Sage, 2001.

［3］Hoskisson, R. E., Eden, L., Lau, C. M. and Wright, M. Strategy in emerging economies［J］. Academy of Management Journal, 2000, 43: 249 - 267.

［4］蓝海林. 企业战略管理："静态模式"与"动态模式"［J］. 南开管理评论, 2007, 10（5）: 31 - 35.

［5］陈怀超, 范建红. 制度距离、中国跨国公司进入战略与国际化绩效: 基于组织合法性视角［J］. 南开经济研究, 2014, （2）: 99 - 117.

［6］Newman, K. L. Organizational transformation during institutional upheaval［J］. Academy of Management Review, 2000, 25（3）: 602 - 619.

［7］Zahra, Shaker A. and Dennis M. Garvis. International corporate entrepreneurship and firm performance: The moderating effect of international environmental hostility［J］. Journal of Business Venturing, 2000, 15（5 - 6）: 469 - 492.

［8］Hitt, M. A., Ahlstrom, D., Dacin, M. T., Levitas, E., & Svobodina, L. The institutional effects on strategic alliance partner selection in transition economies: China vs Russia［J］. Organization Science, 2004, 15（2）: 173 - 185.

［9］Capron L, Guillen M. National corporate governance institutions and post-acquisition target reorganization［J］. Strategic Management Journal, 2009, 30（8）: 803 - 833.

［10］Cohen B D, Dean T J. Information asymmetry and investor valuation of IPOs: top management team legitimacy as a capital market signal［J］. Strategic Management Journal,

2005，26（7）：683 – 690.

［11］ Higgins M C, Gulati R. Stacking the deck: the effects of top management backgrounds on investor decisions ［J］. Strategic Management Journal, 2006, 27 (1): 1 – 25.

［12］ Ruef, M., & Scott, M. A multidimensional model of organizational legitimacy: Hospital survival in changing institutional environments ［J］. Administrative Science Quarterly, 1998, 43: 877 – 904.

［13］ Singh J V, House R J. Organizational Legitimacy and the Liability of Newness ［J］. Administrative Science Quarterly, 1986, 31 (2): 171 – 193.

［14］ Meyer J W, Rowan B. Institutional Organizations: Formal Structure as Myth and Ceremony ［J］. Social Science Electronic Publishing, 1977, 83 (2): 340 – 363.

［15］ Baum J A C, Oliver C. Institutional linkages and organizational mortality ［J］. Administrative Science Quarterly, 1991, 36 (36): 489 – 489.

［16］ Hannan M T, Carroll G. Dynamics of organizational populations: density, legimation, and competition ［M］. NewYork: Oxford University Press, 1992.

［17］ 吴剑峰，李自杰，武亚军. 竞争密度、合法性与外资企业生存——基于中关村高新技术园区的研究 ［J］. 经济科学，2009，（5）：107 – 116.

［18］ Deeds, D. L., Mang, P. Y., & Frandsen, M. L. The influence of firms' and industries'legitimacy on the flow of capital into high-technology ventures ［J］. Strategic Organization, 2004, 2 (1): 9 – 34.

［19］ Pollock T G, Rindova V P. Media legitimation effects in the market for initial public offerings ［J］. Academy of Management Journal, 2003, 46 (5): 631 – 642.

［20］ 邓新明，田志龙，陈煜. 事项整合、经营合法性与组织绩效 ［J］. 管理科学，2008，1 (1): 22 – 31.

［21］ 赵钟宇. 社会网络、组织合法与银行营销绩效研究 ［D］. 浙江师范大学，2011.

［22］ 杜运周，刘运莲. 创业网络与新企业绩效：组织合法性的中介作用及其启示 ［J］. 财贸研究，2012，（5）：121 – 130.

［23］ Pfeffer J, Salancik G. R. The external control of organizations: a resource dependence perspective ［M］. New York: Harper and Row, 1978.

［24］ Choi Y R, Shepherd D A. Stakeholder Perceptions of Age and Other Dimensions of Newness ［J］. Journal of Management, 2005, 31 (31): 573 – 596.

［25］ Doh, J. P., Howton, S. D., Howton, S. W., & Siegel, D. S. Does the market respond to an endorsement of social responsibility: The role of institutions, information, and legitimacy ［J］. Journal of Management, 2010, 36 (6): 1461 – 1685.

［26］ King, B. G., & Whetten, D. A. Rethinking the relationship between reputation and legitimacy: A social actor conceptualization [J]. Corporate Reputation Review, 2008, 11 (3): 192 – 207.

[27] 杜运周，任兵，陈忠卫，张玉利等. 先动性、合法化与中小企业成长——一个中介模型及其启示 [J]. 管理世界，2008，(12)：126 – 138.

[28] W. R. Scott. Institutions and organizations [M]. Thousand Oaks, CA: Sage Publication, 1995.

[29] Suchman, M. C. Management legitimacy: Strategic and institutional approaches [J]. Academy of Management Review, 1995, 20 (3): 571 – 610.

[30] Deephouse, D. L., & Suchman, M. Legitimacy in organizational institutionalism, The Sage handbook of organizational institutionalism [M]. Thousand Oaks, CA: Sage, 2008.

[31] DiMaggio, P. J., & Powell, W. W. The iron cage revisited: Institutional isomorphism and collective rationality in organizational fields [J]. American Sociological Review, 1983, 48 (2): 147 – 160.

[32] Archibald M E. Between isomorphism and Market Partitioning: How Organizational Competencies and Resources Foster Cultural and Sociopolitical Legitimacy and Promote Organizational Survival [J]. Research in the Sociology of Organizations, 2004, 22: 171 – 211.

# 10

# 结语：在双重制度环境中的整合与竞争

## 10.1　本书的主要结论回顾

中国文化产业发展正在逐步完成市场化、产业化和资本化，在这样的时代背景下，中国文化企业将是下一阶段中国企业群体中最有可能有突出表现的行业之一。然而，当前我国文化企业在建立竞争优势的基本战略路径、战略措施等方面尚缺乏清晰的认识。尤其是在中央和地方政策导向存在差异、同时存在"事业"和"产业"两种对产业资源配置体制的特殊的制度环境下，中国文化企业竞争战略问题更突出地制约了文化企业提升国际竞争力，立足于我国庞大文化消费规模基础上建立竞争优势的战略发展路径。本书从我国文化产业的制度环境出发，试图对我国文化企业在当前双重制度环境下的战略选择以及竞争战略的一些关键问题进行探讨。最后，我们再次梳理一下全书所得到的一些基本结论。

### 10.1.1　关于文化产业制度环境

我国文化产业的相关政策中，存在两种显著差异的制度导向，一种是按照计划模式配置资源，我们称为文化事业模式，另一种强调按照市场机制配置资源，我们称为文化产业模式。在这两种配置资源的模式下，文化企业将面临更多的交易费用。具体地，文化事业模式的政策相比文化产业模式的政策会导致文化企业产生更多的交易费用。文化事业模式下主要的政策方式是对文化产品、文化创意组织（包括企业）和个人的行政审批，这些政策增加了企业市场交易与资源整合的不确定性，以及限制企业创新和创意生产行为的频次。另外，我们发现中央和地方文化主管部门在制定政策的考虑上存在差异。中央各主管部委颁布的政策更多的是文化事业模式的政策，而地方政府部门制定的政策则更多是文化产业模式的政策。这种分化的其中一个原因，是地方政府在进行宣传文化事业的管制同时更关注文化产业对地方经济增长的贡献。而以地方政府政策为主推动文化产业发展最终将演化成我国文化创意市场的区域化分割。另外，虽然我国文化产业相关政策中市场主导的精神将逐渐增加，但目前促进文化产业发展主要的政策措施尚不足以有效地推进文化产业"做强"，而只有利于"做大"。

### 10.1.2  关于文化企业战略选择

基于这样的制度环境，我国文化企业的战略选择可以从两个角度来界定。第一个角度，企业需要界定自身的市场范围选择，是选择在区域市场中还是选择突破区域文化市场进入跨区域的市场；另一个角度则是选择将自己的文化创意产品在单一媒介中传播还是跨媒介传播。按照第一个角度，根据企业优势资源的选择，我们可以将文化企业的战略选择分为六种：区域市场空间选择与核心资源选择、本地市场与专业性资源整合相结合、本地市场与渠道性资源整合相结合、本地市场与一般性资源整合相结合、跨区域市场与专业性资源整合相结合、跨区域市场与渠道资源整合相结合、跨区域市场与一般性资源整合相结合。而按照第二个角度，我们也可以将企业的战略选择划分为：单一媒介渠道战略、跨媒介渠道战略，以及整合非市场化媒介渠道的战略。在分析不同战略企业在当前产业制度环境中的组织生态位，我们发现无论是处于何种生态位，文化企业的基本战略方向是整合优势资源，迅速突破前期沉没成本与开发风险阶段，形成规模与范围优势。这个过程中，文化产业的特点导致企业通过兼并收购来获取渠道资源、创新资源从而实现整合的"传统路子"将会异常凶险：文化企业在创新阶段的高投入和高风险导致其收购兼并任何与内容创新无关的资源都将成为投资风险。因此，文化企业的战略实施路径必须在外部整合与内部整合之间寻找平衡：将某些环节通过外包、合作的方式完成，而另一些更为关键的资源则需要内部整合；抑或是在某一个发展阶段中尽量使用外部、合作等外部整合手段整合各种资源，而当企业或文化产品发展到一定阶段时则将现有外部整合的资源有选择性的"内部化"。

### 10.1.3 关于文化企业的外部整合网络及竞争战略

我们通过漫友文化的案例研究，对文化企业的外部整合网络有了一个比较清晰的了解：

1）文化企业外部整合的对象包括创新机构与资源、产业关联企业以及包括政府部门在内的社会资源。并且，在漫友文化整合网络的构建过程中，与市场紧密关联的社会资源和外部创意创新资源是企业整合的重点。

2）文化企业在外部资源整合过程中，需要针对整合的对象形成多种方式、多层次的资源整合体系。而对创新团队与人才，大多可能根据需要形成一套从完全外包逐步过渡到完全内部员工化管理的人才管理模式。与此同时，多元化媒体资源整合将加速企业建立外部整合网络的进程。

3）文化企业的外部整合呈现明确的网络化特征。同时其整合网络并不是一个整体网，而是具有多个子网络的超网络，其中主要的子网络包括政府关联和社会资源网络、产业关联企业网络，以及动漫专业性的创新网络。而文化企业的竞争战略及其竞争行为也嵌入在这样一个多子网络的结构当中。文化企业竞争战略的核心考量，就在于如何能够有效地通过整合外部资源在提升企业智力资本的同时发动适当的竞争行为。

结合我国文化企业的特点，我们提出并基本验证了企业嵌入在一个超网络之下可能选择的三种竞争策略：对峙、壁垒和共生。同时，我们发现行业内商业网络关联三种竞争策略的影响程度最强，跨行业网络关联次之，而政府关系网络关联则最小。并且，三种竞争策略能够有效地扮演企业外部资源整合网络与绩效之间的中介作用，成为企业整合资源从而实现绩效的桥梁。

### 10.1.4 关于智力资本的整合及其与竞争策略的匹配

文化企业外部整合网络的一个重要功能就是整合外部的核心战略性资源——智力资本。我们证明了文化企业通过外部整合网络所提升的智力资本对企业的绩效存在的促进作用，并发现人力资本和关系资本对绩效的作用比结构资本更为明显。结合第4章和第6章的相关内容，我们可以进一步细化不同战略选择的文化企业在整合外部智力资本的同时，采取不同类型的竞争策略。

1）专注本地市场内以专业创意能力为核心优势的企业，它们在外部整合网络中侧重整合内容创作型和产品化相关的人才和人力资源，并强调结构性资本中无形资产和非无形资产的整合。在整合网络中，它们适宜的竞争策略应该是：（1）通过内容创新和创意能力，结合企业在区域市场中的关系资本，锁定区域内的主要客户，从而建立市场壁垒；（2）通过无形资产和非无形资产等结构资产的整合，与区域市场中的各个产业链相关方建立协同创新体系，形成某种合作联盟机制，通过这样的方式构建区域市场内企业网络资源的最大化整合。

2）专注本地市场内以媒介渠道能力为核心优势的企业，它们在外部整合网络中一般侧重整合内容创意、推广/营销等方面的专业人才，并侧重整合结构性无形资产。在整合网络中，它们适宜的竞争策略是：（1）通过整合品牌化的无形资产以及推广等方面的专业人才，再加上本地关系资源，实施本地传媒渠道市场中的壁垒型策略，形成区域媒介渠道中的品牌与团队优势；（2）通过内容创意型人才的整合，再辅之以本地社会资源整合，构建基于本地媒体的协同创新和合作网络，形成共生型策略。

3）专注本地市场内以一般性资源为核心优势的企业，它们在外部整合网络中一般侧重整合产业化、推广/营销等方面的专业人才，并强调对无形资产的结构资本进行整合。在整合网络中，它们适宜的竞争策略是：（1）以产业化、推广/营销等方面的专业人才结合本地关系资本，构建区域市场壁垒；（2）以无形资产等结构资本结合本地关系资本，构建面向产业化、市场化的合作与联盟共生体系。

4）专注跨区域市场内以专业创意能力为核心优势的企业，它们在外部整合网络中侧重整合内容创作型和产品化相关的人才和人力资源，并强调结构性资本中无形资产和非无形资产的整合。在整合网络中，它们适宜的竞争策略应该是：（1）通过内容创新和创意能力，结合企业在某一创意领域的行业性关系资本，锁定业内的某些细分市场或重要客户，从而建立在专业领域某一细分市场的壁垒；（2）通过无形资产等结构资产的整合，与在某一创意领域或细分市场中各相关方建立协同创新体系，形成某种合作联盟机制，通过这样的方式构建跨区市场的企业网络资源的最大化整合。

5）专注跨区域市场内以媒介渠道能力为核心优势的企业，它们在外部整合网络中一般侧重整合内容创意、推广/营销等方面的专业人才，并侧重整合结构性无形资产。在整合网络中，它们适宜的竞争策略是：（1）通过整合品牌化的无形资产以及推广等方面的专业人才，再加上在某一创意领域的行业性关系资本，实施某一细分市场领域中传媒渠道内的壁垒型的策略，构建媒介渠道中的品牌与团队优势；（2）通过内容创意型人才的整合，再辅之以某一细分市场领域中各创意创新相关主体社会资源的整合，构建基于跨区域文化细分市场内专业媒体的协同创新和合作网络，形成共生型策略。

6）专注跨区域市场内以一般性资源为核心优势的企业，它们在外部整合网络中一般侧重整合产业化、推广/营销等方面的专业人才，并强调对无形资产的结构资本进行整合。在整合网络中，它们适宜的竞争策略是：（1）以产业化、推广/营销等方面的专业人才结合跨区域的社会关系资本，构建跨区域市场壁垒；（2）以无形资产等结构资本结合跨区域的关系资本，构建面向产业化、市场化的合作与联盟共生体系。

另外，从进入并整合不同媒介渠道的战略选择来看，我们也可以基于本章的研究结果，形成在不同类型媒介渠道中传播文化产品或服务的企业在外部智力资本整合与竞争策略匹配之间的对应关系。

1）选择本地单一媒介渠道的企业，它们侧重对本地关系资本、内容创意型/产品化型人才，以及结构性无形资产整合。因而，在本地的单一媒介渠道以内，这种文化企业适宜的竞争策略是：（1）通过创意/产品化方面的人才整合，加上本地社会关系，在单一媒介中构建创意能力的技术壁垒；（2）通过无形资产等结构资本，依托单一媒介渠道，形成或融入本地产业结构中的协同创新网络。

2）选择本地跨媒介渠道传播的企业，它们侧重对本地关系资本、内容创意型/产品化型人才，以及结构性无形资产整合。因而，在本地的跨媒介渠道体系内，这种文化企业适宜的竞争策略是：（1）通过产业化及其推广方面的人才整合，加上本地社会关系，在跨媒介中构建传媒能力的技术壁垒；（2）通过非无形资产等结构资本，依托多媒介平台，形成或融入本地文化创意产业结构中的协同创新网络。

3）选择整合本地非市场化媒介渠道的企业，对本地关系资本、内容创意型人才，以及结构性无形资产整合。因而，在本地的跨媒介渠道体系内，这种文化企业适宜的竞争策略是：（1）通过无形资产等结构资本，加上本地社会关系，在媒介中构建创新能力的技术壁垒；（2）整合内容创意人才，依托特有的媒介平台，形成或融入本地文化创意产业结构中的协同创新网络。

4）选择跨区域单一媒介渠道的企业，它们侧重对行业关系资本、内容创意/产品化型人才，以及结构性无形资产整合。因而，在跨区域的单一媒介渠道以内，这种文化企业适宜的竞争策略是：（1）通过创意/产品化方面的人才整合，加上行业关系资本，在单一媒介中构建创意能力的技术壁垒；（2）通过无形资产等结构资本，依托单一媒介渠道，形成或融入某一文化细分行业中的协同创新网络。

5）选择跨区域跨媒介渠道传播的企业，对行业关系资本、产业化及推广/营销型人才，以及结构性非无形资产整合。因而，在跨区域的跨媒介渠道体系内，这种文化企业适宜的竞争策略是：（1）通过产业化及其推广方面的人才整合，加上行业中的关系资本，在跨媒介中构建传媒能力的技术壁垒；（2）通过非无形资产等结构资本，依托多媒介平台，形成或融入某一文化细分行业中的协同创新网络。

6）选择整合跨区域非市场化媒介渠道的企业，对行业性关系资本、内容创意型人才，以及结构性无形资产整合。因而，在本地的跨媒介渠道体系内，这种文化企业适宜的竞争策略是：（1）通过无形资产等结构资本，加上行业性关系资本，在媒介中构建创新能力的技术壁垒；（2）整合内容创意人才，依托特有的媒介平台，形成或融入某一文化细分行业中的协同创新网络。

### 10.1.5 关于在整合网络中的制度合法性

在探讨了文化企业如何通过整合网络实现智力资本这一资源基础和竞争策略行为之间的匹配关系基础上，本书的最后一个问题是在当前双重制度环境下，文化企业如何在满足必需的制度合法性条件下实现智力资本提升与竞争策略的匹配？围绕这一问题，我们进一步的实证研究表明：首先，文化企业如果获得了好的行业合法性，将有助于基于智力资本发动壁垒和共生型竞争策略。在没有行业合法性的调节之前，智力资本原本并不能很好地转化为壁垒型策略，也对共生型策略的促进作用非常有限；而在获得行业合法性的条件下，企业智力资本就能有效转化为壁垒型策略，也能更有效地转化为共生型的竞争策略。其次，文化企业如果获得了本地合法性，将有助于壁垒型策略对企业成长绩效的作用，而抑制共生型策略对企业成长绩效的作用。在没有本地合法性的调节时，壁垒型策略和共生型策略原本都对企业成长绩效有正向的促进作用；但是受到本地合法性的调节作用后，壁垒型策略对企业成长绩效的作用更加明显，而共生型策略对成长绩效的作用趋势则被扭转为负向的。这样的研究结论对于企业的决策有着进一步的指导意义：

1）针对我国文化企业在行业合法性与本地合法性之间的选择问题，我们给出了这样的逻辑：行业合法性有助于资源整合与能力提升，但本地合法性更有助于发挥能力实现绩效。如果企业目前处于有市场有客户但缺乏持续创新能力，那么行业合法性将是企业需要重点关注的；相反如果企业目前很有创新能力，但缺乏市场活力，则需要先注重对本地合法性的获取。

2）针对我国文化企业在智力资本与竞争策略的匹配问题上可以进一步深化：对于选择了跨区域市场或跨区域媒介渠道的文化企业而言，才需要考虑行业合法性智力资本与竞争策略的匹配组合；而对于本地合法性而言，每一类企业都必须考虑智力资本与竞争策略的匹配组合。同时，跨区域市场或跨区域媒介渠道的企业才需要考虑选择并实施共生型竞争策略，而选择区域市场或区域媒介渠道的企业，其实并不能真正很好地实施共生型竞争策略。

3）行业合法性与本地合法性对我国文化企业的影响分别处于文化企业整合战略性资源和发挥资源优势的两个环节。如果全国统一的文化创意市场机制无法建立，那么这种市场区域分散且合法性体系存在冲突的制度环境将对文化企业做强核心优势和提升国际竞争力毫无帮助。文化事业与文化产业的制度转轨方向与路径的模糊，已经显著制约了文化企业在核心优势上的积累与提升。涉及文化产业各种专业性要素资源的"供给侧改革"亟待开展。如果在下一阶段能够有效地整合国内文化市场，建立健全文化产业范畴内的主要文化市场机制，那么中国文化企业将能有效地依托人口基数、消费能力、大数据和认知盈余在内的各种国家规模优势，迅速提升国际竞争力。

# 10.2　一个整合决策模型

本书所涉及的研究，各章中都有对应的结论，但不分散，且涉及动态竞争理论、智力资本理论等学理的探讨。本节中我们更希望为中国文化企业在资源整合和竞争战略决策的实践中提供一些管理决策的工具。基于本书的研究，我们大体上弄清了文化企业制度环境对企业战略性资源（智力资本）整合以及竞争战略之间的逻辑关联，并找到了若干种智力资本与竞争策略之间的匹配组合。那么接下来，是时候将本书各章中分散的结论整合起来，形成文化企业智力资本整合与竞争战略的整合决策模型了。

从波特开始，竞争战略从来都是回答企业如何建立行业竞争优势这一个中心问题的。五力模型为企业分析外部市场环境提供了分析工具，而核心竞争力理论为企业竞争优势的"内核"提供了理论指导。回顾战略管理理论过往的几个突出的流派，我们不难发现，一个企业的竞争战略包括如下几个方面的内容：一是企业的定位，包括市场定位、产业链环节或价值定位等；二是企业对战略性资源的整合与配置；三是企业的竞争行动；四是企业满足市场和社会各种合法性。这四个方面内容环环相扣。价值定位决定了企业对战略性资源的整合，更决定了企业会在市场中采取什么样的竞争策略；而一个行业中战略性资源的布局也反过来决定了企业的定位以及企业决定满足合法性的程度。竞争行动与资源整合行为需要配合实施，而且市场竞争的成效决定于战略性资源的准备情况，更决定于企业的合法性程度。企业合法性反映了企业的定位，同时会反过来限制企业资源整合以及竞争的效果。我们将前面几章的研究结果整合到一起，把我国文化企业上述四个方面的具体要素整合到一起，形成了图 10 - 1 我国文化企业特殊的竞争战略模型。这个模型中，文化企业定位可以从三个方面来明确：市场范围（区域市场或跨区域市场）、传播渠道（单一渠道或多渠道）、价值界定（文化产业生产、文化创意内容传播与发行、文化创意衍生产品制造与销售）；而文化产业的战略性资源包括人力资本、结构资本和关系资本这些智力资本的构成部分；当前文化企业的竞争策略可以分为对峙、壁垒和共同进步（即共生）三类；而我国文化企业面对的合法性要求包括区域合法性和行业合法性两个方面。

好的竞争战略应该是如下四个方面要素的一个优化的组合，实现相互之间的互相促进；而不成功的竞争战略则可能是四方面要素中某一个或几个要素在选择时并不清晰，或者是要素之间配合出现问题所致。

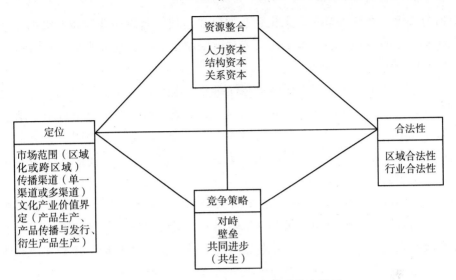

**图 10－1　中国文化企业竞争战略整合模型**

## 10.3　本书的不足与后续的研究方向

在本书中，我们聚焦在我国文化企业的竞争战略这一问题上，试图建构适合我国文化企业具体情况的竞争战略决策模型。然后在这样一个过程中，我们尚有诸多地方不能令人满意，留待后续的研究：

第一，关于文化企业发展战略问题，在讨论文化企业的总体战略选择与发展战略路径上，我们事实上选择了"避重就轻"的办法，围绕我国文化企业的战略发展路径和阶段性的竞争优势，以及优势资源整合过程中的战略问题，包括多元化、并购整合、高管团队等企业战略管理中的经典问题等，都采取了回避的方式。在后续的研究中，我们希望有机会随着我国文化企业不断成长壮大，有机会能够弥补这一缺陷。

第二，关于文化企业与传统产业的关系。文化产业毕竟只是中国经济版图中的一叶，研究这一叶的目的是希望能够通过一叶，看到整片森林。因此，文化产业与传统产业的关联、文化企业与传统企业的互动、合作和博弈，事实上比文化企业自身的竞争互动和博弈更有意思。而且，笔者一直认为所谓的战略性新兴产业，不能只是自身增长空间大的产业，而同时更必须是对其他产业具有带动、辐射作用的产业。所以从这个意义上说，文化企业如何与传统企业开展合作，文化企业如何"迫使"传统企业转型升级则是一个更有意思的话题。但是鉴于研究方法的限制，我们在现阶段缺乏探讨这一深层次问题的素材。

第三，文化企业的竞争网络动态性研究才刚刚开始。竞争网络是企业动态竞争研究近几年比较前沿的研究动向，其实质是通过网络视角将企业动态的竞争互动行为放入到一个全新的结构之中。而我们的研究表明，文化企业的竞争网络本身具有一定的层次性和动态性。所以，文化企业嵌入的网络并不是一个静态网络，而是一个动态的网络，企业嵌入在其中的位置特征，如中心性、结构洞等，以及该网络的整体性特征，比如规模、密度等，都可能是高度动态的。这样，现有研究竞争网络所考量的因素，包括网络特征因素和企业嵌入因素将不再具有对企业竞争决策的重要性。因此，这本书并不是竞争网络的某个里程碑，而更像是一个揭幕：我们揭开了在网络中企业竞争行为动态规律的大幕，接下来需要的是深入的研究。

# 后　记

　　研究文化产业并不是我自己完全自主的选择。我所在的单位——广州市社会科学院产业经济与企业管理研究所，承担了广州市社科重点研究基地——"广州历史文化名城与文化产业重点研究基地"的研究任务。作为一个"新人"，研究文化产业更像是单位在"挑"我。不过我之所以能够坚持地完成跟别人不一样的研究——以企业为对象的微观研究，一方面是因为我只懂得做企业研究而不懂做产业研究，另一方面也是基地的包容。另外，也感谢"第四届广州市宣传思想文化战线优秀人才"的资助与支持。

　　有时候研究就是这样，一个有趣的问题，一个特别的现象，虽然你不是有意为之，但哪怕无疑一瞥，也能吸引你驻足观看很久。我一直固执地认为，这种心态，就是北大光华学院周长辉教授说的"拿云"[1] 的心态。不过这种心态也"害得"我从文化产业制度一直追寻到文化企业的动态竞争行为。有时候，我觉得自己就像个小孩，在某棵大树底下发现了一行正在"搬家"的蚂蚁，于是一看就是一个下午，还逢人就说自己的"伟大发现"。大人们看了，多是笑笑："是的，这是蚂蚁。"

　　到现在为止，对文化企业的观察已经将我带入了另一个有趣的"树根"。我将在我的博士论文研究基础上，对动态竞争理论研究发起另一项"攀登"。也许这又是一次"看蚂蚁"，谁知道呢？

　　最后要感谢一些人。首选感谢广州历史文化名城与文化产业重点研究基地的各位研究员，是研究团队给我持续的支持，支撑我连续完成了几次"看蚂蚁"的研究，最终汇聚成这一本书。其次，要感谢我的博士同学张显峰，他同时也是漫友文化的副总，本书中的案例工作中少不了他的帮助。再其次，感谢中山大学南方学院的罗莹莹、蔡伟宁、李林倩、李穗美等几位同

---

[1]　周教授有一次做讲座，谈如何做研究，引用了一句唐诗："少年心事当拿云"，说做研究就要有"拿云"的心态。

学，他们在忍受我每周一次讨论"精神摧残"的同时还要整理我国文化产业的政策文件，并进行数据的初处理，着实不易！另外蔡伟宁还负责了本书每章的参考文献整理和前期校对等工作。最后，感谢我的家人，尤其要感谢我的小儿，他的到来为本书写作提供了得天独厚的机缘——有时候"写书"并不能成为推掉应酬的借口，但是"伺候月子"绝对可以！

皮圣雷

2016 年 5 月